ピアジェとコールバーグの到達点

道徳性を発達させる授業のコツ

J・ライマー　D・P・パオリット
R・H・ハーシュ　著

荒木紀幸　監訳

北大路書房

PROMOTING MORAL GROWTH: From Piaget to Kohlberg, Second Edition
by Joseph Reimer, Diana Pritchard Paolitto & Richard H. Hersh
Copyright © 1983, 1979 by Joseph Reimer, Diana Pritchard Paolitto,
and Richard H. Hersh.
1990 reissued by Waveland Press, Inc.

The English language edition of this book is published
by Waveland Press, Inc., P. O. Box 400, Prospect Heights,
Illinois 60070 United States of America

Japanese translation published by arrangement with Waveland Press,
Inc. through The English Agency (Japan) Ltd.

第2版の序文

　初版まえがき（1979）を書いてから，私の研究は大きく進展した。この第2版でも著者たちはそのことを適切に取り上げている。加えて本書は，私の理論を道徳教育に適用できるように一層の精緻化を行なっている。

　私は本書のまえがきを書くように言われ，うれしい限りである。というのは，著者たちが私の親しい友人・研究仲間であるばかりでなく，道徳教育について，現在使用できるピアジェと私の認知-発達論的なアプローチの最もよい紹介者であるからである。また，本書は学級担任のために書いており，著者たちが理論を簡潔に示すとともに，具体的で洞察のある例をもって実践できるように関連づけている。さらに，明快，かつ具体的であるけれども，解釈でまったく妥協がない。研究成果と教師の経験によって得られた証拠をもとに，私の理論とピアジェの理論を統合しており，バランスの取れた書き方をしている。私は，本書をハーバード大学大学院の道徳教育コースで使う計画でいる。

　本書の長所の一つは，理論の紹介がとにかく明快なことである。私にとってさらに重要なことは，この研究が道徳教育に関する理論で現在最高のものであり，私が感じていることは，本書がしっかりした視点に立って，心理学理論を教育実践へ関係づけているという事実である。このなかで私が強調したいことは，私自身が最初のうち不正確な視点を取り入れて道徳教育にかかわっていたが，過去5年にわたり，ケンブリッジ公立高校の選択（クラスター・オルタナティブ）学校に毎日出向いてかかわり，この視点を訂正したことである。

　私が高校で研究を始めたころ，私は私の依拠する心理学的理論から教師が使うべき実践を演繹しようとした。この試みで，私は，B. F. スキナーと他の心理学者がやっていたのと同じように，理論を教育実践に関係づけた。私はピアジェの認知-発達理論がスキナーの行動主義的，オペラント理論よりもずっと優れた理論であると思っていたが，同時によい教育実践というのは教師に現にある理論を教えることと理論から演繹できる教師の実践マニュアルを提供することを含んだものであると信じていた。今では私は，スキナーに従って，あるいは私が始めた

ときのように，私に従って理論を実践に結びつけていく方法は心理学者の誤謬（fallacy）と見ている。

　心理学者の誤謬とは，心理学者が研究する上で重要な変数は教師が思考する上でも重要な変数であり，妥当性のある研究成果である法則や一般化は教育実践に関する教師の考えの妥当さの基礎であるべきという仮定である。この仮定は教育における行動−修正プログラムの構造の背後にも見られる。これらのプログラムを作成するのに先立ち，スキナーと彼の仲間は行動と報酬を与える順序の関係に関する研究について重要で妥当な一般化を行なっている。つまり，彼らは妥当性のある心理学的理論を作り上げ，研究の結果を要約し，説明している。たしかにスキナー理論は多くの研究結果を説明する妥当性をもつが，よい教育実践のための基礎という意味では妥当な教育理論とはいえない。よい理論とは教師が学び，支持する理論をいう。スキナーは，動物と子どもに及ぼす報酬についての研究を説明する妥当な理論をつくるに当たって自由と尊厳の考えをもち合わせていない。しかしながら「自由と尊厳」の及ばない理論は，教師の行動のためのガイドとして深刻な欠陥があると思われる。学習過程で自由と尊厳を無視した理論は"教師いらずの（proof）教材"を構成する実践を引き出す。それは子どもを"生徒いらず"の計画に導く。つまり，子どもの行動を子どもの理解とは無関係に修正することであり，そこで使われた理論と方法に同意させることである。

　本書は，前もって教師が明らかにした実践の見解に立つことで，スキナーの過ちを繰り返してはいない。もし理論が教師自身の自律的な思考によって真に受け入れられ，"科学"という威厳や権威によるものでないときに，実践に向けた妥当性のある基礎を形作れると唯一仮定している。もし教育理論がきわめて複雑で，教師の常識や観察からかけ離れているのであれば，誤りは教師にあるのではなく，理論にある。もし本書が教師の視点に敬意を払っているのであれば，道徳教育を子どもいらずの技法で通すのではなくむしろ子どもの同意を得ながら進めるという理論的方法を子どもたちに示したとしてもおそらく十分でないだろう。

　教師いらずの，または子どもいらずのアプローチにおいて間違った努力をさせる基礎にあるのは，心理学理論が教師と子どもに前もって価値を述べることができるという仮説である。この点に関して，心理学者の誤謬は次のようである。"人間の価値と欲望とは何かについて人が結論を引き出すことができるという誤謬は，人間の価値と欲望とは何かに関する心理学的な研究から出ているが，欲求

されていることと欲求すべきことの違いをはっきりさせないでいる"。スキナーは哲学者がいうところの"自然的誤謬"を犯している。この場合，子どもにとってよいことは"強化"と"強化を受けること"である。私の教育に関する初期の研究である道徳性発達段階の順序に関する心理学的な結果から，より高い段階に達することが道徳教育の目的であるべきだとする哲学的な結論をうち立てるにはまだ十分でないことを悟った。したがって，私は哲学的にジョン・デューイの最初の教育学的な仮定，発達は教育の基本的な目的であり，後続の道徳的な発達段階は道徳の哲学者の視点から見てよりよい，より適応的な段階であるということを証明しようと試みた。より高次の段階に関する私たちの仮定は，現在の段階よりより高い段階で思考することを好むという生徒の教育実践のなかで検証される。

　この理論は，子ども，あるいは青年が生まれながらの哲学者であり，したがって，彼らは哲学的に挑戦することを好み，哲学的により優れたいと仮定する。この仮定が事実に基づいていないのであれば，どうして私たちのアプローチが教育者の間でこんなに評判となっているのだろうか。興味深いのは，仮説的なモラルジレンマがクラスと教師の研修会を目覚めさせたことであり，そのことに道徳教育への認知-発達的なアプローチが人気となった第一の原因がある。私たちの仮説ジレンマが興味を引いたのは，通常の"心理学的な原理"が同じ年齢，同じ性の主人公を押しつけてくるのに対して，具体的に選択する形式を取りながら哲学的挑戦を青年（および小さな子ども）に対して用意しているからである。

　道徳教育に関して最初に記録された討論場面のなかで，プラトンのメノ（Meno）は心理学者の誤謬を仮定している。"ソクラテス，教えて下さい。教えることのできる徳には何がありますか。また，実践によって身につきますか。あるいは自然の欲望とか，本能以外で，教えたり，実践できるようなものは何もないのですか"。ソクラテスは，道徳教育の実践が習慣や本能に関する心理学的な理論から引き出せると考えるメノの心理学的な誤謬を退ける答えをしたあと，次のように言っている。

　　あなた方は，徳が教えられるかどうか，またそれがどのようにして身につくかを私から知る幸運がとくにあると考えるに違いないでしょう。事実は，教えられるかどうかを知ることからずいぶんかけ離れているということです。私には，徳そのものが何かについて何も考えがありません。

心理学者が，哲学的な疑問"徳とは何か？　正義とは何か？"を扱うことなく，道徳的発達と学習の心理学について語ることができないことを一度認めたならば，哲学者が正義と見る学校と社会のなかで道徳教育を述べる論文を書く場合に，彼は，プラトンとデューイがたどりついたのと同じ道を唯一目的に向かって動き出すことになるだろう。道徳教育における私の初期の仕事で，私は道徳的-段階の進歩を道徳教育の目的と唱える際，教師や哲学者の見解を無視するという心理学者の誤謬を犯していた。この目標は，道徳教育の目的を発達と考えるプラトンからデューイにいたる哲学者たちによって正当とみなされた。プラトンとデューイは"政策的"に集団と共同社会にかかわったが，私は個人の-段階進歩の心理学では受け入れられない関心として，これを無視するという心理学者の誤謬を犯した。"正義の共同社会（Just communuty）"を扱った本書の第7章は，ある程度このような怠慢を改善してくれた。

　私は仲間との初期の研究で，もう一つの形の心理学者の誤謬を犯した。私たちは心理学者の理論を使って教育プログラムを計画した。道徳教育への最初の冒険は，モッシャー・ブラット（Moshe Blatt）の論文であり，私たちの研究で用いたような仮説的なジレンマのクラス討論をとおして，道徳的段階を発達させようとした実験である。この実験では，認知的な葛藤や刺激をとおした次の高次の段階への道徳判断の変化に関する認知-発達理論を検証する計画があった。ブラットはその種の討論を経験した学生の3分の1以上が，統制群の生徒がまだ同じ場所にとどまっているのに対して，その学期をとおして進歩を示し，この進歩が常に次の高次の段階に対してであることを見いだした。心理学的な実験としてはうまくいったのであるが，この研究は道徳教育を打診するアプローチとしては多くの問題も残している。

　このブラットの研究に対する多くの批判の一つに，"検証のための教育"ということが，仮説ジレンマについての言語的な面接での得点化で起こっていた。心理学者への回答の一部には，段階の変容が新しいジレンマに対する一般化であるということがある。また，認められたある種の変化は常に次の高次の段階へ向かう発達的な変化であり，決まり文句の単純な言語学習ではないことである。この点に照らしてみて，道徳教育に対するブラットのアプローチは，ソクラテスの道徳教育の捉え方に立っていたと私は主張した。

　しかしながら，学校で研究を続けるうちに，私は道徳教育が推論だけでは十分

でなく直接行為を扱わなければならない，また「仮説的な場面」だけでも十分でなく「現実生活」も扱わなければならないという私の批判へと目を向けるようになった。このことは，明らかに学校という形式的なカリキュラムから離れて，"隠れたカリキュラム"に集中しなければならないということである。それはモラルディスカッションと道徳教育を関連させるものとして，参加民主主義，もしくは"正義の共同社会"の形成に導いていく。

　かくして，私たちの道徳教育理論は，変化を遂げ，希望を与え，成長している；つまり，心理学研究者と実践者を置き換えながら，理論は発達している。出発時点では心理学を強調したが，哲学的な論点をとおして考えるようになり，繰り返した教室での体験や"正義の共同社会"としての学校での地域住民の会合に照らし合わせて拡大と改訂を行なってきた。理論は，教育実践と教育的決定を組織的に行ない，知らせようとするときに変わってくるが，今回の研究資料にはない。教師と研究者が相互にかかわりをもつとき，理論はよい教育実践が加わることで変えられ，拡大するし，教師も研究者の意見を聞いて実践で有意味となることを取り入れて，変わっていく。

　基本的には，ここに私たちは心理学的理論と教育実践の関係が片側道路である心理学者の誤謬を捨てた。両側道路への移行は，ダンフォース財団（Danforth Foudation）からの6年に及ぶ援助の歴史のなかで，エドウィン・フェントン（Edwin Fenton），ラルフ・モッシャー（Ralph Mosher），それに私によって具体化されたが，ケンブリッジ，ブルックリン，ピッツバーグ各市の教師，生徒，行政，親から見て実行できる道徳教育のプログラムを作る助けとなった。

　ダンフォースプロジェクトで第一に強調したことは，カリキュラムの開発に関することである。私たちは道徳的な発達が"1つの教科"にあるべきでなく，あらゆるカリキュラムの領域に存在すると仮定する。なぜならどの教科での勉強も事実と同様に価値についての課題がもち上がるからである。そして実践的な目的のために，モラルジレンマにかかわる討論を歴史や社会科，英語について正規のカリキュラム目標をもって統合することに注目した。教師いらずの仮説を退けることによって，プロジェクトは教師がたんにあらかじめ用意されたカリキュラムを使うのでなく，モラルディスカッションを他のカリキュラムの目標や内容と統合する必要があると仮定している。このダンフォースの仮定は本書の第6章に具体的に示されており，そこではカリキュラムの構成を扱っている。

第二の強調は，ダンフォースプロジェクトが仮説的道徳の解決とは対照的な"現実の"ジレンマを討論するなかで継承された実践的問題の一つを扱っていることである。現実のモラルジレンマの討論は，秘密性（confidentiality）や信頼（trust）に関する深刻な論点を含んでいる。そして，教師にクラスでの信頼の条件を作りだすように要求している。このことはクラスをリードする教師のなかで，ロジャース派のカウンセリング心理学とソクラテス的な認知-発達的な質問法を統合させることを意味する。ソクラテス的な発問ができることと同様に，カウンセラーとして教師を強調することは，本書の第5章で詳述されるだろう。

　ダンフォースプロジェクトに関する第三の強調は正義の共同社会，あるいは参加民主主義をクラスと学校での統治（governance）とすることである。このような実践は，心理学理論からの演繹によってよい教育実践を限定してしまう心理学者の誤謬から，私たちを遠ざけてくれる。本書の7章，正義の共同社会についてはダンフォースプロジェクトの仮定に基づいている。

　本書は要求を満たしてくれているか？　本書は改訂され，道徳教育におけるこの5年間に育まれた興味のもとに時を得て出版された。認知-発達の教育は今ではめずらしくない。それは2000年の歴史がある。1930年以降関心が見られなかったのに，1970年代には道徳教育における興味が再び表われてきたのはなぜなのか？　その答えは保守的，自由進歩的のいずれかである。保守的な回答は次のようになるだろう。つまり，こういった関心は罪やウォーターゲート事件，そして伝統的な性道徳への乖離に対する反応にあり，それは道徳的な秩序やしつけの社会的基本への保守的な戻りである。これは伝統的なカリキュラムにおける教養科目の基礎への復帰と似ている。一方，自由主義の回答は次のようになるだろう。つまり，道徳教育における現在の関心は自由信仰の背後にある道徳的原理を自由によって再発見しこの原理を教育へ導入する必要性を再認識することから第一に生じるということである。ウォーターゲート事件に対する自由な反応に見られるように，道徳教育における自由への興味は私たちの国の建国の背後にある正義という原理の再発見である。1960年代の自由は自由主義の基礎にある原理，つまり独立宣言と憲法の原理の感知を喪失している。正義の原理における信仰の代わりに，1960年代の自由は社会的な進歩の道具として彼らの自由を技術や社会科学や物理学の合理的な政治的操作に向かわせた。合理的な手段における信仰は自由の実現を防げたので，道徳的社会の目的や行為の原理の必要性，そして教育におけ

るこれらの目的の実現の必要性を自覚することが重要になってきたのである。

　しかしながら，道徳教育の目的に対して教師がもつ筋のとおった道徳的な関心は，尊敬が道徳教育に関する理論的実践的次元の複雑性に対して払われないなら，達成されることがほとんどない。本書はその点の証拠を示している。筆者たちは私たちの研究の課題を大事にしている。彼らは，教師の役割とその複雑性と困難性を尊重している。また，彼らは理論を学習するにあたって私の助けを評価してくれた。教育実践と理論の関連をわかりやすく理解できるように，心理学者の誤謬を過去のものとしながら，学習を援助してくれた彼らに対して私は感謝の意を表わしたい。

　　　　　　　　　　　　　　ローレンス・コールバーグ（Lawrence Kohlberg）

序　文

　道徳的な発達を理解するために単独で始め，至上の努力が払われた本書は，ローレンス・コールバーグの研究を学校環境にまで応用したものである。1976年の夏から私たちはチームを組み，実践における道徳的発達理論というタイトルでハーバード大学での4週間の強力な講座を教えるという仕事を始めた。その講座で私たちは，コールバーグによる道徳教育のための認知–発達理論的アプローチを支える心理学的，哲学的，教育学的な原理を扱った一組の選集を用意した。この選書が課題にとって十分でないことがわかるにつれ，この本で書くためのアイデアが鮮明になった。

　北アメリカの教師といっしょに行なった私たちの実験講座と研究で，一貫した正しい見方が必要なことがわかった。専門家を養成するなかで，私たちは理論で使う概念と研究データの一部についてもっと適切な解説を彼らが望んでいるのではないかという疑問をもつようになっていった。本書はこの疑問への私たちの答えである。

　私たちは第1版で受けた評判に勇気づけられ，改訂版を出す決心をし，1978年以来道徳的発達と教育にかかわって，本書のいくつかの章を時代遅れとならないように膨大な量の研究を行ない，第2版を出版した。この第2版では，読者にこの分野で行なわれた現在の研究報告をできるだけ提供しようと試みた。ジョセフ・ライマーは改訂の主たる責任者であり，ダイアナ・パオリット，リチャード・ハーシュとともに，本書の多くの箇所を分担執筆した。

　私たちはこの研究にさまざまな興味と経験をもち込んだ。リチャード・ハーシュはカリキュラムについて広く書いたが，彼は教師研修に長く携わってきた。ダイアナ・パオリットの分野はカウンセリングである。彼女は理論と実践の両方の水準を保ち，道徳教育への発達的アプローチに関する相談と教授を統合しようと働いたのである。ジョセフ・ライマーのそもそもの興味は認知的–発達理論にある。彼はクロスカルチュアルな研究を手がけ，発達的道徳教育について多くの研究プロジェクトに参加した。私たちは本書の執筆で広く共同作業をしたが，それ

は共通の努力と結果である。

　私たちは本書の利用について読者に注意を促しておきたい。それは現実の意識を反映させるために英語の文法に関して制限を加えたことである。本書のいたる所で取り上げた例で，あらゆる読者が惑わないように包み込むため，男性と女性代名詞，形容詞を取り替えたが，そのために構文が複雑となった。

　ローレンス・コールバーグ博士の辛抱強さ，寛容と励ましは執筆中の私たちを支えてくれた。私たちは氏に感謝し，また本書で書かれたことが氏の仕事を正当化するものであることを知らせることが私たちの責任であると考える。私たちは氏の貢献の価値を十分に伝えたいと願っている。

　非常に多くの人々からの支援，授業参加，忍耐と犠牲が，私たちの努力を支えてくれた。私たちはとくに，ラルフ・モッシャーの統合理論とカリキュラムへの貢献を，民主主義教育における彼自身の旺盛なアイデアを発展させたことも，同様に知らせたい。彼は民主主義教育におけるトム・リッコーナや他パイオニアのように多くのすばらしい示唆を私たちに執筆に合わせて提示してくれた仲間である。私たちはマサチューセッツ州にあるブルックリンとケンブリッジの公立学校の教師とカウンセラーにたいへん感謝している。彼らはダンフォース道徳教育プロジェクトにも参加してくれた。彼らは新しい創造的な方法で，道徳教育実践について私たちが彼らとともに学ぶ助けをしてくれた。また，本書の教授とカリキュラムについて創始者的な貢献をした多くの教師，研究者に感謝を申し上げたい。そして正義の共同社会という私たちの見解を方向づける助けとなってくれたクラーク・パワーやアン・ヒギンズ，エヴァ・ワッサーマンたちに対しても，感謝を述べたい。

　とくに，私たちはゲイル，タマラレイマー，フランク，ジュリア，アマンダ・パオリット，そしてキャロル・ウイザオールの献身的な支えとねばりなくしては，この出版は完成しなかったと思っている。最後に，イレーネ・グリン，ダイアン・ペッルムス，キャロル・キャンパー，ニコール・ベニベント氏にお礼を申し上げたい。

【編集部注記】
ここ数年において,「被験者」(subject)という呼称は,実験を行なう者と実験をされる者とが対等でない等の誤解を招くことから,「実験参加者」(participant)へと変更する流れになってきているが,執筆当時の表記のままとしている。文中に出現する「被験者」は「実験参加者」と読み替えていただきたい。

目次

第2版の序文 ……………………………………………………………………………… i
序文 ……………………………………………………………………………………… viii

第Ⅰ部　理論編 ……………………………………………………………………… 1

第1章　道徳性発達への招待　2
1節　価値, 道徳性と学校 ………………………………………………………… 2
2節　道徳教育への高まる要求 …………………………………………………… 6
3節　価値の明確化の限界 ………………………………………………………… 8
4節　コールバーグ──価値の明確化を越えて ………………………………… 11
5節　目的と形式 …………………………………………………………………… 13
6節　注意事項 ……………………………………………………………………… 14

第2章　ピアジェ：コールバーグへの概念的導入　16
1節　ジャン・ピアジェ …………………………………………………………… 16
2節　ピアジェの方法論 …………………………………………………………… 18
3節　環境への適応としての知能 ………………………………………………… 19
4節　心理学的構造の発達 ………………………………………………………… 22
5節　幼少期における認知的な発達段階 ………………………………………… 24
6節　前操作的思考の段階 ………………………………………………………… 24
7節　具体的操作の段階 …………………………………………………………… 26
8節　形式的操作の段階 …………………………………………………………… 30
9節　認知と感情の関係 …………………………………………………………… 35
10節　子どもの道徳判断 …………………………………………………………… 37

第3章　コールバーグ：道徳判断の発達理論　41
1節　コールバーグ理論の起源 …………………………………………………… 41
2節　道徳判断の概念 ……………………………………………………………… 43
3節　役割取得：道徳判断の根源 ………………………………………………… 46
4節　論理・役割取得・道徳判断 ………………………………………………… 47
5節　段階の概念の精緻化 ………………………………………………………… 49
6節　コールバーグの方法論 ……………………………………………………… 51
7節　道徳判断の段階 ……………………………………………………………… 55
8節　要約 …………………………………………………………………………… 76

第4章　道徳性発達と道徳教育に関するコールバーグ理論　77
質問1 ………………………………………………………………………………… 77
質問2 ………………………………………………………………………………… 80

質問 3 ……………………………………………………………………85
　　質問 4 ……………………………………………………………………88
　　質問 5 ……………………………………………………………………96
　　質問 6 …………………………………………………………………100
　　質問 7 …………………………………………………………………105

第Ⅱ部　実践編 …………………………………………………………111

第 5 章▶道徳教育の方法：教師の役割　112
　1 節　教えることの概念 ……………………………………………113
　2 節　実践での道徳教育のモデル …………………………………119
　3 節　道徳教育者としての教師 ……………………………………134
　4 節　葛藤を創ることと役割取得を刺激すること ………………138
　5 節　道徳的気づきの発達 …………………………………………142
　6 節　質問の方略 ……………………………………………………148
　7 節　教室の雰囲気をつくること …………………………………171
　8 節　実践の難しさ …………………………………………………188
　9 節　結論：教師にとっての認知的不均衡 ………………………194

第 6 章▶道徳教育のためのカリキュラム構成　205
　1 節　教授目標としての内容と構造 ………………………………205
　2 節　道徳性発達カリキュラムとは何か …………………………206
　3 節　カリキュラム開発 ……………………………………………208
　4 節　文学作品の使用 ………………………………………………212
　5 節　歴史教材の使用 ………………………………………………220
　6 節　囲いの穴 ………………………………………………………227
　7 節　道徳性発達のための内容と学級生活 ………………………229

第 7 章▶正義の共同社会の試み　235
　1 節　ケンブリッジのクラスタースクール ………………………236
　2 節　キブツを通じてデュルケムを考え直す ……………………244
　3 節　ジャスト・コミュニティと発達的教育の統合 ……………247
　4 節　クラスターの終わりとジャスト・コミュニティの継続 …253
　5 節　終わりに ………………………………………………………256

エピローグ ………………………………………………………………259
引用文献　263／参考図書一覧　273／索引　275／あとがき　278

第I部

理論編

第1章　道徳性発達への招待

1節　価値，道徳性と学校

　道徳性に関する問題は本来，教育内容と指導過程の両方に備わっている。教師と生徒は常に価値観や道徳についての問題とぶつかっているが，その問題は見えにくいため，重要なことだと気づいていないのである。教師たちはその問題に気づいていても，自分たちが生徒の価値観や道徳的な見方をよりよく発達させるために必要な技能をもち合わせていないと思っているかもしれない。ローレンス・コールバーグ（Lawrence Kohlberg）の道徳性の発達における研究は，このようなことが憂慮すべきことだとして，教師が，道徳的な問題と指導内容およびその指導過程をうまく統合できるように，必要な道徳性に関する概念的枠どりを提供している。

　コールバーグの理論は実用的である。この理論を活用すると，教師は学校教育で現われる道徳性に関する問題に早く気づくことができ，さらにその問題に対処する方法を向上させることができる。これから紹介する2つのエピソードがこのことを説明している。エピソード1は，ウォーレン先生がクラスの対人関係における道徳的な問題への対応を扱ったものである。エピソード2は，ヘイク先生が授業で扱った内容に含まれている道徳的な問題に焦点を当てたものである。

●エピソード1

　アメリカでは，学習障害の子どもを普通学級でみんなと学ばせるという教育を

何よりも大切にしている。ある小学校の9歳のブライアンは、軽症の脳性麻痺を患っているため、クラスでいじめのターゲットになっていた。彼はジャケットのボタンをはずせないとか、休み時間に外で遊んでいると、運動ができないとからかわれた。みんなからのあざ笑いが続き、ブライアンが学級で泣いている姿がよく見られた。

ある日、ブライアンが学校を休んだ。ウォーレン先生はこの機会を利用して、クラスのみんなに、「先生がこのクラスのとても重要な問題だと思っていることについて、話し合いをしましょう」と言った。子どもたちは学級に問題があることを聞いてびっくりしたようである。しかし、みんなは話し合った。先生は次のような話をした。

「ある子は生まれつきの病気のため、普通の子のように筋肉を動かすことができないのよ。ほかの子のように体を動かしたいと思ってもきっと無理だし、またみんなと同じようにはできないのよ。いろなことができない上に、みんなからからかわれたら、いったいその子はどんな気持になると思う？」

みんなは沈黙した。先生の口調は怒りではなく、みんなを気遣いながら心配そうに話しかけていた。

ある女の子が、「ティムとジャックがブライアンをからかっているといやな気持ちになるわ」と言った。

ジャックは、「僕は、彼をいじめているつもりはない」と答えた。

話し合いは続いた。ほとんどの子どもたちがこの話し合いに参加した。ある子どもたちは、ブライアンの視点から問題をとらえることができた。

ジェフは、「もし、みんなが僕をあのようにからかったら、ぼくはきっと怒るだろうし、傷つくと思うよ」と話した。ジャネットは、公正という価値を取り上げた。

「私たちがキックボールゲームをするとき、私たちは速く走れるのに、ブライアンはできない。私たちはいんちきしているようで、不公平よね」

たんに具体的な解決策を見つける話し合いではなく、心のこもった話し合いができた。翌日、ブライアンは教室にもどってきた。何名かの子どもたちは、彼のジャケットのボタンをはずすのを積極的に手伝った。休み時間のキックボールゲームのときは、ブライアンは、3回も安全にベースを踏むことができた。いつのまにか、いじめはなくなった。

ウォーレン先生は，このいじめの問題には，学級における子どもたちの人権と責任の価値が含まれると考えた。ブライアンをからかうことは公正なことなのか？　コールバーグは，公正，人権，責任という価値を道徳的な問題とみなし，その問題は小さな学級であれ大きな社会であれ起こり得ると考えている。コールバーグは，学校で道徳的な問題が起こった場合には，子どもたちがこの問題に取り組むように助言している。というのは，その問題に注意を向けることが，道徳的な見方・考え方を発達させることになるからである。ウォーレン先生は，この道徳的な問題が，学級の生活の一部であることに気づいたので，その問題について子どもたちに積極的に話し合いをさせた。ウォーレン先生は「もし，みんながブライアンの立場なら，どのように感じますか」と子どもたちに質問をすることにより，コールバーグのいう"社会的視点取得"，つまり他者の立場にその人自身の視点を客観的に反映させる方法で他者の視点に立つ，その社会的視点を子どもたちに効果的に取得させることを援助した。子どもたちに自分なりの道徳判断理由づけを考えさせる活動は，道徳性の発達において重要なことである。

　ウォーレン先生は，学級に包含される道徳的問題に気づき，このことに取り組ませることによって子どもたちの道徳判断理由づけを促進することができた。次に続くエピソードでは，ある教師が歴史の授業に包含される道徳的問題に気づき，それに応答している。

● エピソード２（チャーチル首相のジレンマ）

　高校２年のマークは，ウィリアム・スティーヴンソン（William Stevenson）著の第二次大戦中の秘密情報戦を扱った物語『勇者と呼ばれた男（A Man Called Intrepid）』を読んでいた。その本は，国語の授業のレポートのために彼が選んだノンフィクションである。アメリカ史の授業でヘイク先生が，終戦後にチャーチル首相がイギリス国民の支持を失っていた話をすると，彼はいつもの授業以上に興味をもって話を聞いた。そして，ヘイク先生がこのことを取り上げて，討論をさせた。

　マークは手をあげて，「チャーチル首相は，国民の知らない苦渋の決断をしたのに，首相が国民に裏切られたことは不公平だと思います」と発言した。

　ヘイク先生は，「それはいったいどんな決断だったんですか？」と質問をした。

　マークは，「ある日，ある英国人がドイツの秘密暗号を解読し，チャーチル首

相はヒトラーがコンベントリーの町を爆撃する計画を知った。そこでチャーチル首相は，コンベントリーの人々に空襲を警告すべきかどうかを決断しなければならなかった。空襲を警告することは，ドイツ人に彼らの暗号が解読されたことを知らせることになるし，警告をしなければ，秘密暗号を利用して戦争を早く終わらすことができる。チャーチル首相は沈黙を守った。そして後に秘密暗号の解読は同盟国の進攻を助けたのである」と答えた。

マークの友達のジェイソンは質問した。

「じゃあ，チャーチルが警告しなかったために死んでいったコンベントリー市の罪のない人々はどうなるの？」

ジョンは，「それじゃ，広島に原子爆弾を落とす決断をしたトルーマン大統領と同じだよ」と答えた。

マークは，「でもチャーチルとトルーマンは，自分たちのしたことでより多くの人の生命を救ったと信じていたんだよ」と答えた。

ヘイク先生は，「誰かの命を救うために他の人々を殺すことは正しいことだと思いますか？」と質問をした。1分間もの沈黙の後，ヘイク先生は，質問を言い換えた。

「マークは，チャーチル首相やトルーマン大統領は人々の命を助けることを重視していたと言いました。二人ともある人の命を救うために故意に他の人々が死ぬことを許可しました。ある人の命を救うために他の人を殺すことは正しいことでしょうか？」

沈黙が続き，何名かの生徒はうなずいた。ヘイク先生は，うなずいている生徒たちに「なぜ？」と質問をし，問題解決への糸口を与えた。

最初にスーザンが，「もっと多くの命を救えるなら，長い目でみればそれもしょうがないと思います」と話した。

フィルは，「戦争では，なんでもありさ」と言った。

「救おうとする人たちが自分の国の人たちであればいいと思います」とエルストンは付け加えた。

ヘイク先生は，まず最初に，エルストンに質問をした。

「エルストン，あなたの国民の生きる権利は他の国民よりも重要なのですか？」

ヘイク先生は，マークが歴史の授業とのかかわりで出した問題は道徳の問題だ

と認めた。このクラスでは以前にコールバーグ理論を用いた実践をしていたため，ヘイク先生と子どもたちはその討論を意義あるものと感じることができた。ヘイク先生がみんなに投げかけた「他人の生命を救うためにだれかを殺す」という正義についての質問は，意図的である。コールバーグ理論では，道徳判断理由づけを発達させるためには，積極的に議論させることが必要である。ヘイク先生は意図的にいろいろな視点から考えさせるように仕向け，新しい視点を得るために道徳判断理由づけを綿密に考えさせたのである。コールバーグによると，教師のこのような行為が道徳性の発達をうながす重要な方法である。

これまでのエピソードの一つ一つは，コールバーグ理論が有用だとする実践例である。この章の残りにおいて，教師がこの理論の諸側面を理解し，これらを教室で活用する手助けとなることをめざした。

 2節　道徳教育への高まる要求

国民は学校が価値観や道徳教育にもっと力を入れてほしいと願っている。1976年に行なわれた第9回の世論調査では，道徳教育が公教育の主たる関心事であった。「公教育全体の質を改善するのに，あなたは次の選択肢のうちどれがもっともよいと思いますか？」という質問に対して，公立学校に通う子どもの保護者の45％が，道徳教育の強化を選んだ。憂慮すべきことは，「あなたは，今日の親に欠けているものは何だと思いますか？」という質問と，「今日の学校に，最も欠けているものは何だと思いますか？」という質問に対して，親が同じように「高い道徳的規範」と答えていることである。「保護者は自分の子どもの道徳的行為に対して責任がありますか？」「学校も子どもたちの道徳的行為に対して責任を分かち合うべきだと思いますか？」の質問に対して，保護者の79％が学校と責任を分かち合うべきだと答えた。1976年以来続いてきた世論調査によると，国民の関心は道徳教育だけでなく，規律とか校内暴力のような問題にまで広がっている。しかしながら，そのような問題への取り組みに対する学校の役割はまだはっきりしていないし，学校の役割の本質についての議論も整理されないままである。

しかし，どうして道徳教育に対する関心が再び高まったのだろうか？　それは，人種差別，ベトナム戦争，ウォーターゲート事件，違法な法人の賄賂問題，犯罪，薬物などについて国民が議論し，マスコミが注目したことが，人々を社会におけ

る道徳的な問題に対して敏感にしたのであろう。さらに，モラル・マジョリティ（道徳教育推進会）といった団体が発足し，学校は道徳教育の問題に力を入れるようにと，学校への要求を強めたためであろう。しかしコールバーグは，そのようなことより，アメリカ国民の信仰心が弱まり，伝統的に道徳律を重んじることが少なくなり，教師たちは学者に指導を求めるようになったことを指摘した。さらに彼は，1960年代に入ると，自由党民が，"正義の原則"の精神に誓って，社会発展の道具として科学技術，合理的な政治的操作を信奉したことにあることもあげている。しかしこのような信頼に彼らが幻滅を感じるにつれ，道徳原理をはっきりと表現し，道徳教育を推進する必要があるという認識がだんだんと高まってきたことも，その理由として指摘している。しかし，学校における役割は，なお不明確のままであった。

　学校は，民主主義の目的を達成するために，積極的に社会化を果たす役割を担っている。社会化を果たすためには，学校は，国民が民主主義の社会に参加するために必要な知識と技術を身につける援助とならなければならない。本質的には，これは学校の普遍的な機能であり，また社会を維持する機能でもある。この機能を実行するにあたり，私たちは学校が生徒に，私たちの複数の人種のもつ文化遺産を尊敬すること，さらに個人や集団の差異を尊重するための指導をすることを当然期待する。この役割の維持と継承につけ加え，学校は生徒の変化に対して具体的に対処する方法を学ばなければならない。なぜなら変化は，私たちの文化と未来の一部だからである。学校は，常に変化し続ける社会において生き続けるために必要な知識や技術，価値などを子孫に伝えなければいけない。学校は真の役割を果たしてこそ価値ある教育機関なのである。

　教師には価値を伝達する役割がある。なぜなら人間は，価値について中立にはなり得ないからである。そもそも価値の中立性について議論すること自体が，1つの価値の立場を表わしていることになり中立にはなれない。教師はいかなる教科を教えようとも，何を教えるかとどういう模範を示すかによって，必然的に道徳教育者になる。そのため「学校は価値と道徳教育に取り組むべきか」という質問に対して，学校は必然的に重要な道徳活動の教育施設であると答えざるを得ない。

　学校は道徳教育に懸命に取り組んでいるけれども，道徳的問題を解決できていないことは明らかである。教師が道徳の教育者として何をなすべきかという問いに対して，価値を教え込むことが1つの答えであった。この方法は，教師が，生

徒に自分を信じることを教え込むことにより，正しい価値と道徳的解答を生徒に"伝える"方法である。よく説教とか教化などと言われるこの方式は，民主社会にとって必要とされる教育とは正反対であり，価値の教え込み方式として批判されてきた。これまでの道徳教育とはまったく異なり，価値の教え込みの可能性を排除した，民主主義の思想と一致する道徳教育のモデルが"価値の明確化"の道徳教育である。[*1]理由づけや詳しい調査を基本とする価値の明確化は，教師にさまざまな指導法や経験を用意し，「他人と異なる価値をもつことは悪いことでしょうか？」「自分の価値が明確でないときは，私たちはどうすべきでしょうか？」「価値づけの過程にどのように取り組んだらよいのでしょうか？」というような質問に生徒に答えさせる。価値の明確化は，アメリカで価値を明確にする教育の方法として最も評価されるようになった。しかしそれにもかかわらず，さらに価値の明確化は，道徳の領域でほとんど答えをだすことのできない重要な問題を提起した。

3節　価値の明確化の限界[*2]

現代生活の複雑さのために，私たちはそれぞれ多くの価値の選択に直面しており，価値の明確化の支持者は，論理的で合理的な方法で個々に価値観にたどりつく過程があると主張する。彼らは，教化の方法で価値を生徒に教える試みは，ほとんど成功してこなかったことを示した。それは，何が"正しい"価値なのかという問いに対して意見の一致が見られないからである。子どもは，親や教師，牧師，メディア，仲間からいろんな異なる価値観を与えられて価値観について混乱していると述べている。

価値の明確化の方法は，価値を絶対的なものとはとらえない。したがって，教師は特定の価値について教えることをしてはいけない。むしろ教師は，次に述べるプロセスを包含した価値追究の型を教えるべきである。

〔自分の考えと行動を尊重する〕
　①尊重し大切にする。
　②考えが妥当だと思ったときは，みんなの前で断言する。
〔自分の考えと行動を選択する〕

③選択肢の中から選ぶ。
　④選択肢の結果を熟慮してから選択する。
　⑤自由に選択する。
〔自分の考えに基づいて行動する〕
　⑥行動する。
　⑦行動を繰り返し，習慣化するまで継続する。[*3]

　①～⑦の価値の指針はそれぞれに，人々が特別な価値観をしっかりもっているということを理解する上で役に立つ。価値の明確化は教師や子どもに自分自身の価値，他者の価値，価値とみなされるものをしっかり気づかせながら，"何がよいことなのか？"という哲学的な質問に焦点を当てている。価値の明確化が提案するこの方略は，この目的に関してはかなり有効である。しかし，子どもはすぐに価値がよく矛盾するということに気づくので，子どもに価値を気づかせることが，追加的な価値と道徳的問題を生じさせることを認めざるを得ない。"よいこと"に対する矛盾する意見を解決するためには「正しいこととは何か？」という質問をすることになる。例えば，イスラエル人もパレスチナ人も，価値の明確化の①～⑦の指針を活用して，パレスチナ国家の独立という価値についてそれぞれが異なる考え方にたどりつくことができる。しかし，どのようにしてこの問題を決定すべきなのか。基本的人権に関するどんな原則が，道徳規準として，このような葛藤を解決するのに役に立つといえるのか。

　このように見ると，価値の明確化モデルに欠けているのは，生徒の価値葛藤の解決を支援する力である。哲学者のウィリアム・フランケナ（William Frankena）は「"人間は道徳的に何をすべきか？""何が道徳的に善であり悪であるか？""われわれの道徳的正義とは何か？"などを解決するときは，基本原則，規準，道徳的の規範に基づかねばならない」と言及しているように，価値葛藤の解決には，このような質問が必要である。[*4]価値の明確化の支持者は，批判的な質問に十分に答えられないまま，ただ状況的な倫理を除いて，すべての価値は相対的で，等価であると主張する。その解決方法は，道徳教育の複雑性を削減したり避けたりできるが，たいていは，教師が価値葛藤を解決するために権威を利用するという結末になる。次にあげるエピソードを考えてみてほしい。

先生：みなさんのうちの何人かは、テストには正直でなければならないと考えている人がいますね、それは正しいですか（何名かは、肯定的にうなずいた）。また、正直でなくてもよいと考えていますね、それは正しいですか（数名はためらいながら軽くうなづいた）。
　それでは、ほかに考えはありませんか、それともこれは単純に正直対不正直の問題ですか？

サム：あるときは正直にできますが、あるときにはできません。

先生：みなさん、それはあり得る答えですか。ほかに答えはありませんか？

トレイシー：ある場面では正直になれるし、ほかの場面ではなれないこともあります。例えば、友達の似合わないドレスについて聞かれたときは、正直に答えられません。まあ時々ですけどね（笑い）。

先生：みなさん、それはあり得ますか（再びうなずいた）。ほかにありませんか？

サム：僕には先生がどっちかにならなければいけないといっている気がします。

先生：サム、ちょっと待って。普通、私たちは問題を解決するためには、まず選択肢を見つけます。その後で自分が選んだものについて見ます。みんな、ほかに選択肢はありますか（反応なし）。それでは、黒板にかかれている問題に対して4つの選択肢をあげてみましょう。これから私は、あなた方が自分ですべき2つのことを質問します。1つは、正直または不正直についての問題の答えの選択肢を見つけなさい。もしそれができたら、次にそれぞれの選択肢の結果を考え、そしてどの選択肢がよいか考えなさい。後で、このことについて話し合うバズ・グループをつくりましょう。そして選択した答えを決定することができるか、また実際の生活の一部として行動したい選択なのかを考えてみましょう。自分の選択は、自分のためにしなければいけないことです。

ジンジャー：それは、この場でのテストでは正直にあるべきというより、私たちは自分のために選択を決定できるということですか？

先生：いいえ、あなたは価値に基づいて選択を決定できるということです。先生は、個人的には正直の価値を重視します。だから、不正直を選択した人には、このテストでは正直を選ぶよう強く主張します。他の生活の場面では、もっと自由に不正直になれると思いますが、人はいつも、何をしてもいいわけではありません。このクラスでは、テストに正直であることを期待しています。

ジンジャー：それでは、私たちはどうやって自分たちで決めるといえるのですか。先生は私たちが何を大事にせよと教えたいのですか？

サム：そうです。先生は僕たちが何をすべきか，何を信じればいいかをすでに教えてくれてます。

先生：正確にはそうではありません。君たちに，何を大事にすべきかをいっているつもりはありません。それは君たちしだいですよ。私がいいたいことは，他の場所では必ずしもそうではないが，このクラスでテストを受けるときは，正直でなければいけません。そうでなければ，みなさんはある結果を受けることになるからです。つまり私は，正直についての規則なしに，みなさんにテストを受けさせることはできないということです。不正直を価値として選択したすべてのみなさんは，ここで実行することは許されません。私がいいたいことはそれだけです。だれか，ほかに質問はありませんか*5？

　これは教師の権力を使っての解決であり，道徳性の側面について教師の説明が欠けている例である。コールバーグ理論は，価値葛藤をとおして子どもにより適切な道徳的解決を図らせることがどうして必要なのか，またどのようにしてそれは，よりよく解決できるかを説明している。

4節　コールバーグ——価値の明確化を越えて

　コールバーグは，道徳哲学，発達心理学，教育学研究をとおして，教師が扱う道徳分野に価値教育を加えていった。そのようなことをしながら，彼の研究は価値の明確化にとって代わり，発展をみせた。価値の明確化は価値を定義づけることに関心があったが，コールバーグは価値を支えている道徳的な見方を明らかにしたいと思った。そのため価値の明確化では，子どもが自分自身の価値や他人の価値に気づくようにしているが，コールバーグは，自己や他者の道徳判断理由づけに気づくようにしている。また，価値の明確化は，価値の分析をとおして教師と子どもの相互作用を促進しようとしたが，コールバーグは，道徳判断理由づけを発達させるために教師と子どもの相互作用を強調している。

　コールバーグは，①道徳性が何を意味するか，②道徳判断理由づけのよりよい適切な様式（mode）を人がいかにして発達させるかを説明するために，哲学と心理学を結びつけた。コールバーグの哲学的分析と心理学的研究の成果は，道徳性を発達させる方法について力強い論理的根拠と説明を教師に与えたのである。

コールバーグは，価値の明確化では説明できなかった価値の相対性の問題を，正義と公正の原理を核とする道徳哲学を用いて道徳性の本質的構造を定義することにより，解決しようとした。彼は民主主義においては，この正義の追究こそがこの上なく重要なことであると主張している。民主主義社会において市民を育成するためには，道徳的規範に基づいて価値選択することが必要とされる。

　コールバーグは道徳的原理についてしっかりと理解していない場合には，教師を含めた権威ある地位にある人々が，道徳的葛藤を解決する方法として，自分たちの権威を気まぐれでたびたび功利的に使うようになると指摘している。ウォーターゲート事件は，この種の道徳的選択の決定場面で，国家が強力な権力を行使した例である。

　コールバーグの心理学研究は，私たちの正義に対する概念（何が正しいですか？）が，私たちが環境との相互作用を重ねるごとに変化し発達することを明らかにした。コールバーグは，ピアジェの研究を基盤にして，道徳性が6段階にわたって発達すると述べた。そして，それぞれ後続する段階の，道徳判断理由づけがより複雑なシステムとなるので，何が正義で正しいかの概念はより適切に説明できると考えた。彼の研究は，発達には段階があり，その発達の順序は，私たちの文化と同様に他の文化にも存在することを明らかにした。どの文化も道徳判断理由づけの発達段階の順序は同じであるが，より複雑な道徳的理由づけにふれる機会を表わす環境要因が，到達する道徳性の発達水準（段階）と成長の度合いに影響を与えている。

　教師もまた子どもの道徳判断理由づけの発達を促進することができる。例えば，子どもの価値観が学校の規則と対立する場合，教師は問題の道徳的側面を明確にし，解決を支援する責任がある。運動場でのけんかを，ただの校則違反として処理されるべきか，それともお互いを公平に扱うというようにもっと広い問題として考えるべきか？（この問題については，エピソード1でウォーレン先生のやり方に表われている。）学校はほかにも，子どもを立派な市民として育てあげる義務がある。教師は，子どもが合衆国憲法によって保証されている自分と他者の権利を理解し，守ることを教える責任がある。合衆国憲法は最高水準の道徳判断理由づけを示すものである。コールバーグは，教師は，憲法に包含されている原理に基づいて子どもが理解し，行動できる力をつけるように支援すべきであると確信している。

5節　目的と形式

　この本の目的は，教師によるコールバーグ理論の実践を支援することである。コールバーグの研究について学ぶと，とくに①教師の本質的な役割は道徳教育者としての役割であるという認識，②教授内容と過程における道徳の重要さに関する感受性の増進，③道徳教育のカリキュラムを計画し実践するときの説明力を得ることができる。この本は理論編と実践編の2部に分かれている。

▮理論編

　コールバーグの道徳性発達の教育理論は，第2章，第3章，第4章で概説される。これら3つの章の目的は，教師に道徳性発達の教育の論理的根拠とその説明を示すことである。コールバーグの研究は新しい見方を提供し，教師はそれをとおして子どもたちの考えや発達を知ることができ，また道徳教育の指導者としての役割を新たに身につけるだろう。道徳性の発達段階についてのコールバーグの説明は，スイスの心理学者ジャン・ピアジェ（Jean Piaget）の研究に基づいている。第2章は，基本的なピアジェの考え方を説明する。ピアジェの考え方は，第3章と第4章で生かされるが，その中心はコールバーグの研究成果と道徳教育理論が精力的に書かれている。この理論についてよく聞かれる質問とそれに対する答え，具体的な事例も書かれている。

▮実践編

　実際の道徳教育の実践例は第5章，第6章，第7章に書かれている。ここでは，理論編で書かれたピアジェの考え方が実際の指導の中で例示されている。これら3つの章では，先行研究の結果と実際の指導経験を生かした豊富な指導事例が数多く示されている。また各章には，小学校と中学校の教師がコールバーグ理論を教室で活用した事例を掲載している。
　第5章は適切な指導法を説明している。道徳性の発達をうながすために多くの方法を用いている点が強調されている。第6章はさらに発展させ，カリキュラムの教材開発に焦点を当てる。この章では，学校生活外での道徳性発達のカリキュラムの開発に力点を置いている。第7章では，コールバーグのジャスト・コミュ

ニティの考え方についての説明とその適用として，学校の組織の編成と指導方法の適用について述べる。

6節　注意事項

　私たちの主たる仕事は，元来複雑な理論を過度に単純化することではない。このようにいってきたにもかかわらず，私たちは，この理論の複雑さをただす努力をしてきた。私たちは教師に，道徳教育とはカリキュラムに新たに加えられたものとか，本来の学校教育とは別の存在だと思いこまないで欲しいと願っている。私たちは，「木曜は道徳教育の日」という取り組みをよいとは思わないし，コールバーグが主張するように，常に学校教育は道徳教育であり，教師は道徳の指導者であるべきだということを信じている。

　コールバーグの研究は奥深いため，この理論に道徳教育のすべてを網羅することは不可能であることを認めている。私たちは，この本のいたるところで，コールバーグ理論の限界について書いてきた。しかし，道徳教育における唯一のモデルを提供することが私たちの意図ではないことをここで指摘しておきたい。唯一完璧な道徳モデルがあるとずっと信じてきた教師によってつくられた"先陣効果"を私たちは奨励しない。そのような教育者が，いったんその指導モデルのとりこになると，ほかの教師がすぐに飛びついてしまう先陣をつくってしまう。短期間での結果を要求されることにより先陣効果となる教育理論の運命はお決まりではあるが，その先陣効果は，時期早々な実践をうながし，理論の簡素化という結果をまねく。そのため，①理論そのものがわかりにくい，②機械的なアプローチが絶対的な効果を生みだすかのように誤解される，③教師と子どもの期待が結果より大きくなりすぎる，④そのため結局，その理論は受け入れられないことになる。

　いかなるモデルや理論についての議論的な主張も，先陣効果をつくるのに寄与する。そのため私たちは，この本での議論は避けるようにしてきた。しかし，読者に対して私たちの取り組みの本来的に備わっている限界については，細かく気を配りたい。

　第一に，価値や道徳教育の分野には，コールバーグ理論が扱う以外にも多くのことがあることを認めなければならない。第二に，後の章で説明するように，コールバーグの理論は豊富な研究と実践の基盤がしっかりしており，常に一層の研

究と批評をとおして進化し発展している。第三に，序文で氏が述べているように，私たちはコールバーグ先生といっしょに研究してきた。私たちはコールバーグ先生の貢献を賞賛し尊敬する。私たちの親交は偏っているが，しかし公平にみようと努力をしてきた。私たちに偏見があったにもかかわらず，コールバーグ先生の研究を広範囲にわたって，その特徴と限界について，読者に理解を図ることがよくできたと思っている。

第2章　ピアジェ：コールバーグへの概念的導入

　この本の第2章，3章，4章では，もっぱらコールバーグの道徳性発達理論の紹介をする。そしてこの章の目的は読者にコールバーグの研究の全体像を紹介することである。彼の研究にはいくつかの異なった側面があり，彼の理論を理解しようとするならばそれらを把握しておかなければならない。コールバーグの理論には，①人間の発達に関する認知発達的なアプローチ，②道徳判断の段階についての記述，③一貫した道徳化の理論によって道徳判断の発達を説明する試み，④道徳発達の研究と道徳教育実践を理論に反映させること，などがある。本章ではこれらのうち，①を取り上げ，残りは第3章，4章で扱う。

　人間発達の本質に関するコールバーグの見方を理解するために，コールバーグの思想に重大な影響を及ぼしたスイスの心理学者，ジャン・ピアジェ（Jean Piaget）の偉業を概観していく。なぜなら，コールバーグ理論の基礎は，ピアジェの認知発達に関する研究に基づいているからである。

 1節　ジャン・ピアジェ

　ジャン・ピアジェはジュネーブ生まれの学者で，50年以上も前に児童心理学の分野で革命を起こした。彼の影響はフロイトと比較されてきた。ただピアジェの理論はフロイトとは異なり，面倒な専門用語で書かれているため，原著のフランス語で読んでも，英語に翻訳されたものを読んでも非常に難解で読みにくかった。彼の影響は1950年代後半のアメリカ，合衆国全体の関心が学校の教育課程を知的に改良することに向けられたスプートニク後の時代にまでさかのぼる。アメリカ

の教師たちは，ピアジェが展開した知的発達の理論は他の比較できる理論に比べてより完璧で説得力があると認めた[*1]。1950年代から，彼の主要な実績はアメリカの読者に受け入れられ，彼の理論や研究に対する解説はおもにそれらの意図や意味への理解を容易にする目的で書かれるようになった[*2]。

ピアジェの研究の最初の焦点は，人間の知能の発達に関することであった。ピアジェは，個人の発達のなかで知能の基礎となる認知過程がいかにしてある段階から次の段階へ発達するのかを明らかにした。ピアジェのアプローチを理解するために，彼の伝記を紐解いてみよう[*3]。

ピアジェはもともと生物学者として教育を受けていた。博士号を取得したあと，彼は心理学に興味をもち始めた。彼の最初の仕事の1つには，パリのビネー実験室での仕事があった（ビネーは最初に知能テストを作成したことでよく知られている）。ピアジェの仕事は，標準化したある論証テストのフランス版を発展させることであった。彼は熱心に仕事を行なったが，標準化されたテストに正答を記録するだけの仕事にすぐに退屈した。そして興味をもって仕事するために，子どもの誤答を観察し始め，それにひきつけられていった。なぜある年齢のほとんどの子どもたちは，ある問題を推論によって解くことができないのだろうか？　もっと重要なことは，なぜ，ある年代の子どもたちの"間違った"解答がこれほど似ており，年齢の高い子どもの"正しい"解答と大きく異なっているのだろうか？　これらの疑問は，その後ピアジェが体系的に研究をし続け，認知発達理論の基礎となる手がかりとなった。

知能テストはピアジェの疑問に答えてはくれなかった。知能テストは子どもがどの程度の知識をもっていて，同じ年代の他の子どもに比べどの程度論理的に考えられるかを明らかにするために作られており，なぜ子どもがそのように推論し，そのような答えを出すのかについて明らかにするためには作られてはいない。つまり，知能テストは知能指数という相対的な位置を子どもに割り当てることを目的としているため，どのようにして子どもの思考が時間の経過とともに変化していくのか明らかにすることはできない。ピアジェは，子どもが推論に用いる思考パターンがどのように時間の経過とともに発達し，ある年齢においては解決できなかった問題を，数年後には，いとも簡単に解決できるようになるのかということを質的なことばで表わす研究に携わった。

2節　ピアジェの方法論

　ピアジェは子どもの推論の手順を理解するために，標準化されたテストを放棄し，子どもが与えられた課題からどのように推論を用いて解決にいたるかについて幅広い視点から検討するのにふさわしい形のテストを開発した。ピアジェはフロイトやほかの臨床家が発展させた臨床的な方法をとった。臨床家はこの方法をクライエントが自分の自然な思考の流れを最大限，自由に引きだす手段として用いたが，ピアジェの場合には，子どもが特定の問題を熟考し最大限の力を発揮しその課題を解決していく手段としてこの方法を用いた。ピアジェは子どもの課題への対峙の仕方を観察し，課題に取り組むさまを注意深く見守り，子どもの努力の指針となった推論の種類を理解するために子どもに質問をし，説明を求めた。

　ピアジェはすぐに子どもの推論の仕方の根本的な違いは年齢に関係していることを確信した。すなわち，ある年代の子どもが問題を解決するのに用いる推論は，異なる年代の子どもが使う推論とは違った思考過程に基づいている。例えば4歳のグループに，太陽と地球はどちらが大きいか尋ねるとしよう。たいていの子どもは地球が大きいと答えるだろう。そしてその後，なぜ地球の方が大きいと思うか尋ねたならば，おそらく，太陽の方が小さく見えるからだと答えるだろう。すなわち彼らは"論理的"に，小さく見えるものは小さいのだ，と結論づけているのである。7歳のグループに同じ質問をすると，たいていの子どもは太陽の方が大きいと答えるだろう。彼らに太陽はあんなに小さく見えるのにどうして太陽の方が大きいことを知っているのか尋ねたならば，ただたんに遠く離れているから小さく見えるのだと答えるだろう。

　私たちが単純にこの2つの答えを比較するならば，7歳の子どもは地球と太陽の相対的な大きさについてより学習しているのでより多くの知識をもっていると結論づけることができる。解答の成否を度外視し，子どもの用いた推論について検討すると，もう1つの違いが明らかになる。4歳の子どもは答えを推論しようとせず，一貫した論理を用いて間違った答えに到達している。彼らは一貫して知覚した太陽の大きさと実際の太陽の大きさを同一とみなしている。対照的に7歳の子どもは2つを同一とみなしていない。彼らは知覚された大きさと実際の大きさとの違いを論理的な知覚の原理として理解し使用している。したがって，2つ

のグループは結論を導き出すのに異なった論理（推論の形式）を用いているために異なった答えを導き出しているということができる。

ピアジェは，異なった論理の使用は単純に年長の子どもがより多くのことを教えられているためにより多くの知識をもっているという結論に帰せられないと主張した。それらはむしろ発達による違いなのである。子どもが成熟し，より客観的な世界を経験するにつれて，太陽と地球のような対象の間にある関係を理解する能力が増していく。彼らはより熟練して世界を"ありのままに"見るようになる。言い換えれば，彼らはより知的になるのである。

平均的な7歳の子どもは平均的な4歳の子どもよりも，太陽を見て，より多くのことを理解することができる。子どもは7歳になると，太陽の相対的な大きさや地球からの距離について知識として知っているだけではなく，それぞれの情報を論理的に関係づけ，太陽は地球よりも大きいという判断をすることができるのである。たとえ平均的な4歳児がこのような情報を教えられても，遠近法の論理的原則が有効にはたらくことを理解するための認知的な能力がまだ発達していないため，それを適用することができないだろう。論理的原則を正確に理解するためには，私たちが生きる世界に関する理解を深めていかなければならない。

3節　環境への適応としての知能[*4]

ピアジェの研究は，おもに子ども時代をとおしていかに人間の知能が発達するのかに関するものであったが，彼の理論の基礎をなす生物学的な視点をなくして彼の研究を十分に理解することはできない。

ピアジェは，人間という有機体は他のすべての有機体と同様に組織化と適応という2つの"不変の機能"をもっていると考えた。組織化とは，有機体の思考過程を首尾一貫した体系へと組織しようとする傾向である。したがって，哺乳類はたんにでたらめな生物学的な機能のみによって活動しているのではなく，むしろそのような生物学的機能を呼吸や食事のような生物的機能全体を統制するシステム（例えば呼吸や消化のシステム）として組織している。しかしながら，このように組織化されたシステムは哺乳類が生きる環境の条件に適応しない限り正確には機能できない。例えば消化の機能は，その動物がどの食物をおもに食べるのかによって異なってくるのである。

ピアジェによると，人間の精神もこのような2つの不変の機能をもつ。精神の心理的過程は首尾一貫したシステムへと高度に組織化され，変化し続ける環境の刺激に対して適応するように慎重に調和していく。心理的および身体的なシステムのもつ適応の機能は，同化と調節という2つの補足的な過程をとおして作用する。同化とは有機体が現在行なっている組織化にかかわる環境の刺激に対処していく方法をさし，調節とは現在行なっている組織化を環境からの要求に応じて修正していくことを含む。社会的な適応と心理学的な適応の例をあげて，これらの過程が互いに結びつきながら作用していくさまを説明してみよう。

　地球の片隅に住んでいる原始的な部族について考えてみると，彼らの活動は，生きるために必要な活動が確実に遂行されるように高度に組織化されている。言い換えると，彼らは有機体（その部族）と環境との間の均衡（調和的関係）を確立し，維持しようとする。例えば，予期しない気候の変化によってこの均衡が崩れたら，彼らの習慣となっていた耕作や狩りは突然に崩壊し，人々は崩壊した均衡を復元する方法を探そうと必死になるだろう。彼らは新しい状況に適応していかなければならない。

　ピアジェの適応のモデルのなかで，有機体（その部族）の最初の傾向は，新しい問題を昔からの経験に同化させようとすることである。部族の人々はこのような状況が以前にも起きたかどうか，もしそうであればどのように解決したか，部族の年長者に思い出してくれるよう頼むだろう。その部族が突然の気候の変化に対処するための伝統的な方法を確立していたならば，新しい変化は古いパターンに徐々に同化されていき，均衡は回復されるだろう。もしすでにあるパターンが効果的にはたらかなかったなら，彼らは新しい状況に適応していくために調節しなければならない。これには多くの努力を要する。新しい状況が以前の状況とどのように異なるのか理解し，適応していくためには昔の方法をどのように修正する必要があるのか考えなければならない。その作業が成し遂げられれば均衡は回復するだろう。さらに，部族の活動の組織化はこの新しい種類の対応を含んで修正されなければならない。その修正は微々たるもの（新しい儀式の導入や狩りの新しい技術）かもしれないし，多くの古い活動の再組織化が必要となる重要なもの（新しい環境への移住の必要性）かもしれない。

　このモデルでは，組織化と適応の機能は密接に結びついている。活動の組織化された機能なしに，部族が新たな危機に直面したときの対応の基準となる経験を

蓄積していくことはできないだろう。決まりきったシステムでは新しい条件に十分柔軟に対応して機能することができず，有機体は多大な損害をこうむる。有機体の環境との均衡を確立，再確立（バランスや調和）しようとする傾向が2つの機能を結びつけるのである。有機体の知能，この例の場合，部族の人々が新しい条件に適合するためには，どのように古いパターンを修正していけばいいのかについて発見すること，によって均衡は再確立される。

　次に，保守的な土地から大学に入学した新入生の例について考えてみよう。彼は，故郷では同じような経歴や同じような考え方をもった人々に囲まれていた。大学で彼は種々雑多な人々と接したが，なかには自分の慣れ親しんだ考え方や行動と合わない考えもあった。彼はこのような新しい出会いを大切にし，できれば，これらの経験とこれまでの経験を統合したいと思っている。どうしたらいいのだろうか？

　この新入生は，キャンパスではたくさんの人がリベラルな政治的視点をもっていることに驚いた。彼は好奇心が強く，他の人と政治関係の議論に没頭し，ある論点において自分が彼らに説得されていることに気づく。彼は常に自分が政治的に保守派だと考えてきたためこのことに不安を感じるが，保守的な思想への忠誠を保持しながら，いくつかの点をリベラルな友人に譲ることでこのような矛盾を統合することができた。彼はいくつかのリベラルな視点を既存の保守的な哲学と同化させたが，彼のもつ哲学を根本的に変えたわけではない。

　このような解決は次の春には保つのが困難になってくる。キャンパスでは州議会の法案について論争が活発になる。請願は自由主義的な立場と保守的な立場の両方を支持する請願書が，まわっている。このような場合，彼の立場は不確実である。彼は他者と論争し，再びリベラルな立場の論理に影響されることに気づくことになる。保守的な友人が彼に請願書にサインするよう求めてきたとき，とくに強く矛盾を感じるだろう。彼が拒否すると，友人は彼がリベラルになったと非難するだろう。この非難は気分のよいものではない。しかしよく考えると，自分の政治的な考え方がかなり変わったことに気づくだろう。彼は，特定の問題についてのみ自由主義者の考え方に賛同したのではなく，政治的な問題への普遍的なアプローチそのものを変えたのだといえる。彼は，自分の政治哲学を新しい考えに適応させたのである。それは，その過程のなかで哲学そのものが再組織化されたということができる。

大学の新入生と原始的な部族とを比較したのは奇妙だったかもしれない。しかしピアジェの理論の長所の1つは，知能が，人間のほとんどすべての活動における適応という生物学的機能の一部としていかにはたらいているのか明らかにしようとするところにある。知能は，成人の政治的な決断，原始的な部族の狩り，子どものゲームへの取り組みすべてにはたらいている。ピアジェは，このような知能のさまざまなはたらきを発達の1つのシステムに結びつけることでいかに人間の知能がはたらき，発達するのかについて独特な方法で理解させてくれている。

◆ 4節　心理学的構造の発達

　ピアジェの理論では，発達は，人間の心のはたらきがその過程を首尾一貫したシステムへと組織化し，変化する環境の刺激に適応していくことと関連（実際にはその産物であるが）している。心とは，人間という有機体が環境と相互作用したときに偶然遭遇するばらばらな情報をたんに吸収するだけではない。むしろ，心はそれ自体を組織するのに必要な情報を"探す"。心はこの世界との相互作用の意味を理解するためのシステムを"構築"するために"使用"でき，それを高めるのにとくに関連のある情報を環境から見つけだそうとするのである。

　心の"活動"を説明するために，以下2人の子どもの例をよりどころにして子どもが環境を理解していく"営み"について考えてみよう。

　ある晩友人と著者たちが知人宅を訪れた際に，知人の17か月になる息子トニーを紹介された。トニーはその客を覚えているようで，親しそうにうちとけた。トニーは外を指さし，父親に角にとめてある車は「ジョーの車か？」と尋ねた。トニーはジョーが車をとめるのを見ていたわけではないし，その上ジョーの車をこれまで一度も見たことがなかった。なぜその彼が突然，車について尋ねたのだろうか？

　トニーの父親がその謎を解く助けとなった。トニーと父親は，その日車でいっしょにドライブし，トニーは車に魅せられていたのだ。彼は，家を訪れた客はすべて車で来ているとすぐに仮定したのだ。彼は，車のことで「心を悩ませて」いた。だから，彼は両親からうながされなくても，彼の興味からジョーが来ている情報を見つけだしたのだった。彼の心は独自の順序ではたらいたのだ。

　もう一方の4歳のイスラエルの少女のテイラの例を考えてみよう。テイラの母

親は1973年の第四次中東戦争での出来事を日記につけていた。ある日を読むと，

> テイラは今夜寝る前に歌を作りました。「みんなが家にきていっしょに住みましょう，アラブ人とロシア人はユダヤ人を撃たないで，ヨッシーは私を撃たないで」[*5]

　この4歳の少女は戦争という一連の複雑な刺激を理解しようとしている。彼女は戦場で兵士がお互いに撃ち合うことをヨッシー（彼女の友達）が自分を撃つことだと思っている。彼女は歌の中で2つのイメージをまとめ，その両方で撃ち合いが終わるように祈っている。
　私たちは，ある年齢の子どもの疑問やコメントや歌を正確には予測できないけれども，彼らが適切だと感じるある種の情報は当然知ることができる。情報は発達段階と関連する。ピアジェは，子どものある発達段階で，知能の構造には決まった形式があり，その構造が子どもの興味に見合った情報を決定すると仮定した。トニーにジョーの車が日本製であることを伝えても見当違いだろう。テイラにアラブ人とイスラエル人は戦車やジェット機で戦っており（ヨッシーがするように）自らの手を使って戦っていないことを伝えても彼女が戦争を理解するための役には立たない。それは，彼女の心理的操作にとってとるにたらない違いでしかないだろう。
　ピアジェは子どもの生活において発達する心理学的な構造——情報を組織する方法——を子どもの発達段階（ステージ）とよんだ。17か月のトニーは，4歳のテイラとは異なった発達段階にいる。トニーは車の運転と，人が家に来ることの間にある関係を積極的に体制化した。テイラは家と戦場での攻撃と危険の間にある，より複雑な関係を体制化した。トニーの年齢ではテイラのような精神的統合は不可能である。テイラの年齢ではもはやトニーが熱中するような関係には興味をもたないだろう。さらに年長の子どもはテイラのような統合の仕方が戦争についての考えや感情を扱っていく上で的確で役に立つとは思わないだろう。したがってステージという概念は，子どもの発達のある一定の段階での，子どもの思考過程や知覚過程を特徴づける体制化された認知の可能性と限界を述べているものである。

5節　幼児期における認知的な発達段階

ピアジェの理論は乳児期から青年期をとおしての認知的な発達段階を述べている。つまり，どのようにして心理学的な構造が，生まれつきの反射から発達し，乳児期をとおして行動のシェマへと体制化され，それが2歳までに思考パターンとして内在化されて，児童期と青年期をとおして成人期を特徴づける複雑な知的構造へと発達するのかである。ピアジェは認知的な発達を，感覚運動的操作の段階（生まれてから2歳まで），前操作的思考の段階（2歳から7歳まで），具体的操作の段階（7歳から11歳まで），形式的操作の段階（11歳から成人）の4つの主要な時期に分類した。[*6]

ピアジェは，自分の子どもの活動を，乳児期から幼児期の初期にかけての数年にわたって詳細に観察し分析した。そして子どもの行動は，感覚と運動能力の行使に限られていたので，この最初の言葉が話せない時期を発達における感覚運動的操作の段階とよんだ。[*7] これは興味深い段階ではあるが，この本では取り扱うスペースがないので次の発達段階である前操作的思考の段階からみていくことにする。

6節　前操作的思考の段階

乳児の環境との相互作用は，感覚運動能力の行使に限定されている。発達の次の段階への転換点は思考の出現である。思考とはピアジェが「外的行動の内的な表象」と定義したもので，2歳のなかごろまで発達する。

どのようにして思考は発達するのだろうか？　18か月児が家のなかでものを使って遊んでいるのを想像してみよう。子どもは箱を開けたり閉じたり，ものを取ったり，遠くにあるものを引き寄せたり，放り投げたり，元にもどそうとしたりする。子どもの注意はたんに見えるものだけに向かっている。しかし，子どもが見えていないものを探し始めるときが訪れる。しばらく見ていなかったおもちゃを思い出したのかもしれない。ピアジェは，このように記憶による行動が可能なのは，その子どもがものに関する内的な表象を発達させたからだと仮定した。そしてなくなったものへの固執と，ありそうな場所をあちこち探す能力を調べる実

験を工夫した。そしてピアジェは，子どもが視界に入らなくても，ものが存在するということだけでなく，そういうときにどこを探せばよいかも覚えるので，ものを内的に表象する能力が発達しているのだと考えた。これはすなわち対象が目に見える場所になくても，そのものについて考えることができるようになったということである。

　ピアジェは，思考が言語発達の基礎にあり，言語の発達の産物ではないと主張した。しかし他の心理学者が示したように，思考と言語は幼児期において相補的なシステムとして発達することが明らかとなっている[*8]。たいていの子どもは3歳または4歳までに自由に言語を用いることができるようになり，より多くの世界の要素を内的に表象するための精神的なシンボルをますます発達させる。彼らは同じ年代の子どもや大人と自由に言葉によって交流する。ピアジェはこの時期の子どもらは不思議に自己中心的な相互関係にあり，自分自身を中心に置いた認知をし，他者の視点を考慮することができないことを観察している。

　電話で話すと，この年代の子どもの自己中心性に気づくだろう。例えば，著者の一人が4歳の少女と話したときに，いろいろなことについて長々と説明を受けた。なぜこのような事柄が話され，それらがどう関連があるのか知るのは困難であった。あとになって，その子はクリスマスにもらった贈り物について説明しており，その子はその一つ一つを指さしながら話していたのだということがわかった。その子は文脈（それらが贈り物だということ）を説明することや，聞き手はその子が指さしているものを見ることができないことに考えが及ばなかったのである。その少女は思慮に欠けていたわけでなく，自己中心的だったのである。つまりその子は，まだ聞き手の視点がその子独自のものとは違うという認識を発達させていなかった。

　同様に，この年齢の子どもはしばしば客観的な現実と主観的な現実の区別に失敗する。彼らは単純に両方とも現実だと考えている。本やテレビのなかの登場人物，人形や架空の友達，おばけやモンスター，人間，動物，植物すべてが話を聞くことができ，していることを見ることができ，仕返しをしてこないかと恐れている。おばけやモンスターや悪い夢が子どもをこわがらせることはなんら不思議なことではない。大人の世界では空想や迷信，魔法じみた考えも子どもの世界では現実として経験される。

　ピアジェはこの時期の発達の理解のために2つの点で貢献している。彼は子ど

もの自己中心的な思考と現実思考に関する興味深い例を示し，子どもの思考の想像的，直感的な特徴は，彼らの前操作的あるいは前論理的であるために生じるとした。[*9]

　太陽や地球の例を思い出してみよう。私たちは，たいていの4歳児は，太陽は地球よりも小さく見えるので太陽は地球よりも小さいと考えるといって，ここで彼らは小さく見えるものはより小さいという論理を適用しているのだと述べた。この傾向はピアジェの自己中心性の説明と一致している。子どもがこの年代で考えることができるのは，彼ら独自の視点のみである。つまり，あるものがどう見えるかが，それがどういうものなのかをじかに反映していると考える。

　このような思考の道筋を「論理へのつらなり」とよぶことによって，私たちは，"論理"という言葉を首尾一貫した思考の方法という意味で用いた。しかし，論理という言葉の根底には，自らの位置から抜け出し，自分の見るもの，感じるもの，信じる内容が内面的に首尾一貫しており，かつ状況の客観的事実と矛盾しないことを確認することが含まれるため，前述の論理を論理的ということはできない。まさにこれが，幼い子どもに不可能なことである。それゆえピアジェは，彼らの思考を前論理的だと述べた。論理的思考は，次の発達段階にならないと出現しない。

◆ 7節　具体的操作の段階

　7歳児が4歳児と同じ太陽を見ても太陽が地球よりもずっと大きいことがわかるのは，目を転じ，太陽は遠く離れているという客観的真実を調整するために一歩下がるという能力を発達させたためである。彼らはものの見方の論理的原則をとおして知覚を判断している。したがって，彼らはこの問題において論理的な思考をしているといえる。

　私たちがとくに述べたように，ピアジェはそのような一連の学習は，単独の段階というより思考方法のより大きな変化の一部であると考えている。彼の理論ではこの年代（7歳から8歳までの）の子どもは前操作の思考方法から具体的操作の思考方法へと発達する。

　具体的操作ということばは子どもが具体的なものについて実行できる論理的な操作を表わす。"操作"とは可逆的な心的活動である。可逆的な心的活動の例と

して足し算と引き算がある。ここに2つの同じ数のおはじきでできた山があるとしよう。それぞれの山は8つのおはじきでできている。3つおはじきを最初の山からもう1つ目の山へ加える。そして子どもに「また同じ数の山にできるかな？」と尋ねる。子どもはその前の作業を見ていたので，私たちが3つ加えた山から3つのおはじきを引きあげることによってもともとあった数と等しくなり，関係を復元できるだろう。子どもは可逆的な心的活動を実行したのである。子どもはその足し算を引き算により逆にした（解いた）のである（$3 + (-3) = 0$）。

　この年齢の子どもは次第に具体的な事物によって物事を考えるようになるので，この思考の段階は具体的操作期とよばれる。次にこれらの事について，この段階の子どもたちが最も興味をひく事柄をあげながら見ていこう。子どもたちはいくらでキャンデーが買えるか，最も高いビルはどれくらいの高さか，鯨はどれくらい大きいか，野球選手が何本ホームランを打つかをとても知りたがっている。また子どもたちは，みんなに平等にものが分けられるかを注意して見ている。彼らが築く抽象概念はほんのわずかしかないが，具体的特性を多くもつようになるため，前操作期とは大きく変わってくる。

■具体的操作を検証する

　具体的操作の段階は数々の異なった課題について具体的操作を実行する能力を含む。ピアジェは，子どもが各々の課題における推論のなかで具体的操作あるいは前操作的な思考のどちらを使用しているかを調べる方法を考案した。子どもの解決法は常に一貫しているわけではないが，一般的なパターンでは，ある課題をマスターした子どもはそれよりも難しい課題もマスターすることができる。課題につまずき，どの問題も解くことができない子どもは前操作期にいると定義づけられる。すべてあるいはほとんどの問題を解くことができる子どもは，具体的操作期にいると定義づけられる。ある問題は解けるが，ほかの問題は解けない子どもは，2つの発達段階の移行期にいると定義づけられる。そもそも発達段階は時間の経過とともに変化する子どもの発達に関する抽象的な概念なので，そういう状況にある子どもをどちらかの発達段階に振り分ける必要はない。いったん子どもが具体的操作を理解したならば，このより高次の段階の推論でもって問題を解こうとし，前操作的思考の段階に後退することはないだろう。

　ピアジェ派の具体的操作を検証する最もよく知られている方法に分類と保存の

2つがある。それらを以下の例で示す。

　分類課題では子どもの前にたくさんの小さなものを並べる。子どもがどのようにしてそれらをまとめ，異なる類に分類するのかが興味深い。何が起こっているのだろうか？　子どもの心のなかで，異なったものを加えたり分けたりする結合と分割の線引きとは何だろうか？

　8つの三角形と8つの丸が子どもの前に置かれているのを想像してみよう。16個のうち，あるものは大きくあるものは小さく，またあるものは青くあるものは赤い。このため，幾何学の形やサイズや色でものを分類することができる。赤色の三角や大きい青い丸などの組み合わせで，ある分類のなかに下位の分類をすることも可能である。では，子どもに似たものをいっしょにしてもらおう。

　ピアジェは子どもがこの作業を実行するために異なった手順を踏むということを観察している。幼い子どもたちはたいてい，分類のために定義した最低限の基準をしばしば用いる。彼らは最初，丸と三角を別々にし，そして作業の途中で赤色と青色に分類してしまう。彼らは三角と丸が異なっていること，青色が赤色と異なっているということは理解しているが，首尾一貫して1つの分類の定義で実践していくことができない。ピアジェによると，このような子どもはこの作業に関しては前操作的であるといえる。

　1，2歳年長の2つ目のグループでは分類の作業がより一貫している。彼らは最初，三角と丸，もしくは赤色と青色で分類を始め，作業を終えるまでこのような線引きで分類を続ける。さらに，小さい三角と大きい三角に分けるなど，下位の分類をすることもできるだろう。このように，彼らは具体的なものについて分類作業を習得したように見える。

　しかしながら，ピアジェはさらにもう一段上の段階があると考えている。いったん分類とさらに下位の分類までができると，子どもはそれらの間にある関係を理解するようになるのだろうか？　例えば，子どもの前に8つの木製のビーズを置き，そのうち3つが赤色で5つが青色ならば，彼らはおそらく一目見ただけで青色のビーズの方が赤色のビーズより2つ多いことに気づくだろう。しかし青色のビーズよりも木製のビーズの方が多いと考えているのだろうか？　全体（木製のビーズによって表わされる）が一部（例えば，青色のビーズ）よりも多いことを理解しているのだろうか？　たいていの子どもが，ものをクラス分けして分類できることと，クラスと下位のクラスの間の論理的な関係を理解することの間に

はギャップがある。
　なぜピアジェは，この3つ目の段階を考えたのだろうか？　その答えは，均衡の概念にある。ピアジェは発達段階に関する概念が，思考水準において均衡に到達するポイントを明らかにすると考えた。私たちは分類の作業において，子どもがある1つの基準にそってものを分類できるようになるとき，前操作的思考の段階が終了することを確認した。彼らは三角と丸，青色と赤色などの区別はできるが，それらのものが2つ以上の特徴で定義されるとき矛盾なく分類していくことができない。彼らは1つの特徴（形）を他の特徴（サイズや色）と切り離して見ることができない。発達の次の段階は，その先の完全な段階の前段階として表わされる。完全な（3番目の）段階は子どもがクラスと下位クラス，すなわち全体と部分の間の論理的関係を理解できたときにのみ達成される。2番目の段階で子どもは部分間の違い（赤いビーズと青いビーズ）を区別できるが，部分と全体（木製のビーズすべて）との関係は覚えていない。3番目の段階でさえ，この能力は形や色や大きさといった具体的な特徴をともなう具体的なものどうしの関係の把握に限られている。それでも，この達成は具体的操作の発達のなかでは完成形の均衡を表わしている。そのため，具体的操作の段階に到達するということを分類課題の達成と定義する。
　2つ目の例で，具体的操作の検証として量の保存について考えてみよう。子どもは各々同じ量の液体の入った2つの同じ形のビーカーを提示される。子どもが2つの同じ形をしたビーカーに同じ量の液体が入っていることを納得したところで，2つ目のビーカーの液体を違う形をした3つ目のビーカーに移す。このビーカーは背が低く幅が広いため，液体の水位は先ほどに比べて低いところまでしか上がらない。そして，子どもに1つ目のビーカーと3つ目のビーカーに同じ量の水が入っていると思うかどうかを尋ねてみよう。
　前操作期の子どもは直感的な知覚によって量を定義するので，水位の低い3つ目のビーカーを見て，1つ目のビーカーよりも液体の量が少ないと結論づける。彼らは2つ目のビーカーに液体がもどされ，それが等しい量だと見せられたあとでさえ考えを改めない。一度液体の量が少なく見えたなら，それらがもともとどのように見えていたかを忘れてしまう。
　移行期の子どもの判断は不安定で，前操作的思考の段階と具体的操作の段階の間を行ったり来たりする。彼らはある一定以上の見方をすることができるが，ど

ちらのビーカーにより多くの液体が入っているのか一貫した判断をすることはできない。具体的操作の段階に近づいた子どもは，一貫して量の保存を理解することができる。彼らは，液体の水位がどのくらいであっても，水位はビーカーの形によって変化するだけで液体の量には影響しないことを理解できる。液体の量は，ビーカーの形がどんなものであっても保存される。

　どのようにして彼らはこれらのことを理解していくのだろうか？　ピアジェは可逆性の役割を強調した。具体的操作の段階の子どもは，心のなかでビーカーに注がれた液体を元にもどすことができる。いわば彼らは，心のなかで3つ目のビーカーに注がれた液体を2つ目のビーカーにもどし，以前と同じ地点まで水位が上がってきているのを確認できるのである。2つ目のビーカーから水を注ぐときに一滴も液体をこぼしていないなら，3つ目のビーカーと1つ目のビーカーに含まれる液体の量は同じで，これは2つ目のビーカーのなかにも同じ量の液体があることを意味するのである。

■デカラージュ（ズレ）

　子どもの認知的な発達に関する重要な特徴は，子どもは前触れなく突然その活動すべてに具体的操作を用いることができるようにはなるわけではないということである。逆のケースは多々ある。彼らは特定の領域では具体的操作を用いることができるようになるが，他の領域ではそうはならない。具体的操作の段階に必要な推論の能力は，何年か（私たちの社会では小学校の期間に相当する）をかけて徐々に高まり，より多くの活動に及んでいく。このような広がりをピアジェはデカラージュ（Décalage; ズレ）と名づけた。

◆ 8節　形式的操作の段階

　具体的操作の発達は前操作的思考の発達の次に起こるおもな発達として表象されるが，具体的操作は世界を知るためにはまだ狭い基準である。つまり，この段階の人間は具体的な特徴によって世界を知覚するので，より抽象的な論理カテゴリーによって知覚を体制化することはまだできない。科学や，数学や，人間科学といった世界の知識の体系が形式的論理カテゴリーによって組織される一方で，社会を見る目は具体的操作に限られており，これがかなりの認知的損失をもたら

しているといえる。

　具体的操作と次の認知的発達段階における，形式的操作の違いを説明するために次の分類課題を考えてみよう。10歳と12歳の2人の子どもの前に，アヒル，イヌ，ダチョウ，ゾウ，ワシ，コウモリの動物の写真を置いたと想像してみよう。子どもは動物の写真を分類して2つのグループに分けるように言われる。2人の子どもは鳥と哺乳類を別々に分けることに気づき，そのようにすることができる。

　10歳の子どもは少し悩み，それらの動物を，翼があって飛ぶものと4つ足で歩くものとに分類する。したがってアヒル，ダチョウ，ワシ，コウモリはいっしょのグループで，イヌとゾウは他のグループである。

　12歳の子どもは10歳の子どもよりももっと困惑する。彼は10歳の子どもの分類を真似することから始めたが，コウモリを分類するとき不安を覚える。見た目は明らかに鳥のようだが，彼は哺乳類が幼いとき母親のミルクを与えられて育てられるということを覚えており，コウモリはこれに当てはまると考え，最終的にはイヌやゾウと同じグループに配置する。

　この遂行の差異はただたんに学習と記憶によるものではないだろう。10歳の子どもがコウモリは「ルールからはずれている」ということを学習していても，その理由を理解できず，それゆえ学習した内容を思い出せない。私たちは，10歳の子どもが具体的操作によって分類基準を作ると推測する。その子の心の目は，コウモリは鳥と似ているという，より明瞭で具体的な視点に引きつけられ拘束される。養育方法は動物を分類する基準としてはるかにわかりにくい基準である。コウモリが翼をもっていることに比べるとその重要さがはるかに低い。

　私たちは，12歳の子どもは形式的な操作によって分類を始めると推測する。ためらいながらも具体的操作の論理の枠を超え，鳥とコウモリの間にあるより明確な類似性を認識し始める。彼らは目に見える類似性の枠を超え，より抽象的な哺乳類の本質を理解できるようになるだろう。したがって，コウモリは鳥のように翼があり空を飛ぶけれども，ある特定の方法で子どもを養育するので哺乳類と分類する。

　形式的操作の段階では「操作を操作」することで，形式的に抽象概念を用いて推論する能力が現われる。いったん対象が論理的に形式的基準で分類できること――国が政府の形式によって理解でき，分子は化学式によって理解できるということ――を理解すると，子どもはこのような基準によって系統的にいろいろな

のを比較対照できるようになっていく。さらに，それらを別の仮説の可能性としても見ることができるようになる。したがってある短い物語の結末は，彼の選んだ他のもっともらしい結末に反すると感じるかもしれない。

ピアジェは，彼の同僚であるバーベル・インヘルダー（Barbel Inhelder）とともに，おもに数学的，科学的な思考に関する形式的操作の研究をした。*10 このことは，これらの領域が形式的操作の最もわかりやすい例を表わすというピアジェの考えを反映している。そして私たちは形式的操作の発達が，子どもの社会性，感情，そして道徳性の発達における1つの転換点であることに気づくだろう。

形式的操作の段階は抽象的思考能力の発達程度を反映している。私たちの社会では，11歳または12歳でこの段階の最初の兆候が現われるということが研究によって明らかになった。いうまでもなく，平均的な11歳の子どもと平均的な17歳の子どもとでは，扱うことのできる抽象的思考に大きな差異がある。それゆえに，形式的操作における抽象的思考能力の程度に対応するサブステージについて述べることは有意義である。以下の議論では近年のアメリカでの研究用語を用い，初期の形式的操作と基本的形式的操作における2つのサブステージについて述べる。*11

■初期の形式的操作

形式的操作の発達における最初の段階でのおもな特徴は，相互可逆性の形成である。この発達を理解するためには，具体的操作の段階での同時相互性の形成の話にまでもどらなくてはならない。

私たちは9歳の子どもにエリオットはマークの兄だと教え，

「だれがエリオットの弟だい？」

と尋ねた。正確に答えるためには，子どもは"年下"と"年上"ということばが同時に存在する可逆的な言葉であることを理解しなければならない。エリオットはマークの兄なので，マークは間違いなくエリオットの弟である。

しかしながら，相互に立場を逆にして考えることはより複雑で困難である。例として，私たちは子どもに背の高い男性はすべてハンサムだということをイメージさせるために，

「もしその男性の背が高かったなら，彼はハンサムである」ということを子どもに話した。そして子どもに，「もしジョンという名前の男性がハンサムでなか

ったら，背が高いといえるか？」と尋ねた。子どもはこのようなケースでは背が高いということはハンサムであることと等しいと考える。ハンサムでなければ背が高いわけがない。私たちは次にさらに難しい質問をする。

「もしジョンの背が高くなかったら，彼はハンサムといえるだろうか？」具体的操作の段階の子どもはこの関係を同時相互的なものとして捉える傾向があり，「いいや，彼はハンサムではない」と答えるだろう。これはもちろん正しい解答ではない。ハンサムな人はみんな背が高いわけではなく，背が高くない人でもハンサムな人はいるのである。私たちはすべての背の高い男性はハンサムだとは言ったが，すべてのハンサムな男性は背が高いとは言っていない。

この問題を解く過程には，2つの難しい課題が含まれている。最初の難題は，この問題が仮説であることにある。子どもの経験において，背の高い男性すべてがハンサムだというのは真実ではない。この問題に対処するために，子どもは意識的に現実の経験を停止させて仮説の条件を受け入れなければならない。これには，具体的操作の段階の子どもにとっては難しい，自分自身を具体的な経験から切り離す能力が必要である。2つ目の難題は「背が高くない」とか「ハンサムではない」というカテゴリーで思考するということである。「背が高い」とか「ハンサム」という概念は具体的なカテゴリーであるが，反対の「背が高くない」とか「ハンサムではない」という概念は抽象的なカテゴリーである。それらは具体的なところから派生しているが，それら自身が具体的ではない。したがってカナダに住んでいる人（あるいはカナダ国民）を「カナダ人」とよぶことは知っていても，「カナダ人でない人」がだれかを尋ねられたとき，カナダに住んでいない人すべてがそうだと考えることはできないだろう。

あなたは，なぜ子どもが相互可逆的な思考をできるかを考慮しなければならないかと疑問に思うかもしれない。「己の欲するところを人に施せ」という格言（黄金律－Golden Rule）から，この疑問に対する1つの答えを導くことができる。具体的操作の段階の子どもたちはこの格言を，自分にするのと同じだけのことを相手にしていくべきだ，という意味だと考える。したがって，相手が自分を殴ったならば相手を殴り返してよい。しかし，形式的操作の初めの段階に到達している子どもはこの解釈が正しくないことをはっきりと理解し，相手が自分にするようにではなく自分が相手にしてほしいと思うように相手にしてあげるべきだ，という解釈をするのである。

■基礎的な形式的操作

　相互可逆性の構造の理解は，形式的な論理を用いた推論に向けた最初の段階にすぎない。たいていの読者は，科学・理科の勉強から次の重要なステップに詳しいだろう。次の段階とは，問題をよく見て，いくつかの可能な解決法を考え，最も正答に近いと思われる解決法を選択し仮説をまとめ，いくつかの可能性を組織的に実験することによって仮説を検証する能力を獲得する段階である。

　ピアジェは振り子を用いて基礎的な形式的操作の実験をした。被験者は，短くしたり長くしたりと長さを調整できるひもがついている振り子を見せられる。たくさんの異なる重さのおもりも振り子に備え付けられている。もちろん振り子は強い力や弱い力で揺らすことができる。被験者は振り子とおもりを渡され，何が振り子の速さを決定するかについて発見するよう告げられる。何が振り子を早くしたり遅くしたりするのだろうか？　実験者は，被験者がこの課題を解決するさまを観察する。

　この課題で具体的操作の段階と形式的操作の段階の被験者にみられる重要な違いは，どのようにその問題にアプローチするかである。被験者は単純に振り子にかけより，振り子を操作し始めるだろうか？　それとも一定のスピードで振り子を揺らすために，その要因となり得るいくつかの可能性を考え始めるのだろうか？　このうち2つ目のアプローチは，基本的な形式的操作の段階に特徴的なものである。この段階の人はさまざまな可能性を想像し，どのようにすれば正しい要因を決定できるのかという実験の見通しを立てることができる。

　概して，具体的操作の段階もしくは形式的操作の段階の初期の段階の被験者は，いくつかの可能な変数（例えば，長さや重さ）を徹底して試し，どの条件下（例えば，長いひもに重いおもりや，短いひもに軽いおもり）で振り子が最も早く揺れるのか測定しそして，結論に達するだろう。

　対照的に，形式的操作の段階の被験者はいろいろな可能性を考え，振り子の速さを変化させる変数を1つ2つ想定することができるため，個々の変数を変化させるために他の条件を一定に保って実験を始めるだろう。そして変数が混乱しないよう注意を払う。最初におもりの重さを変化させる。おもりの重さの変化を他の変数によるものと混同しないようにするため，他の変数（ひもの長さや押す力）を一定に保つ。そしておもりが変数として作用しないことを発見したならば，次にひもの長さを変数として，おもりの重さとおもりにはたらく力を一定に保つ。

この過程によって，ひもの長さだけが振り子の揺れの速さを変化させる変数であることを発見するのである。すなわち，他の変数がどのように変化しようとも振り子の速さに変化はなく，唯一短いひもの方が長いひもよりも振り子の揺れを早くできるのである。

　私たちの社会では，基本的形式的操作の段階それ自体に2つの段階があり，一般的に青年期中期に発達し始める。すべての青年，または成人がこの段階に到達するわけではない。多数の青年と成人とで標本としたカルフォルニアの最近の研究では，たった半数の被験者しかこの基本的（あるいは統合された）形式的操作の段階に到達していなかった。[*12]

　デカラージュの原理は形式的操作に適用される。人々が形式的操作の異なる段階に到達することは，振り子の課題のような作業に関連するだけではなく，より重要なことは社会的，人間関係にかかわる問題についても関連している。ピアジェの発達段階に関する理論の価値は，科学的な推論の構造の記述だけにとどまらず，社会的，道徳的領域における推論にまで広がっている。

◆ 9節　認知と感情の関係

　ピアジェの研究について，それが認知（思考）だけを扱っていて，感情（感覚）を扱っていないのではないかと思い込んでしまうのは当然であるが，これは真実ではない。ピアジェがとくに関心をいだいたことは知能の発達にあることは確かだが，彼は知能が認知と感情（感覚）という人生の両方の領域で作用すると明確に述べている。実際に，ピアジェは2つの領域を分離させることは不自然であると考えている。感情なくして認知はなく，認知なくして感情はない。

　では2つの間にはどのような関係があるのだろうか？　簡単にいえば，感情は認知の作用を動機づけ，認知は感情のはたらきを組み立てる。[*13]

　ピアジェの理論は相互作用の原則に基づいている。生物体が継続して環境と相互にかかわりあっていかなければ構造の発達は起こらない。これまで述べてきたように，人間の相互作用や適応は環境と相互作用する部分を積極的に探していくところに特徴がある。この過程のなかで興味は中心的な役割をする。環境のなかにある何かが私たちの注意を引き，興味を喚起する。興味は感覚として経験される。私たちはそこで何かについて発見するとき，心動かされる。それは新しいお

もちゃや，魅力的な人物，あるいは見たことのない星座かもしれない。もしくは，例えば新しいアイデアや，意見の対立，思考と感覚の葛藤といった，私たち自身のなかにあるものを探究するときに感情を動かされるかもしれない。これらの例のすべてに対して新しい刺激の魅力を感じなかったならば，環境のそれらの側面に注意や認知の過程を向けることはできないだろう。感情的に切断された人間は認知的に機能することはできない。

　しかしながら感情は，それが認知的な構造によって意味を付与されなければ情動や感覚として経験されることはない。ある女性が幸せあるいは悲しみを感じると言ったとき，彼女は単純に身体の感覚を述べたのではない。むしろ，彼女は感覚を，"幸せだ"とか"悲しい"といった認知的なカテゴリーによって解釈している。ある男性が「私は笑っていいのか泣いていいのかわからない」と言うとき，彼は（認知的に）どのように起こった出来事を解釈していいのかわからず，それゆえそのような感情反応を経験したのである。私たちの感情反応は，しばしば与えられた状況の解釈のしかたに左右される。

　感情は認知と平行して発達する。私たちが経験する感情は，社会的な状況を解釈するための新しい能力が発達するにつれて変化していく。児童期中期と青年期の感情状態の違いを考えてみよう。具体的操作の段階の子どもは，具体的な出来事に対して怒りを感じる。おもちゃをもっていかれたり，人権を無視されたり，不公平に扱われたりすることに対し彼女は怒るだろう。彼女はあなたに，あなたが自分にそのようなことをしたから怒っているのだと言うだろう。また，この段階の子どもは落ち込んだり"陽気"になったりアンビバレントな感情を感じたりすることがない。これら後者の感情は青年に特徴的なもので，形式的操作によって形成され，具体的な出来事ではなく，自己の感情に関係している。しかしながら，"自己"とは抽象的なカテゴリーであり，それは見たり触ったりすることはできない。それは認知的にイメージされなければならず，そのときにのみ感じることができるものである。[*14]

　道徳判断は，ピアジェが認知と感情の間にある関係を最もはっきりと扱ったものである。私たちが他人とどのように接するべきで，また他人が私たちとどのように接するべきかについて認知的に構造化されないとしたら，なんのための道徳判断といえるだろうか？

10節　子どもの道徳判断

　ピアジェは，子どもたちがどのようにして社会という世界に入っていくかを理解する試みの1つとして，初期のころから子どもの道徳判断の研究を行なっている。[*15] フランスの社会学者のエミール・デュルケム（Emile Durkheim）は道徳教育の本質は子どもに道徳規則に従っていくなかでみずからを律し，そして社会の利益のために献身するように教えることだと説いたが，彼の影響を受け[*16]，ピアジェは，子どもがどのように規則を尊敬し社会との連帯感をもつようになるかを中心に研究を行なった。研究の特徴としてピアジェは，道徳の規則そのものではなく，子どもどうしの路上遊びのルールについて研究を進めるという工夫をしている。

　私たちはこの章の初めで，3歳から5歳の子どもは他人とコミュニケーションする際，自己中心的になる傾向があると述べた。ピアジェは同じように彼らがゲームを自己中心的にするのを観察した。例えば野球をしているとき，[*17]彼らは帽子をかぶり，バットを振り，ボールを投げたり捕ったりする。しかし彼らはときどきボールを見ずにバットを振ったり，方向を定めずにボールを投げたり，捕ろうとするボールが飛んできているときに目を閉じたりする。彼らのそれぞれの行動は分離している。1つのまとまった行動にそれぞれの行動を調整することができないようだ。そのため自分たちが今している試合に勝つために，他人と調和，あるいは協力してプレーすることがめったにない。

　7歳から8歳の子どもはまったく違ったやり方で試合をする。彼らはちょうどいいタイミングでバットを振ったりボールを投げたりし，他者のプレーを注意深く見ているために，その行動と他者の行動を調整することができる。彼らはルールにそって試合をし，だれもがそうすることを期待している。さらに彼らは他のチームを負かして試合に勝つために協力し，1つのチームとしていっしょにプレーする。しかしながら，彼らの守る規則はかなり融通がきかない。彼らは特定の状況の要求に応えるために，意識的に規則を変えることはめったにしない。

　対照的に，11歳と12歳の子どもは規則にそって遊び始める。彼らはなぜ規則があるのかということや，なぜ遵守しなくてはならないのかということを知っているが，同時に，規則は絶対ではなく，変えた方がいい場合もあるということも理

解している。例えばフィールド全体を守る選手がそれぞれのチームで足りないときは，バッターがボールを打つ場所を公平に限定することに同意するだろう。球場全体をカバーする十分な選手がいないので，彼らは，球場の右側にボールを打ってはいけない，というふうにルールを修正するだろう。

このようにゲームのプレーをどのように規定するかの方法——自己中心的に他人を模倣するか，文字通りルールに則ってプレーするか，協同してルールを修正する——は，子どもの規則の実行におけるおおまかな段階と見ることができる。ここには，社会的な協力の程度（いかに子どもがお互いに協同して行動するか）と規則を尊敬することの両方において，進歩があるといえる。

このようなルールの間で理解（意識）のしかたの違いを引きだすために，これらの年齢の子どもたちに面接を行ない，ピアジェは類似の段階的な進歩を見いだした。規則の理解は最初，6歳のころに出現する。その時期の子どもは，規則とは，ずっとそこにあって固定された不変なもので変えることのできない「法則」だと考えている。この見方は新たな理解が生まれる11歳ごろまで主流である。その段階では，ルールはゲームに参加している子どもたちの同意によって生まれるものであり，もし望めば，状況の変化に合わせてルールを変えることができると考える。

まとめると，これらの2つの段階的な進歩は矛盾した様相をもたらしている。6歳の子どもは，しばしばまだ行動を模倣するだけで，他者と協同して行動するのが苦手であり，ルールは変えられないとはっきり断言する。彼らは規則を最大限尊敬している。しかし，11歳の子どもは，他者と行動を共有でき，幅広く協力できる規則はむしろ自由に変えることができると考えている。彼らは6歳児よりも規則を尊敬する程度が低いといえるだろうか？

ピアジェの回答は，道徳性の発達がこの理論のなかで意味することの中核へと私たちを導くものである。6歳児の法を尊重する行為は，ごく部分的で自己中心的な規則の理解に基づいている。初めて意識して社会的な相互作用をもつとき，6歳の子どもは，規則に従うよう主張する権威者の存在（ほとんどは大人）に否応なしに気づくだろう。6歳児はなぜ彼ら（多くは大人たち）がそんなに主張をするのか知らないが，聞き入れた方がよいことは知っている。子どもたちは権威者の規則は固定されたものと考えるが，それは彼らが大人の意識に自分を置くことができないし，大人がどのような手順をふんで決定するかわかっていないため

である。子どもは自分の規則に縛られているだけでなく，他者の視点から自分の行為を見ることもできない。したがって子どもたちは，実際はそうでなくても，自分は規則に忠実に従っていると信じ，大人の規則から逸脱した場合には恐ろしい結果を招いてしまうと想像する。ピアジェは，これを理解しやすいように一方的（一面的）尊敬の段階と名づけた。

　子どもが他者，とくに同年代の仲間との相互作用によってより多くのことを経験するようになるにつれて，規則の理解は変化していく。協同作業に参加することにより，仲間はより容易にお互いの意見を伝え，お互いを決定者として認識できる。彼らは平等の感情を発達させ，他者の行動や考えを自分のことのように理解することができるようになる。思考と行動を共有する能力に基づくこの共有の感覚は，協力という道徳の概念を育て調整する。規則は同意を表わし，すべての人が同じようなやり方で行動することを確実にする。規則の尊敬は，一方的というより相互的である。規則を尊敬するのは他者もそうするからで，グループでの協同作業に平等に参加したいと思うからなのである。

　第1段階から第2段階への移行は，たんなる認知的過程の変化ではない。子どもたちは簡単に規則の尊敬に関して新しい定義を考えるようになったのではなく，むしろ新たな一連の社会的関係を理解したことによって認知的な再定義（新たな理解または意識）が起きたのだといえる。彼らはチームの選手の一人となったり，クラスのメンバーとなったりと仲間になっていくにつれて，ゆっくりと道徳的概念を発達させ，自身の行動を仲間に合わせられるようになる。このような過程のなかで，規則の尊敬はより適応的になっていく。子どもたちの行動は，規則がはたらく社会的な文脈を理解するのにともなって，より合理的になる。

　このような社会的な発達は，認知と感情の両面を含んでいる。もし子どもたちが彼らの仲間と遊ぶのを楽しんでいなかったなら，新しい一連の関係を理解するための動機が存在しないのは明白であろう。しかしながら，その関係を理解していくなかで感情も認知的に再構築される。第1段階において，尊敬はほとんど完全に恐れに基づいている。第2段階では，子どもたちはまだ他者を恐れているけれども尊敬と恐れを区別することを学ぶ。このとき尊敬は協同参加の感覚や，ゲームに参加しているすべての人にとって同一のルールで試合をすることが唯一公平であるという感覚に基づいている。子どもたちは他の人々とともに同意した規則をもつことによって権威の圧力に耐えることができるため，もはや権威を恐れ

る必要はないのである。

　ピアジェの子どもの道徳判断についての研究は，試合のルールという枠を超えて，法や責任，正義の理解にまで広がった。いうまでもなく，これは12歳以上の子どもでないと理解できない。ピアジェは道徳判断の詳細な段階については説明していない。彼はこのような初期の研究のあと，私たちがこの章で紹介した論理的思考の発達や認知的段階の記述といった研究にもどっていった。道徳判断の段階を明らかにしていく研究は，ローレンス・コールバーグによってさらに続けられた。私たちは次の章でそれを概観していくことにする。

第3章 コールバーグ：道徳判断の発達理論

◆ 1節　コールバーグ理論の起源

　コールバーグの道徳性発達の理論は，正式には「道徳化（moralization）の認知発達理論[*1]」とよばれていて，ピアジェの研究に深く根ざしている。とくに，ピアジェの『児童道徳判断の発達（*The Moral Judgment of the Child*）』（New York : Free Press, 1965）の考え方に基づいている。

　ふり返ってみると，1932年に『道徳判断（*The Moral Judgment*）』が出版されたときには，心理学という学問分野は，それを受け入れる素地ができていなかったようだ。すでに述べたように，ピアジェのおもな仮定は，認知（思考）と感情（情動）は並行して発達するもので，道徳判断は認知過程の自然な発達を表わすものであるということである[*2]。それと対照的に，当時のほとんどの心理学者は，「道徳的な思考は，他のより基本的な社会的・心理的諸過程の関数である」と仮定していた。例えば，フロイト（Sigmund Freud）は道徳性の問題に深く関心を寄せていたが，意識の形成の研究において，意識は無意識的で非合理的な超自我にコントロールされている，とみなした。彼の見方では，道徳的思考は自律的で合理的な過程でなく，たいていは無意識の産物であり，個々人がほとんどあるいはまったく気づいていない過程なのである。フロイトの超自我理論を受け入れなかった心理学者の多くも，「道徳性は基本的に，人生の初期に学んだ感情の結果であり，合理的な思考過程と関係がない」という仮定は，フロイトと共有していた。彼らは，道徳性を理解するためには，子どもたちが社会の規則や規範

を守るために学ぶ（条件づけや強化をとおして）という社会化の過程を研究する必要があると信じていた。

このような道徳発達へのアプローチは，いまだにいくつもの研究集団によく見られる。しかし一方では，ピアジェ流の見方の受容が広がってきている。この傾向は，ピアジェの影響力によるものでもあるが，より大きな歴史の流れとも関連しているようだ。道徳性がたんに無意識の過程の結果であるとか，初期の社会的学習の結果であるという仮定は，相対主義者の立場につながっている。つまり，その仮定からは「道徳性はその人が受けた社会的なしつけによって相対的に異なる」ということになる。しかし，相対主義はだんだんと受け入れられにくくなっている。ナチス戦犯の「自分たちは，ただ上官の命令に従っていただけで，自分たちの社会の道徳性と一致した行動をしていた」との主張は正当なのだろうか。政治家が政敵のオフィスを盗聴するのは「それこそアメリカで政治的に成功を収める手法である」と主張すれば，道徳的に受け入れられるのだろうか。このような主張を退けるためには，どのような論拠で他者の道徳性を批判しているのかを説明しなければならない。そのためには，特定の社会を超えて妥当性をもつ道徳原理の存在を仮定しなければならない。そのような原理は，幼児期に学習されるものではなく，成熟した合理的判断の産物である。

何人かの有名なアメリカの社会科学者，とくにリースマン（David Riesman）[*3]，エリクソン（Erik Erikson）[*4]，フロム（Erich Fromm）[*5]は，道徳的関与（commitment）のより成熟した形態と未熟な形態（自律 対 服従［autonomous vs conformist］）の心理学的差異の分析を試みていた。そのなかで，まずはピアジェにたちかえり，そして体系的に道徳的成長の概念を発展させた人こそ，ローレンス・コールバーグであった。

1927年に生まれ，シカゴ大学に学んだコールバーグも，1950年代にピアジェの研究に魅せられた多くの米国人心理学者の一人である。コールバーグの独特の貢献は，道徳判断の研究に，ピアジェが認知発達領域で提出した発達段階の"概念"を適用したことである。ある意味で，コールバーグはピアジェの未完の研究を完成させた。しかしながら，その過程で，もともとのピアジェの知見を大幅に拡張・改訂したのである。

2節　道徳判断の概念

　私たちは，コールバーグの理論のことを「道徳発達の理論」とよんでいるが，より正確には，それは道徳判断の発達を記述したものである。よって，私たちが最初に理解しないといけないのは，コールバーグの見解において道徳判断がどのように人々の生活に影響を与えているか，ということになる。

　多くの人の考えでは，道徳性とは，社会的環境のなかで獲得した価値観のことであろう。したがって，人は価値観を"もっている"ものだと考えられ，道徳的には，人はそれらの価値観に基づいて行動していると想定されている。この常識的な想定は日常経験によく当てはまっているのだが，ある人のもつ複数の価値の間で葛藤がある場合にどんなことになるのかが考慮されていない。価値間で葛藤があるような場合には，人は，いずれの価値に基づいて行動するのだろうか。

　例えば，「中絶はいけないことである」としつけられ育てられたにもかかわらず，望んでいない妊娠をしてしまった女性のことを考えてみよう。法律は彼女が中絶することを許しており，フェミニストの友達は「あなたの運命はあなたの手中にあって，あなたには中絶をする権利がある」と助言するだろう。彼女の恋人も現実的な理由から中絶に賛成するとしても，彼女の両親や教会は，母体を医学的に守るためではない中絶は間違いであると信じている。この女性は，まったく異なる価値観に基づく対立的な見解の板ばさみになっている。このような場合に，人はどのようにして，何をすべきかを決めればよいのだろうか。

　明らかに多くの要因が彼女の決定に影響を及ぼしている。中絶するにせよ産むにせよ，巻き込まれざるを得ない感情的な問題・社会的な問題・費用などの現実的な問題についても，よく考えないといけない。また，道徳的な問題もからんでいる。その状況では，彼女はどの価値が優先すると信じているのだろうか。

　コールバーグはこの最後の問題に興味をもった。というのは，そこにその女性の道徳判断が含まれているからである。その女性は，現実だけを考慮して判断することもできるが，中絶は世の中の価値観にかかわる問題なので，おそらく道徳的側面も考慮するだろう。このような事態についてコールバーグは，彼女が道徳的ジレンマに直面していて，2つの権利のいずれかを選ばなくてはならない状態と見る。その2つの権利とは，①彼女自身の幸福と福祉を追求する権利と，②胎

児の生きる権利である。彼女の友達はそのうち一方の権利を優先することをすすめ，家族や教会はもう一方の権利を優先するようにすすめるために，ことが複雑になっている。とはいえ，本質部分のジレンマに変わりはない。この女性は，2つの権利をひきくらべて，いずれを優先させるのかを決めなくてはならないのである。

　その選択はどのようになされるのか。たとえそれが辛い感情的な岐路に立つことであったとしても，それは論理的な過程である。その過程はピアジェの理論に記述されているものと同様である。望んでいない妊娠はその女性の人生に"不均衡"をもたらす。彼女の価値観のシステムの葛藤はすべて，"不均衡"としてたちあらわれてくる。もし彼女が"均衡"を回復しようとするならば，彼女は信じることを決め，その決定を自分にも，そして他の人にも正当化しなくてはならない。彼女は問題をいつもどおりの考え方で"同化"しようとするかもしれないし，あるいはいつもの考え方が不適切だとわかるかもしれない。後者の場合には，新たな難局に対処し，彼女の価値システムの葛藤をいかに解決するのかを見いだせるように，考え方を"調節"しなければならない。その過程のなかで，彼女はどちらの価値を重んじるかの順序を整理するであろう（中絶のジレンマ）。

　この例をもっと具体的に想像してみよう。上記の事例に登場した女性は，20歳の大学生で，名前はジェーン。ここ数年，同じ大学の学生であるボブといっしょに暮らしている。ジェーンは，家に帰ってボブのことや妊娠のことを両親に話そうと決めた。彼女の両親は，結婚して子どもを産みなさいと言う。大学は，子どもが少し大きくなってから卒業すればいいし，ボブとお互いに愛し合っているなら，結婚も妊娠も認めると，両親は主張する。ジェーンとボブがしたことはまずかったと両親は思うけれど，中絶という安易な道を選ぶのではなく，今こそ若い2人がその結果を受け入れていく責任があると考えている。

　ジェーンは，こうなったら結婚するのがいいという両親の言い分もよくわかる。大学にもどって結婚のことについてボブに話すと，ボブが彼女と結婚したいと思っていることがわかる。けれど彼女は，すっきりしない。自分がもう結婚していいのか，わからない。というか，結婚する相手がボブでいいのか，わからない。大学時代の友人として，ボブと暮らすことを選んだものの，結婚とか子どもを産むとかは考えていなかった。ジェーンは無責任だったわけではない。ちゃんと避妊はしていたし，彼女の気持ちについてボブに正直に伝えていた。家族や教会が

中絶を認めない理由もわかるけれども，それに同意していいものかわからない。ジェーンはずっと，大学院に進学してから就職する気でいた。今になって，自分の専門職への志がいかに重要であるかがわかってきた。「それをあきらめて，結婚を急いで，いやいや母親になるっていいことなの？」「それが本当に子どもにとっても一番いいことなの？」「周囲の圧力に屈して，よい娘として，責任のとれる人として生きるべきなの？」おそらく，ジェーンの場合には，中絶をするのが後々のことについて責任をとれる道なのだろう。ボブはがっかりするだろうし，両親は文句を言うだろうけど。ジェーンは，中絶することに決めた。

　ジェーンの理由づけに同意するかどうかはともかく，彼女がそのジレンマのさまざまな側面，つまり，彼女自身の価値葛藤，両親の意見，ボブとの関係，彼女の進路のこと，そして，胎児への責任と真剣に向き合っていたことは見てとれる。最終的に彼女が自分の考えた人生を生きる権利を選んだとしても，それは胎児の生まれてくる権利を考慮しなかったからではない。むしろ，彼女が"生"を，その子が受け続けるケアを意味するととらえ，今の時点では彼女にはそのケアを提供できそうもないと考えたからである。それが正しかろうと間違っていようと，彼女の決断は，彼女自身を含めたすべての人にとっての最良の利益をもたらすものである。彼女は責任を放棄したのではなく，慣習からの期待に屈服しないで行動することで，女性としての責任をまっとうできると信じたのである。[*6]

　道徳判断をすることは認知的な過程であり，その過程で私たちは自分の価値観を見つめ直し，価値の優先順位を論理的に整えるのである。ジェーンは，ジレンマに直面することによって，ボブや両親を喜ばせることよりも職業人になるという強い思いの自分に気づくことができた。そのことによって，自分にとっての"責任"や"生命の価値"の意味を，定義し直した。その際に彼女は，その状況での自分の権利はどのようなものか，そして，他の関係者の権利と自分の権利とのバランスを考えた。ジェーンのことを，「進路が大切と思い込んでしまっているのではないか」とか「中絶の是非をよく考えたのか」とか思う人もいるだろう。しかし，ジェーンの事例は，コールバーグの研究の中心部分を描いている。道徳判断をすることは，一生に数回に限られたまれなことではなく，それは日常生活で起きる道徳的な葛藤を解決するのに用いる思考過程につきものなのである。

◆ 3節　役割取得：道徳判断の根源

　道徳判断の根源は何だろうか。人生のどの時期に道徳判断をし始め，それは社会的経験とどのように関係しつつ発達するのだろうか。

　幼児が道徳判断をすると主張する人はいないであろう。2歳の子どもでももっと年長の子どもと同じように自分の行為に責任をもたなくてはいけないとは思わない。私たちは，2歳児の行為の多くを悪意があってのものと想定していないし，ほめたり叱ったりしてちゃんと行動させようとするものの，2歳児がすることを善悪で論じたりはしない。どういう行動が適切なのかというルールを教えると，そのうちに，子どもがなぜそのような行為が善かったり悪かったりするのかを理解し，それに基づいて行動できるようになるだろうと期待する。

　発達的視点からすると，子どもたちはどういう行動が適切なのかを理解するよりも前に，どのような行動が適切なのかというルールを学習する。例えば，親への思いやりについて考えてみよう。3歳の子どもの母親が，仕事に疲れて帰ってくる。しかも少し頭痛がするので，息子に，今ちょっと頭が痛くて遊んであげられないわと言って，わかってもらおうとする。でも，息子は納得できず，怒ってぐずる。親子は言い争い，うちの子はどうして思いやりがないのかと，母親は悩む。

　ピアジェに言わせれば，その子は母親の言っていることをほとんど理解できないのだから，幼児が親を思いやるなんてできないということになる。この年齢の子どもたちの考えることや周囲の人とのかかわりは，"自己中心的 (egocentric)"と特徴づけられる。子どもたちは，自分の視点（自分がどうして欲しいか）と他者の視点（他者はどうして欲しいか）の区別がまだつかない。この小さな男の子は，母親がイライラしているのはわかるが，ほかの人の頭痛がどんなものなのかなんてわからない。母親の立場になって頭痛のつらさを思いやるなんてできない。その子は思いやりがないのではなく，自分の視点でしか物事を見ることができないだけなのである。

　子どもの発達は見事なもので，いつまでも自己中心的なのではない。この子がもしも8歳であれば，違った反応をしたであろう。母親が遊んでくれないことにがっかりはするが，自分の視点のみで考えるわけではない。母親の立場にたって，

一日中働いて疲れているというのがどんなことなのかが想像できる。そんなときに頭痛がしたら，自分と遊べなくてもやむを得ないとわかる。

　コールバーグは，この3歳と8歳の子どもの反応が違うのを，役割取得能力の発達のためとする。役割取得能力とは，「自己と同様のことを想定して他者に対応し，その自己の行動に他者の役割から応ずること」である*7。他の人の立場にたつ能力は，6歳ごろから徐々に発達する社会的スキルであり，道徳判断の発達における転換点であることがわかっている*8。

　コールバーグの道徳判断の定義は，自分の主張と他者の主張の重みを比べるということであるが，子どもが他者の立場にたつことができて初めて他者の主張がわかり，自分の主張と他者の主張を比べることができる。3歳では，自分の母親が独自の思いをもっているということなどわからない。8歳の子どもは，母親の言いたいことがわかり，かまってほしいけれどしょうがないかなと考えることができる。疲れたという母親の言い分を聞き入れようと，8歳の子どもは道徳判断をしたのである。

◆ 4節　論理・役割取得・道徳判断

　前の章で認知発達の記述をし，この章では道徳判断の記述をしたが，その分け方は分析的なもので，私たちがあえて分けたものである。実際の子どもは同時に両方の発達の道筋をたどる。子どもは自分の経験を「物とのかかわり」と「人とのかかわり」に分けているわけではない。人とかかわるのと同様に，物で遊び，物について考える。

　自己中心性というような発達の相にも，認知的次元と社会的次元がある。目に見えるよりも太陽は大きいとは想像できない認知をする4歳児にはやはり，自分の母親に遊んでくれる余裕がなくてもしょうがないと想像することはできない。どちらの場合も，4歳児の直接的な知覚や願望が，その子にとっての現実そのものになっている。自己中心性を脱するためには，子どもが，物理的世界や社会的世界についての新しい理解をもたらす新しい認知構造を発達させなくてはならない。

　物理的世界についての新しい理解は，具体的操作の段階の思考の発達によって引き起こされる。社会的世界についての新しい理解は，役割取得能力と道徳判断

能力の発達によって引き起こされる。これら2つの発達の道筋は，互いに関連し影響し合っている。

すでに述べたように，太陽の見かけの大きさと実際の大きさの違いが認知的にわかっている7歳の子どもは，知覚と判断の間に見え方についての論理的原理を入れ込んでいる。この能力をもたらすのは，直接的な知覚（空にある球体としての太陽）と，問題になっている2つの対象間の関係について正しいとわかっていること（地球から遠く離れているために，太陽は小さく見える）を適合させる，具体的な論理の発達であると考えられる。

同様に，役割取得は，社会的な関係における"視点の原理（principle of perspective）"としてのはたらきがあるとみなすことができる。例えば，2人の8歳女児がともに，同じ1つの人形で遊びたがっているとする。役割取得能力を発揮することによって，どちらの女児も，人形が欲しいという直接的な願望と自分がその人形を横取りするという決定の間に，友だちも同様に人形を手に入れたいのだという気づきを差し挟むことができだす。その気づきによって，彼女だけが何かを望んでいるわけではなく，彼女の願望はだれか他の人の願望と関係があるという新しい視点をもつのである。2人の人が同じ対象を欲しているという視点から，新しい行為の方向，つまり共有ということが，少なくとも部分的にも願望を満たす論理的な可能性としてもちあがってくる。いったんこの選択肢の可能性が理解されると，それは徐々に納得のいくものとなり，ついには，最も公平であるということで，子どもたちはこのような状況では他の人と共有しなくてはならないのだと感じるようになる。こうなることで，役割取得の新しい段階が道徳判断の新しい段階にもつながっていく。

認知の発達段階と社会−道徳的な発達段階の関係についての実証的な研究によれば，子どもたちは具体的操作の段階に達したあとに，並行関係にある役割取得や道徳判断の段階を発達させる[*9]。このことは，認知と道徳の発達の関係について，2つの仮説を示唆する。

1つ目の仮説は，認知の発達段階はそれと並行する社会−道徳的段階の発達にとっての必要条件である，というものである。それは，8歳の子どもが太陽と地球のような物理的対象の関係の"視点の論理（the logic of perspective）"を先にやりこなすことなしには，役割取得の段階によって社会的関係への視点を発達させることはできないということである。

2つ目の仮説は，認知の発達段階は必要条件ではあるけれども，十分条件ではないというものである。物理的世界の関係への視点についてできるようになることは，社会的関係への視点を発達させるよりもやさしい課題である。物理的視点についてはわかるけれども，それと並行する社会−道徳的な発達に関しては準備ができていないのである。なぜかというと，例えば，所有物を分ける論理的方法として共有を受け入れることは，地球の大きさとの関係で太陽の大きさを考える場合のやり方には含まれていない形で，自分の感情を再構成する必要があるからである。そのためにはより成熟していなければならず，発達により時間がかかる。

子どもの生活においては，発達はひとまとまりのものであることを忘れてはならない。認知の発達と感情の発達には並行的な関係があるが，子どもたちにとっては社会的世界の関係をいかに構成するのかという理解よりも，物理的世界の理解の方が少し先行するようだ。

◆ 5節　段階の概念の精緻化

第2章において，"段階"を現実のある側面についての一貫した考え方であると定義した。コールバーグの主たる貢献は，この段階の概念を道徳判断の発達に適用したことであった。コールバーグは，児童期（middle childhood）から大人にいたるまでの道徳判断の発達に6つの段階があることを示した。

コールバーグの方法論と6つの段階の輪郭について記述する前に，段階という仕組みの特質をより精緻化する必要がある。ピアジェもコールバーグも人間のすべての成長や行動の変化を段階で記述できると主張したわけではないが，認知や道徳判断の領域での人間発達は段階で記述されるような特質をもっているということが重要である。

発達の認知的段階に必要な特質は次の4つである[*10]。

1．段階とは，思考様式の質的差異を意味する

異なる段階にいる2人の人が同様の価値を重視していたとしても，その価値についての考え方は質的に異なっている。例えば，ある青年が友情を大事にするのは，友人が自分の利害を考えてくれてピンチのときには助けてくれるからと言う。他の青年の場合には，友人が自分をひとりの人間として遇してくれて，問題があ

るといっしょに悩んでくれるからと言う。友情という価値は同様でも，その価値の意味は異なっている。

2．それぞれの段階が構造的なまとまりをなしている

ピアジェの研究で見たように，具体的操作の段階へと発達する際，子どもは反応の選択肢を変化させているだけではない。因果関係，視点，保存などの課題についての考え方全体を再構成するのである。同様に，道徳の領域でも段階の変化は，一連の道徳的課題についてどのように考えるのかを再構成することを意味する。

3．段階は一定の順序を形成している

子どもは，前操作的思考の段階を経ずして具体的操作の段階にいたることはできない。同様に，道徳の領域でも人間の生命が財産よりも価値があるということがわかって，そのあとで，なぜ人間の生命は尊く，いかなる代償を払っても守られるべきなのかということがわかるのである。その順番は，連続する各段階の論理的な複雑さによって決まっている。あとの段階は前の段階のあとに発達しなくてはならない。それは，あとの段階に達するということは，前段階の認知的操作の特質よりも論理的に複雑な認知的操作を修得することを含んでいるからである。思考はより高次な方向にのみ発達し，より幅広い均衡化にいたるのである。

4．段階は階層的に統合されている

ある人の思考がある段階から次の段階へ発達するときに，高次の段階は低次の段階に見られる構造を再統合している。ある青年期の女性が形式的操作の段階にあるときに，具体的操作の用い方を忘れてしまうわけではない。コインを貨幣価値（10円玉，100円玉など）で分けるような単純な課題をだされると，具体的操作を用いるだろう。より複雑な課題には，より進歩した理由づけを用いるだろう。同様に，いったん友人が自分の感情に共感してくれるということがわかったら，友人が自分に具体的に何かしてくれるということを期待し続けてしまう。しかし，自分に具体的に何かしてくれるだけの友人は，気持ちに共感もしてくれる友人ほどには価値が高くない（好まれない）だろう。

段階という概念は，認知発達へのアプローチの中心に位置づくものである。道徳判断の6段階の存在を実証的に確立しようと試みる際，道徳的課題についての思考の発達が，段階についてのこれらの規準によって特徴づけられるということ

をコールバーグは示さなければならなかった。もしも彼がそれを示せなかったならば，ピアジェ流の道徳発達の段階を描きだしたとは主張できなかったであろう。次の章で見ていくように，第6段階の存在についてはまだ妥当性が実証されたとはいえないことを除いて，現時点でのデータはその主張を支持している。

6節　コールバーグの方法論

　コールバーグは，ある人の道徳判断の段階を確かめるために，その人がモラルジレンマを解決しようとして用いる理由づけの過程を引きだす調査手法を考案した。彼は，道徳的課題についての思考を明らかにするために，答える人にさとられないように仕組んだ間接的な方法を用いる必要はないと仮定していた。回答者が関心をもつモラルジレンマを提示して，そのジレンマの最良の解決方法やその方法を選んだ理由を直接的に尋ねるだけでいいとしたのだ。

　コールバーグは，ピアジェにならい，面接を用いた臨床法を応用した。彼が用いた面接の方式である道徳判断面接は，3つの架空のジレンマから成っていた。それぞれのジレンマはそれぞれ異なった状況で生じるものだが，いずれのジレンマの登場人物も2つの価値のいずれかの選択を迫られている。ジレンマが1つ読み上げられ，被験者にいくつかの設定された質問がなされる。ジレンマの主人公がどのように問題を解決すべきかが問われ，その状況ではなぜその行為が正当なのかを尋ねられる。その3つのジレンマは，異なった道徳的価値をいくつも含むように作られている。被験者の道徳発達の段階は，いくつもの道徳課題に一貫した理由づけをするかどうかで決まる。

　コールバーグが用いたモラルジレンマのうちの2つ，ジレンマ3とジレンマ1を下記に示す。これらのジレンマは，子どもにも大人にも使い得る。ジレンマは大人にも子どもにも理解でき，道徳的に困った状況であることが必要である。ここに示したジレンマは明晰に記述され，価値葛藤は道徳発達の6段階それぞれの人にとって興味深いものであることから，この目的を達している。もしもジレンマがやさしすぎたり難しすぎたりしたら，道徳課題についての最良の思考を引きだすことはできないであろう。[*11]

● ジレンマ 3（ハインツのジレンマ）

　ヨーロッパのある国で，ある女性が特別な種類の癌にかかって死にそうになっています。医者によれば，この人を救うことができる薬が1つだけあります。その薬は，同じ町に住んでいる薬剤師が最近発見したラジウムの一種です。その薬を作るのにはお金がかかるけれども，その薬を製造するための費用の10倍の値段を薬剤師はつけています。つまり，薬剤師はそのラジウムには200ドル使い，わずか一回分の薬に2000ドルの値段をつけているのです。病気の女性の夫であるハインツは，あらゆる知人からお金を借りましたが，薬の値段の半分の1000ドルしか集められませんでした。彼は薬剤師に自分の妻が死にかけていることを話し，値引きしてくれるよう，あるいは後払いをさせてくれるように頼みました。けれども薬剤師は「それはできない。私がその薬を発見したんだし，それでお金を稼ぐつもりだからね」と言います。ハインツは思いつめてしまい，妻のために薬を盗もうと，その男の薬局に押し入ることを考えています。

1. ハインツはその薬を盗むべきですか？　それはなぜですか？
2. もしもハインツが妻を愛していなかったら，その薬を彼女のために盗むべきですか？　それはなぜですか？
3. 死にそうなのが彼の妻ではなく知らない人だとしましょう。その薬を見知らぬ人のために盗むべきですか？　それはなぜですか？
4. （もしも見知らぬ人のために薬を盗むのに賛成なら）死にそうなのが，ハインツが可愛がっているペットの動物だとしましょう。ハインツは，ペットの動物を救うために盗むべきですか？　それはなぜですか？
5. 人が，他者の生命を救うために，でき得るすべてのことをするのは，重要なことですか？　それはなぜですか？
6. ハインツが盗むのは，法に違反しています。そのことは道徳的に誤りではないですか？　それはなぜですか？
7. 人は，法に従うためにでき得るすべてのことをしようとすべきですか？　それはなぜですか？
　7-1 このことは，ハインツがすべきことにどのように当てはめられますか？

● ジレンマ 1（ジョーのジレンマ）

　ジョーは14歳の少年で，キャンプに行きたいと強く思っています。お父さんは，

ジョーがキャンプに行くためのお金を自分で貯めるなら行ってもよい，と約束しました。そこでジョーは，一所懸命に新聞配達をして40ドルを貯めました。これだけあれば，キャンプに行っても，少しお金が余ります。ところがキャンプが始まる直前になって，お父さんは考えを変えました。お父さんの友人たちが，特別な釣り旅行に行くことにしたのですが，ジョーのお父さんはその旅行にかかる費用が足りませんでした。そこで，お父さんはジョーに，新聞配達で稼いだお金をもらえないかと言いました。ジョーはキャンプに行くのをあきらめたくなくて，お父さんにお金をあげるのを断ろうと思いました。

1．ジョーは，お父さんにお金をあげるのを断るべきですか？ それはなぜですか？
2．この状況では，ジョーが自分でお金を稼いだという事実が最も重要なことですか？ それはなぜですか？
3．お父さんはジョーに，お金を自分で貯めるならキャンプに行ってもよい，と約束しました。この状況では，お父さんが約束をしたという事実が最も重要なことですか？ それはなぜですか？
4．約束を守ることは，重要なことですか？ それはなぜですか？
5．あまりよく知らないし，おそらく二度と会うことはない人との約束を守ることは，重要なことですか？ それはなぜですか？
6．お父さんとの関係において，息子が考慮しなくてはならない最も重要なことは何であると，あなたは思いますか？
　6-1 どうしてそれが最も重要なのですか？
7．息子との関係において，お父さんが考慮しなくてはならない最も重要なことは何であると，あなたは思いますか？
　7-1 どうしてそれが最も重要なのですか？

ジレンマ3では，生命の価値と法の価値のどちらを選ぶのかが問われる。この状況では，妻の生命の価値が法の遵守の価値よりも優先するのか，その反対なのか，ということである。ジレンマ1では，権威の価値と所有物と契約の価値のどちらを選ぶのかが問われる。ジョーは，お金を差しだして父親の権威を尊重するのか，あるいは，ジョーが自分でお金を稼いだことやキャンプに行けると父親が約束したということが父親の言うことを聞く価値にまさるのか，ということであ

る。

　それぞれのジレンマについての最初の質問は，その葛藤についての被験者の最初の考えを引きだすためのものである。それに続く質問は，被験者の考えをさらに探っていくためである。調査者が関心をもっているのは，被験者が一方の価値を選んだ理由であるから，被験者の理由づけの過程を精査することは，この面接のとくに重要な部分である。例えば，ハインツは妻を愛しているのだから妻の生命を救うために盗まなくてはならないという人がいたら，面接者は，①妻の生命の価値はハインツの愛情で決まるとその人は考えているのか，②妻の生命はそれ自身が価値あるものと考えられているのか，を知りたいであろう。よって次に，「ハインツは，妻を愛していなかったとしても，薬を盗むべきか」と問うことで，その区別が明らかになる。道徳発達の段階を区別する質的違いを判断するために，この区別は決定的である。

　面接が終わってから，調査者は道徳判断の構造を分析し始める。おもな関心は，使われた理由づけにある。回答あるいは結論は被験者の思考の内容を表わすけれども，理由づけは思考の"形式"あるいは構造を表わす。どのジレンマについても一貫している形式を，調査者は見つけようとする。形式の一貫した用い方を見つけることで，被験者の理由づけを特徴づける道徳判断の段階（複数の段階にまたがる場合もある）を確定することになる。

　ここで，思考の形式と内容の区別をわかっておくことが重要である。この方法論は被験者の言語反応に頼っているので，「実際の生活のなかで同様の状況に直面したらどう考えるのかということを，どの程度，被験者の回答が表わしているのか」という問題がでてくる。

　コールバーグは，被験者の反応の内容はその人の"本当の"思考についてなんらかの結論をだすための信頼できる根拠にはならないと，すんなり認めている。例えば，ハインツは妻の生命を救うために薬を盗まなくてはいけないと被験者が言っても，それは，自分自身が同じような立場になったときに盗むということを必ずしも意味しない。けれども，コールバーグは，被験者の理由づけの"形式"あるいは構造に焦点を当てることで，被験者の"本当の"思考の一部が得られると信じた。そして彼は，ある人がいったん理由づけの構造をある段階に発達させたら，架空のジレンマを解決するのと同様の考え方を実生活においても行なうと仮定した。実生活の他の条件が理由づけの構造を用いるのにどのような影響を及

ぼすのかは実証を要する課題であり，現在さかんに研究されているところである。

7節　道徳判断の段階

　コールバーグの道徳発達の理論と道徳教育は，道徳判断の段階についての彼の実証的研究に基づく描写から生まれ，それに依拠している。彼は，道徳発達をこの段階間の移行と定義し，道徳教育はこの移行をうながすことであると定義しているので，彼の理論を理解するためにはこれらの段階の定義について完全にわかっておかなくてはならない。道徳判断の6つの段階については，表1に略述してある。この章の残りの紙幅を費やして，この表をもとに，段階について説明をする。とはいえ，まずは留意すべき点の解説から始めるのがよいだろう。

1．それぞれの発達段階を把握するには，長い時間と多大の努力を要する
　段階を把握するには，忍耐をもち，多少の困難は覚悟する必要がある。
2．形式を内容から区別する際には注意深く
　私たちの経験からすると，段階について教える際に，学生が段階間のより基本的な形式的あるいは構造的な差異よりも，内容の記述に着目してしまうことから最初の誤解の多くが生じていることが示されている。
3．人を段階分けするものではない
　段階は，発達の道筋における理念的な停止点（均衡）を記述するものである。人々，とくに子どもの場合には段階間を移行しやすく，複数の段階の理由づけを用いる。ある人がある段階にいると言及されたその段階は，その人の道徳課題についての理由づけの最も一般的な（つまり他の段階の理由づけを排除するわけではない）しかたを意味しているだけである。それゆえ，人を早計に段階分けするようなことはしないようにしなければならない。
4．第6段階の位置づけは不確か
　第6段階だけは，データによって明晰に支持された段階ではない。道徳判断が発達していく理想的な均衡状態として位置づいているが，その存在は，事実というよりも推測に基づいている。

表1　道徳判断の6つの段階

水準	段階	段階の内容 正しいこと	段階の内容 正しい行為をする理由	階層の社会的視点
水準Ⅰ──前慣習的水準	（第1段階）他律的道徳性	破ると罰せられる規則を守ること。権威者に従順であること。人や人の持ち物に対して物理的な意味で害を与えないこと。	罰を避けることができるから。権威者はすぐれた力をもっているから。	（自己中心的な視点）他者の利害を考慮しないか、またはそれが自分の利害と異なることに気がつかない。したがって、両者の視点を関係づけることをしない。行為は、他者の心理面への利害よりも、物としての利害として考慮される。権威者の視点と自分自身の視点とを混同する。
水準Ⅰ──前慣習的水準	（第2段階）道具的意図・交換・個人主義	自分の直接的利害にかかわるときのみ、規則に従う。自分自身の利害や要求に沿うよう行動するが、他者にも同じことを認める。したがって、正しいこととは公平であることであり、等価で交換・取り引き・合意することでもある。	自分と同じく他の人にも利害（へのこだわり）があるとわからないといけない世の中で、自分自身の要求や利害に合致するから。	（具体的な個人主義的な視点）すべての人が自分の利害を追求しており、それらが対立し得ると気づく。（具体的な個人主義のセンスで）何が正しいのかは人によって違う。
水準Ⅱ──慣習的水準	（第3段階）期待・関係・個人間の相互の調和	身近な人々や一般的な他者が自分に期待している役割（よい息子、よいきょうだい、よい友人等）に背かないように行動する。「よい人であること」が重要である。よき人であるということは、よき動機をもち他者への心遣いを示すことである。またそれは、信頼、誠実、尊敬、感謝のような相互的な人間関係を保つことである。	自分自身の目からも、他者の目からもよい人と映りたいから。他者に配慮しなければいけないから。黄金律を信じるから。典型的な善行を支持している規則や権威を維持したいという願望のため。	（他者との関係のなかにある個人の視点）個人的利害に優先する、他者と共有される感情・同意・期待への気づき。相手の立場にたつべきであるという具体的な黄金律によってさまざまな視点を関連づけるが、それを一般化したシステムとしての視点はまだ考慮していない。
水準Ⅱ──慣習的水準	（第4段階）社会システムと良心	自分が同意した義務を果たすこと。法律は、それが他の決まった社会的義務と対立するような極端な場合を除いて、守られるべきものである。社会や集団に制度に貢献することも正しいことである。	社会的制度を維持するために、また社会的組織の崩壊を避けるため。あるいは、自分の義務を果たせという良心の命令に従うため（規則と権威を信じる第3段階と混同されやすい）。	（個人間の合意や動機と、社会的な視点と分化）役割や規則を決めるシステムの視点をとる。個々の相互関係を社会システムに位置づけて考える。
水準Ⅲ──脱慣習的・原理的水準	（第5段階）効用・個人の権利・社会的契約あるいは	人々がさまざまな価値観や意見をもっていること、ほとんどの価値や規則がその集団による相対的なものにことに気づく。これらの相対的な規則は、公平さを期すために、または社会的契約であるために、通常は守られる。しかし、生命や自由のような絶対的な価値や権利は、どのような社会であっても、多数者の意見がどうであっても、守られなければならない。	法律は、すべての人々の幸福や諸権利を守るための社会的契約として、作られ守られなければならない。家族、友情、信頼、労働の義務に対する契約は、自由意志の下に結ばれるものである。法律と義務は、全体的な効用性に対する合理的な計算、つまり「最大多数の最大幸福」に基づいているかどうかが問題であると考えるため。	（社会的視点に優先する見方）合理的な個人の、社会的なつながりや契約に優先した価値や権利への気づき。合意・契約・公平さ・義務を行なう過程という形式的仕組みによってさまざまな視点を統合する。道徳的視点と法律的視点の両方を考慮するが、それらはときに対立し、統合することが困難であることにも気づく。
水準Ⅲ──脱慣習的・原理的水準	（第6段階）普遍的な倫理的原理	自ら選んだ倫理的原理に従う。特定の法律や社会的合意は、それがこの倫理的原理に基づいているので、通常は妥当である。法律がこの倫理的原理に反している場合には、倫理的原理に合うように行動すべきである。その倫理的原理とは、正義（公平さ）という普遍的な原理であり、それは、人権の平等性と、個人としての人間の尊厳の尊重である。	理性的な一個人として、普遍的な道徳原理の妥当性を確信し、それらの原理を自分のものとしているという感覚から。	（社会の成り立ちのもととなる道徳的視点からの視点）道徳性の本質、あるいは、人間はその存在自体が目的であり、そのように扱わなければならないという事実を、理性的な個人は認識しているという視点。

原典：Lawrence Kohlberg, "Moral Stages and Moralization: The Cognitive-Developmental Approach, "in Moral Development and Behavior: Theory, Research and Social Issues, ed. Thomas Lickona (New York: Holt, Rinehart and Winston, 1976), pp.34-35.

いかにして始まるのか

留意事項を述べたので，道徳発達段階の表に進むことができる。表1は，次のようになっている。

① 表は，横線で，道徳判断理由づけの3つの水準に分割されている。これらは，最もおおざっぱだが最も基本的な発達的区別として覚えておく必要がある。これは，ある人がある社会の道徳規範とかかわる際にとり得る3つの視点を表わしている。水準Ⅰは前慣習的水準，水準Ⅱは慣習的水準，水準Ⅲは脱慣習的水準あるいは原理的水準である。
② 3つの水準は，それぞれ2つの段階に分割できる。それぞれの道徳発達段階は，それぞれの属する水準の見通しの範囲内ではたらくが，より独自の構造的特性をもっている。水準は道徳課題へのアプローチを形づくり，段階は道徳判断をする際の規準を形づくる。それぞれの段階は，次の3つのことで決まる。
③ 自分自身や自分のいる社会にとって，何が善なのかを示す，選好された価値（左の列）。
④ なぜその行為がよいとか悪いとか判断されるのかについての，理由づけ（真ん中の列）。
⑤ 社会的視点（右の列）

道徳判断理由づけの水準

システムの概観を得るために，まず道徳判断理由づけの3つの水準から見ていく。

前慣習的水準の人は，かかわっている人の具体的な利害の視点から道徳課題を考える。この水準の人は，ある状況でどのようにふるまうことがその社会でよいこととされているのかを気にかけず，どのような行為をするのかを決めるのに，どのような結果が具体的にもたらされるのかに関心をもつ。例えば，ハインツのジレンマについていえば，この視点の人は次のような質問に焦点を当てる。

・ハインツは盗みをすることで罰せられるだろうか？
・ハインツは妻がいなくても生きていけるだろうか？
・妻のことが必要な男はだれでも，妻の生命を助けるために盗みをするのだろう

か？

　この視点では，ハインツ（や他の人）の具体的な利益を，受け入れられない（untenable）リスクを回避しながら追求することに焦点が当たっている。
　慣習的水準の人は，社会の一員としての視点から道徳課題にアプローチする。その人は，自分がいる集団や社会がもつ道徳規範と一致した行為をすることが期待されているのをわかっていて，それを考慮に入れる。その人は，罰や非難を避けようとするだけではなく，よい社会人であるとか，役割を果たしている人の典型に当てはまるように努力をする。ハインツのジレンマに直面した場合に，この視点の人は次のような質問に焦点を当てる。

・よい夫は，自分の妻を救うために，できることは何でもするべきだと思われるだろうか？
・関係機関が，ハインツが盗むことなく問題を解決する手助けをしないだろうか？
・このような状況で法を破ることを容認したら，社会は存続し得るのだろうか？

　ここでの関心は，ある立場の者（夫）としてよいかどうかであり，自分自身の利害とともに，社会の利害を守ることである。

　脱慣習的あるいは原理的水準の人は，社会に優先する視点から道徳課題にアプローチする。それはつまり，その人は，自分の属する社会の規範や法律を超えて考え，よい社会が基づく原理とは何かと問いかけることができるということである。ユートピアや革命的な社会を構想した人々や実際に始めた人々（例えば，聖書の預言者，合衆国の憲法制定者たち，カール・マルクスの初期の著述）は，この視点をもっていた。これらほど劇的ではなくとも，社会の規範や法律では解決を適切に見いだせない困難な道徳的ジレンマに直面すると，この視点を採用している人もいる。ハインツのジレンマとの関連では，この視点は次のような質問を示唆するであろう。

・罪のない人の生きる権利を守ることは，他の人の財産権を守ることよりも優先するだろうか？

・無実の人の生命が失われないようにし，その上で薬剤師が財産権を合法的に行使することを守れるように，この社会で，あるいは他の社会で法律を改正することはできないだろうか？

　この3つの水準は，コールバーグによって記述された道徳発達の見方を，おおまかに示している。最初の水準は，子どもたちの道徳判断理由づけを最もよく特徴づけている。なお，多くの青年，なかには大人も，この水準を使い続けることがある。2つ目の水準は，たいてい青年期初期に生じ，青年期後期に最も顕著になり，大半の大人の主たる考え方として残る。3つ目の水準は，3つの水準のなかで最もまれである。生じるとしても，それは青年期初期であるが，大人の理由づけのうちのごく少数に見られるだけである。[12]

　ここで道徳発達と認知発達の並行性を扱うことが，きっと理解に役立つであろう。前慣習的な視点を用いる人々のアプローチは，非常に具体的なものである。このことから，その人たちの道徳判断理由づけは認知発達の前操作的思考の段階から具体的操作の段階に基礎を置いていることが示唆される。慣習的な視点を用いる人々は，社会が何を期待するのかという，より抽象的なことを考慮する。その人たちの使う道徳的理由づけは，少なくとも，形式的操作の段階の初期に基づいており，場合によっては，完全に形式的な操作を用いている。脱慣習的な視点を用いる人々は，完全あるいは堅実な形式的操作に基づく理由づけを用いている。[13]

● 段階の定義

　道徳判断理由づけの3つの水準について理解できたので，表1の6つの段階について考える準備ができた。

● 第1段階

　コールバーグのもともとの調査は，10歳から16歳の男の子を対象にしていた。[14]これらの被験者のなかで発達的に最も下の段階を，コールバーグは第1段階とよんだ。もしもコールバーグが，もっと年少の子どもたちを対象にして研究を始めていたら，この段階を少し違った形で定義していたかもしれない。しかしながら，コールバーグの第1段階に関する研究は，セルマン（Selman）[15]やデーモン（Damon）[16]によって補われた。4歳から10歳の年齢の子どもたちの道徳発達にと

くに関心のある読者には，彼らの研究を読むことをおすすめする。

　第1段階は，自己中心性から最初の一歩を踏みだした子どもの道徳判断理由づけを表わしている。もしも自己中心的な子どもが他の人の役割や視点にたつことができないのであれば，発達の次のステップは他の人の視点にもたつことができる能力である。先に述べた，仕事から帰ってきた頭痛の母親と子どもの事例では，自己中心性からの発達の最初の一歩は，母親には彼と遊びたくない理由があるということをわかることを含むであろう。その理由がどういうことなのかはわからなくても，なんらかの理由があることはわかるのである。

　この認識に続くのは，母親が望むことをしたいという願望である。権威のある存在が表明した願望や依頼を，従わなくてはならない規則あるいは命令であると子どもたちは理解する。なぜなら，従わなかったら叱られると子どもたちは信じているからである。

　体罰が避けられないということが，この段階の善行の概念の中心にある。その子どもは，体罰が誤った行動へのあり得る見返りの1つであるということをまだ理解していない。その子どもにとっての体罰とは，いけない行為に必ずついてくるものなのだ（子どもの歌にある「悪いことしちゃったら，ママの背中をこわしちゃえ」は，この考え方を反映している）。また，子どもは（大人の視点からすると）与えられる罰をひどくおおげさに見ている。

　この理由づけを理解するためには，この子どもたちの認知的な理解が，前操作的思考の段階あるいは具体的操作の段階の初期の水準でしかないことを思い出さないといけない。その理由づけは，論理的というよりも，まだ直感的である。よって，その子どもは，言うことをきかないことと罰を関連させていても，その罰を"罪"とは結びつけていない。むしろ，その罰を，まったく"違反"で割に合わないと考えている。大人の立場にたってはみるのだが，大人は"大きい"だけに反応のしかたも"大きい"と考えてしまう。そこで，モラルジレンマへの典型的な反応は，権威に逆らったらひどく罰せられるので，ハインツもジョーも権威に従わないなんていうことはできないというものである。"できない"というところに着目してほしい。その子どもは，罰がひどくて耐えがたいだろうと考え，"できない"と思い込んでしまうのである。

　第1段階は，驚くほど初歩的でありすぎて，大人にはわからないことがしばしばある。著者の一人が友人を訪ねた際に，町のソーシャルプランを企画・実施し

た人が町全体の怒りを買っているという話をした。その友人の7歳になるお嬢さんがこの話を聞いていて，解決法を提案した。「みんなでその人をたたきのめせばいいのよ」。それが事務的な口調で言われたので，父親はまったく耳を貸さなかった。しかし，この段階の理由づけに慣れている立場からは，その反応はよくわかるものであった。この段階の子どもは，ものに即した問題とものに即した解決にしか思いが及ばない。だれかが多くの人に嫌われていたら，その人が悪いに違いない。悪い人なら，その人をみんなで叩いてもいい。この段階では，問題は単純である。子どもは，他の人の権利や感情を認識しておらず，どうしてその人が悪かったのかとか，みんなでその人を叩きのめしたらその町の人々に何が起こるか，などということは考慮しない。罰を与えたら，問題はおしまいなのである。

ピアジェは，この段階を"他律的道徳性（heteronomous morality）"として詳細に記述している。体罰を用いない親たちの家庭の子どもたちでさえ，この段階を経過することにピアジェは驚いた。この理由づけの段階は，ある年齢おそらくは5歳から8歳において避けがたいものである。そして，自己中心性から抜けだす際に必要な最初の一歩である。これは，フロイト派が超自我の形成とよぶものと対応しているであろう。

通常，私たちの社会の子どもたちは，前青年期（preadolescents）を越えたら第1段階を使い続けることはない。第1段階は原初的なので，青年期に入る直前においてさえ機能していない。ほとんどの子どもたちは，少なくとも第2段階の理由づけの能力を発達させている。

● 第2段階

理由づけがまだ前慣習的水準にあっても，第2段階は，第1段階から大きく進歩している。その進歩は，まず，その子の認知能力や役割取得能力の変化として現われる。

第1段階にあっても，ほとんどの子どもは具体的な論理操作の発達を見せ始める。また，子どもたちは目先の知覚にまどわされず，より距離をとった論理的な視点から問題を見つめることができるようになる。例えば，分類（classification）の課題において，子どもたちはすべての種類（class）（例えば，すべてのビーズ）を念頭に置いて，それを部分（赤いビーズと青いビーズ）と比較することができる。液体の保存課題では，子どもたちはビーカーのなかの液体の高さにだまされ

ないで，ビーカーから他のビーカーに液体を移す過程を見て，次に，心のなかでその逆の過程を思い描く。逆行をさせることで，液体の量が移し替えによって変化しなかったこと，そして，見かけは違ってもその2つのビーカーには同じ量の液体が入っていることがわかる。

　社会的な領域においては，役割取得において似たような発達が生じる。[*17]他の人の立場も同時にわかるという躍進がいったん起きると，その子はいくつかの視点の調整をし始める。つまり，他の人が自分と独立した意思をもっているとわかったあとで，子どもは，他の人の意思や視点が最初思っていたほど安定したものではないことがだんだんわかってくる。むしろ，その人の方が，子どもの立場にたつことができて，その子がなぜそのようにしているのかがわかる。その結果，その人はもともとの立場や，子どもの行為についての判断を変えたりできる。

　この発達について説明するために，1年生の女の子が音読の宿題を出されて帰宅したと想像してほしい。彼女は，母親に読むのを聞いていてと頼み，母親は聞く。それから母親は，明日の晩は音読を聞く時間がとれないから，今日のうちにもっとやろうかと言う。けれども，小さな女の子はいやがる。というのは，先生がここまで読みなさいと言ったからである。

　この1年生は役割取得の最初の段階にいる。彼女は先生の立場にたてるけれども，文字通りそうしているだけで，先生の立場を母親の役割と調整してはいない。そのうちにこの子も，母親との音読を少し先までするのに先生が必ずしも反対するとは限らないとわかり始めるだろう。もしも，なぜ母親が続けたかったのかを先生が知ったら，その理由に納得しただろうから。

　ある状況のなかで新たな視点を得ることによって，他の人の考えが変化するということを子どもがわかるにつれて，子どもは自分の道徳判断の基礎を変化させる。さきほどの例でいえば，第1段階では，女の子は先生の言うとおりにしないといけないと考えたが，先生の見方も変わり得るということがわかってしまえば，音読を指定範囲以上にすることがよくないと思われるとは考えなくなる。何かをするときにまっとうな理由，つまり先生に説明できる理由がある限り，それをしてもかまわないのだと考えるであろう。

　見かけ上異なっていても，この予測は，液体の量の保存課題の際に見られた論理的操作に類似している。その子がしたことは，先生がしなさいと言ったこととは違って見える。しかしながら，もしもその過程をたどり（母親が女の子に続け

てと頼んだ），反転させたら（母親が私に頼んでいるのをもしも先生が見ることができたら），そこで起きたことは違反（先生の指示どおりにしないこと）ではなく，異なった形での従順（異なった形のビーカーの水の量が同じということと並行）であったとわかる。

　先生の立場にたってその反応の裏をかくことに小学生がいかに熟達しているのかには，目を見張るものがある。違う見方をされることで，自分たちのしたことが違った見方をされるということを，その子たちはよくわかっている。かくして，状況にあったじょうずな言い訳をするために，多大な労力を使うのである。

　道徳発達についていえば，判断の新しい基準が生じてきている。公平という基準である。だれかがなんらかの行為をしていい理由があるのなら，その理由の有無によってのみ判断されるのが公平で，権威者の恣意的な意思によって判断されるのは公平ではないのである。第1段階の中心的な価値である権威は，第2段階では相対化される。権威者も，そのゲームの規則，つまり公平という規則に則って動かなくてはならないという限りにおいて，他のだれとも変わらないのである。

　しかし，何が公平と考えられるのだろうか。第2段階では，公平さとは主として，皆が等しい取り分あるいは機会を得ることである。それが肯定的であったり，否定的であったりする。肯定的なものは，ことわざ通りにパイを切り分けたり，品物や利益を分配したりすることである。そのことわざとは，同等の地位にある人は同等の分け前を得なければならない，というものだ。ある人に特別なニーズがあるとか，その結果特別な立場にあるとか納得できない限り，クラスの皆が受ける注目やする宿題は同じでないといけない。家族のなかでは，年齢によって特別な立場をとり得る。年上のきょうだいが少しばかり得をするのは，たいてい，子どもにとっては公平なことのようだ。しかしよく観察すると，年下の子は，年齢がどのくらい違えばどのくらい得するのかを注意深く計算している。注意して見ると，その子は自分の取り分が公平ではないと思っているのだ！　この段階では，これ以上の不公平はない。

　公平の否定的な形は，因果応報の正義に合わせて作用する。第2段階の子どもたちは，不服従や悪いことをするとすぐ罰が自動的に与えられるとは，もはや信じていない。その子たちは，悪い行動とは正当な理由なくだれか他の人を具体的に害することを含んでいると考え，また，その罰が罪とつりあったものでなくてはならないと考えている。何が「正当な理由」なのかは状況，つまり，なぜ他の

人を傷つけたのかに依存する。小学校の教師であれば知っていることだが, 叩かれた子どもは叩き返す義務, でなければ権利があると考える。その悪い行動が仕返しされてもどされないと, 正義が完全にならない。「仕返ししても, いいわけではない」と何度教師が言っても, 叩き返すことが悪いことだとは, 子どもたちは考えない。それでおあいこだ。けれども, したこと以上にされることはない。もしも, ビリーがセスを1回叩いたのなら, ビリーがよほど強く叩いたのでもない限り, セスにビリーを10回叩く権利はない。たくさん叩き返す場合, セスが返しているのは, 叩くという行為ではなく, 傷つけるという行為である。いずれの場合にも, つりあいがとれているのかどうかが, 分配的な正義を決する。

　教師がこの段階の子どもたちの考えにいらいらするのは, 子どもの考えが前慣習的な水準にとどまっているからである。公平というのは, たしかに道徳の領域に属するものであるが, 社会のルールとか法律とかを参照する必要のないものである。第2段階では, 適切な道徳的行為は個々人によって異なり, 一人ひとりが自分自身の利害を追求する権利をもっている。取れるだけ取って逃げても公平なのである。例えば, 教師が試験の際にちゃんと監督をしなかったら, この前慣習的な視点からは, 生徒がカンニングをしても公平なのである。「あの子の解答用紙の答えを私が見たからって, それでだれが傷つくの？」と, この段階の子は尋ねるだろう。「それはあなた自身を傷つけているのよ」という回答はまだ意味をなさない。よい点数をとって, ほかの子が何も失っていない場合に, それがどうして自分を傷つけることになるのか。害は, 何かが具体的に害されないと理解されない。当然のことながら, カンニングが道徳的に悪いことであると子どもたちにわからせるのは, 教師にとっていかにも骨の折れることになる。

　しかしながら, ハインツと薬剤師について第2段階の子どもは, 薬剤師がハインツにいかに大きな害をもたらしたのかについて異論はなかった。第2段階の子どもは, ハインツが薬を盗みたいのは, 妻の世話をしているのだから自然なことだと考える。もしも, するべき妻の世話をしていなかったら, 危険を冒すようなことはおそらくしないだろう。なぜわざわざするのか？　第2段階の子どもは, 夫に妻の世話をする義務はないと考える。むしろ, 夫には, そうしたいなら妻のために盗む権利があるとする。この段階の理由づけをする子どもの意見では, もしもハインツが盗みをしても, 実際には処罰されないだろうと考える。「ハインツが盗んだ理由を理解できないような裁判官がいるのか」「妻の生命を救うため

に盗んだというんだから，よいではないか」。前慣習的な水準にある段階では，法を引き合いにだして合法的なニーズを満たそうとするときにだけ，法律の問題が生じてくる。ハインツ，妻，薬剤師，裁判官など，物語に登場する個々人の視点からのみ，理由づけがなされる。

　すでに書いたように，私たちの社会では，第2段階は7歳から8歳ごろに発達し始め，小学生の間はこの段階がおもなものとなる。青年を対象にした研究で，第2段階の理由づけは13歳から18歳の間にかなり少なくなることが示されている。その減少傾向は，労働者階級の子どもたちよりも，中流階級の子どもたちにおいてより顕著である。大人になると，第2段階は少数でしかない。

●第3段階

　第3段階の発達は，前青年期あるいは道徳判断理由づけの慣習的水準の入口にいる青年期の人間に顕著なものである。ここで，ある子どもの社会的視点は，個々人の具体的な利益（interests）から所属する集団や社会の利益や基準に移行する。

　その社会的視点の変化は，多くは，認知能力と役割取得能力の変化に引き続いて起こる。認知面については，前青年期に初期の形式的操作が現われた。それは例えば分類の課題については，次のような課題に見られる包含関係を逆にすることについて子どもが理解し始める，ということを指している。

　　もしも，ある人がロンドンに住んでいるのならば，その人はイギリスに住んでいる。
　1．ある人がイギリスに住んでいないとしたら，その人はロンドンに住んでいるか？
　2．ある人がロンドンに住んでいないとしたら，その人はイギリスに住んでいるか？

　この問題を正しく解くには，ロンドンがより高次の分類階層であるイギリスに含まれているが，イギリスのすべてがロンドンに含まれているわけではない，ということを理解していなくてはいけない。したがって，質問1は「いいえ」が正解であるが，質問2への解答は「わからない」である。「ロンドンではない」ということは，他のすべての国とともにイギリスの他の地域も含むので，ロンドンに住んでいない人はイギリスの他の地域に住んでいるかもしれないし，他の国に住んでいるかもしれないのである。

「ロンドン以外の場所」ということを理解するには抽象的に考える能力が必要で，それゆえに形式的操作期の始まりといえる。同様に，社会的規準を理解するのも抽象的に考えることである。よって，第3段階の道徳判断理由づけは，多くの場合，少なくとも形式的操作の段階の始まりを反映しているといえる。

　社会的領域では，役割取得能力が第2段階から第3段階への移行にとって重要であることが多い。第2段階では，子どもたちは，自分が他者の役割を取得できるように相手も自分の役割を取得できることがわかり始める。そのため，その子は，自分の行為に相手がどのように反応するのかを予想でき，自分の行為をそれに応じて変えることができる。しかし，役割取得の次の段階では，二者関係から一歩踏みだして第三者の視点から二者関係を見る能力が必要になる。

　この役割取得の発達を明らかにするために，12歳の少女2人が同じ男の子に惹かれていて，その男の子もきっと参加するパーティに2人とも招かれているとしよう。1人の少女が役割取得の第2段階にいるとしたら，ライバルの考えそうなことがわかり，自分の行動が注視されると予測できるだろう。もしも2人目の少女が役割取得の第3段階にいたら，ライバルの反応を予測できるだけではなく，2人の少女が火花を散らしているのを見ているほかの人の立場にもたてるであろう。そして，自分がほかの女の子と火花を散らしているのを見て，ほかの人がどう反応するのだろうかと気にかけるだろう。このことがわかるので，彼女が困ってしまうか勇気づけられるかはわからないが，いずれにせよ，彼女は第2段階の少女が考えられないような，社会的状況におけるもう1つの次元について考えるだろう。

　第三者の視点にたてるということが道徳判断の発達にとって決定的に重要であることは明らかである。というのは，そのことで自分のだれかに対するふるまいが集団からどう受け止められるのかがわかるからである。先ほどの例では，最初の少女が男の子に愛情をもって近寄っているときに割り込んでいく2番目の少女のことを，パーティに来たほかの人が見ていやな性格と思うのではないかと2番目の少女が考えたとすると，その2番目の少女はそれを考慮に入れるであろう。もしも，彼女の道徳判断が（役割取得能力とは対照的に）第2段階のままであったならば，男の子との関係において，最初の女の子が自分と対等になろうとしている問題だととらえたであろう。しかし，もしも周囲の人の視点そのものの価値が（最初の少女への仕返しの脅しよりも）道徳的に重要になっていれば，彼女の

関心は最初の子への仕返しをどうするかに向かうのではなく，そういう仕返しを友だちにするような人をほかの人がどう思うかということに移行するだろう。

　この点をさらに述べるなら，第2段階の時期の考えの人は，周囲の人が自分たちの行為を見ていて，それに反応していることはわかっている。けれども，多くの場合，具体的な行動に現われる反応しか予想していない。もしも，だれかを傷つけてしまうことで，周囲の人に嫌われてその人たちから実際に仲間はずれにされてしまうならば，傷つけることをする前に考え直す方がいいだろう。しかし，もしも第3段階にいるとしたら，周囲の人の具体的な行動による反応だけではなく，より微妙な心理的反応にも気を遣うであろう。周囲の人は自分のことをどう思うのか，あるいはどう感じるだろうか？　以前のように受け入れてくれるだろうか？　今までどおり，いい人だとか，いい仲間であるとか思ってもらえるだろうか？　この段階であなたは，周囲の人が「この人はいかにふるまうべきか」（「この人はいかにふるまうつもりか」だけではなく）という期待をもって，それに従ってあなたを一人の人間として判断していることをわかっている。

　第3段階で道徳行為を動機づけているのは，重要な他者（significant others）が集団や社会の一員としてあなたに期待するように生活することである。正しいことをする理由（動機づけ）が変化するのと同じく，何が正しいのかという考えも他者との関係で変わってくる。第2段階では，何が正しいのかは，むやみにほかの人を傷つけることなく，自分の利害を追求するだけのことであった。第3段階では，自分にも他人にも要求が高くなる。他者が自分に肯定的な期待をもっていることがわかると，対人関係の見方が新しくなる。2人の人がつながりをもち始める際には，お互いを信用し，他者が2人の関係を気にかけてその信用を尊重することを期待する。関係というものは，利益の等価交換（第2段階ではそう見られている）にとどまらず，お互いのかかわり（commitment）の深さを問題にしている。そのかかわりを絶つことや信頼をそこねることは，第3段階の人にとっては，第2段階の人にとっての不公平な行為と同様，根本的に悪い行為ということになる。

　ハインツのジレンマは，この点を十分に示している。この状況で，ハインツは妻にどのような義務を負っているのだろうか。第2段階の視点からは，ハインツ自身にそのような義務はない。第2段階の視点では，もしも望むならば妻を助けるために盗みをする権利が，たしかにハインツにはある。でも，もしも盗みたく

なかったとしても，妻もほかのだれであっても，彼を法に即して訴えることはできないと見る。第3段階の視点からは，ハインツはその女性と結婚したのだから，彼女と明確なかかわりがある。ハインツは彼女の世話をして，生命を助けようとしなければならない（そのことに，彼女のために盗みをすることを含むかというと，それには第3段階の人は同意しない）。もう妻のことを愛してはいないとしても，かつて彼女を愛し，彼女にかかわりをもった事実があり，彼は彼女のことを今も気にかけるべきなのだ。

　薬剤師については，第2段階の回答者は，基本的に利潤を追求する権利があったと考える。ハインツに与えてやらなかった（その結果，仕返しを招いた）のは愚かだったかもしれないが，与えてやる義務はない。対照的に，第3段階の回答者は，たいてい薬剤師に対してちょっと考えただけで怒ってしまう。「いったいそいつは何様なんだ」「人間らしい心をもっているのか」「ハインツと顔見知りでなかっただろうけれど，薬剤師という医療関係者なんだから，人を治療することが使命じゃないのか。なのに，たんにわがままな理由でハインツを追い返した」。第3段階の視点からは，このわがままも信頼やかかわりを破壊するものであるので，ほぼ間違いなく悪いことなのである。

　ここまで述べてきたように，第3段階は青年期に先立って発達し始め，青年期に最もよく見られる段階であり，第4段階とともに，私たちの社会においてはほとんどの大人にとっての主要な段階である。それは，お互いのことを知っている人たちのなかで起きてくるいざこざに対処するために適切なやり方であるという意味で，成熟した（あるいは，均衡化された）構造をもっている。けれども，社会という水準での問題に対処しなくてはならないときにはその不適切さが露呈する。このような問題があるときには，第4段階以上がより適切であることがわかる。

● **第4段階**

　第3段階の役割取得は主として，"重要な"他者という第三者の視点にたつ能力として特徴づけられるわけであるが，第4段階の役割取得は主として，"一般的な"他者が共有する視点（the shared point of view）にたつ能力として特徴づけられる。それは，参加している社会システム，つまり制度，社会，信念システムなどの視点にたつということである。

このことを証明するために，夏のキャンプでの出来事を想像してみよう。ある青年のグループがキャンプの責任者に朝までのコンパの許可を願いでた。そのグループは，自分たちと世話役たちとで話し合った結果，グループの一体感を高めるのには，自分たちで計画をたてて規則を決めることができるコンパが最もよいと思うと言うのだ。キャンプの責任者は，外出禁止，薬物使用や飲酒等に関するキャンプの規則を固く守るつもりでいるのかどうかを尋ねた。答えは，それはグループで決めなくてはならないだろうというものだった。責任者は，その提案はたしかにグループの一体感には役立つだろうけれども，それを先例としてしまうことは，キャンプ全体の視点から許すことができないと回答した。そのグループの人たちは最善のつもりかもしれないが，他のグループがあまり立派ではない目的のためにこれを先例とするかもしれないのだ。よって，キャンプのために，その責任者は要求を拒否しなくてはならなかったのである。

この例での青年たちは，自分のグループによかれと申し入れをした。キャンプの責任者は，その申し出がキャンプ全体にどのような影響を与えるのかという広い視点から考慮した。社会システム全体の視点にたつという能力は，目の前のグループの視点とは対照的であり，第4段階の役割取得の特徴である。それには，各グループの利害を念頭において，それらを全体の利害と比べるという，より高次の認知能力が含まれる。青年の多くはまだこの能力がなく，よって，このような決定を心が狭いとか不当だとか解釈する。しかしながら，人々はこのような回答について，それがシステム内の1つのグループの利害に訴えるものではなく，より広い視点にたったものであるということを明らかにすべきだと感じている。

システム全体の視点から社会的問題を見る能力は，通常，道徳判断の新しい基礎を提供する。ハインツのジレンマについていえば，第3段階の人は夫としてのハインツのかかわりや，薬剤師の冷酷さや医療関係者としての期待を裏切っていることにおもな関心をもつ。けれども，たいてい，ハインツの決定が社会システムにどのような影響を及ぼすのかということには関心をもっていない。しかし，第4段階の視点からは後者が主たる関心となる。この段階の人は，ハインツは妻の生命を救う義務があり薬剤師の行動は冷酷だということには同意するが，しかしそれだけではなく，ハインツが盗みをはたらいたことについて，社会の道徳秩序を弱めるのではないかと懸念する。第4段階の理由づけをする人にとっては，法が中心的な価値となる。その人たちは必ずしも「法と秩序」の擁護者なのでは

ない。それにもかかわらず、どんな社会でもある社会的あるいは道徳的合意によって結びついており、その多くは法体系が成文化されており、これらの合意に反するいかなる行為も社会システムの連帯と結束への脅威になると考える[*18]。

すべてとはいわないがほとんどの第4段階の回答者が、ハインツは妻の生命を救うために盗みをするべきではないと判定する。しかし、第4段階の回答者は法の価値を中心に置きながらも、しばしば生命の価値も中心に置く。ある意味、第4段階の人にとっては、このジレンマは最も解決しにくい。この段階の人は、人間の生命は神聖であり、法の目的はその生命の神聖さを守るためであることが多いことをわかっている。つまり、法の価値と生命の価値があからさまに葛藤する場合に、どちらを選ぶのかに戸惑うのである。

第4段階の道徳判断理由づけを理解するために、思考の形式と内容の区別をしないといけない。その人は、自分の社会の法に最高の価値を置かないかもしれない。例えば、マルクス主義の立場にたって、資本主義社会の法は支配階級の利益を守るためだけに作られたペテンであるというかもしれない。あるいは、超自然主義の立場からは、神の法のみが神聖であり、社会の法が神の法と食い違うときには神の法が優先するという。システムの選好は、内容の問題である。これらの議論を第4段階に特徴づけるのは、与えられた社会的問題を、法や信念の固定的なシステムの視点から見る、その理由づけの構造である。この段階のマルクス主義者は、人間の生命よりも財産や利潤を守るシステムは道徳的に破綻しているので、ハインツは盗まなければならないと主張するだろう。しかし、革命をおしすすめることと人の生命を守ることの葛藤に直面したときに、資本主義者が法や財産の価値を第一とするのと同じく、革命を第一と考える。正当化の形式は同じで、その内容（何が重視されるのか）が変わるだけである。

第4段階の理由づけは、青年期のなかごろに発達し始め、通常、18歳になったあとにやっと主要な段階となってくる。それは高次の均衡をもつ段階で、大人にとってもそこまでの発達が最高の段階であることがよくある。それはまた、対人関係の問題だけではなく、社会の問題も適切に扱う。しかしながらコールバーグは、その人が執着している法や信念のシステムが基本的人権と矛盾した場合には、その状況を扱うのに第4段階は適切でないと考えている。もしも基本的人権を法体系が否定している社会に住んでいる人がいたとしたら、その社会的および道徳的秩序を維持するために、その人は不正な法とみなしているものを破ってはなら

ないということに同意しなくてはならないのだろうか。第4段階の理由づけは，この問いへの適切な回答をもち合わせていない。この段階の人々は，変化のために制度のなかで力を尽くすと言うかもしれないが，制度そのものが不正であれば，従うか異議を唱えるかを選ぶことになるかもしれない。コールバーグは，第4段階の理由づけの構造のなかでは，どのようなときに従属よりも異議を選ぶのかについて，説得力のある基準が存在しないと考えた。それゆえにコールバーグは，このような道徳的葛藤をより適切に扱える脱慣習的水準の段階を描きだしたのである。[19]

● 第5段階と第6段階

　第5段階と第6段階，つまり原理的な道徳判断理由づけの段階は，コールバーグの理論のなかで最も議論の多い領域である。第5段階と第6段階は哲学的な起源をもつけれども，道徳哲学者のなかには，次の章で見るように，コールバーグが理論化した"最高"段階に同意していない人もいる。第4段階までのどの段階と比べても，第5段階については実証的なデータが乏しく，第6段階については，今のところは実証的に妥当なものではない。第1段階から第4段階に比べて第5段階と第6段階は，心理学者によってより根本的な疑問を呈されている。

　第5段階と第6段階についての，コールバーグによる初期のかなり未整理な定義によると，青年がこの種の道徳判断理由づけを用いることは少ない。[20] これらの段階の定義についてのさらなる熟考の上で，コールバーグはそれらの概念を明確にし，第5段階でさえも20代のなかごろになるまでに達することはまれであることを見いだした。[21] 表1にある第5段階と第6段階についての記述は，コールバーグの後期の思考を反映してはいるが，さらなる改訂が必要である。[22]

　人が第4段階に達すると，道徳判断理由づけは，十分な形式的操作に基礎を置いており，たいていの大人の理由づけと一貫している。では，何が道徳的理由づけの新しい段階の構築を動機づけできるのだろうか？　言い換えれば，大人になりかけの人は，第4段階の理由づけについて，何に不満を感じてその仮定に疑問をもつようになり，道徳判断の新しい基礎を探求するようになるのだろうか？　コールバーグや他の研究者は，社会的秩序についてのその人のそれまで疑問に思わなかった仮定への"信頼（faith）の危機"が，このような動機づけをもたらすのではないかと示唆している。[23]

第4段階の理由づけの限界は，その段階の人が自分の制度外の多様性を扱ったり，その制度内の基本的な矛盾を扱ったりしなければならないときに，最も際立つ。例えば，首尾一貫したイデオロギーの制度のなかで育った人も，その共同体にどの程度自分を捧げ尽くすのか，また，その共同体のなかでどのような自己決定の権利をもっているのかについて，自分と共同体のせめぎあいがあることに気づくかもしれない。思っていたほど個人の違いに寛容ではないとか，ある人々の個性が他の人たちより寛大に扱われているとかいうことがあるかもしれない。その緊張によって，その社会あるいは他の社会機構がそのなかの個人のアイデンティティを規定するような権利そのものに疑問をもち，そのもがきのなかから，個人の権利と社会の義務のバランスがいかにあるべきか，概念的に新しい考えが生じてくるかもしれない。

　第5段階は，まさしくこのようなもがきから発展してくると見ることができよう。この段階の論理の基礎となる社会的契約の原理は，個人の権利の領域と社会的義務の限界を合理的に明確にする試みである。例えば，2人の人の間の商取引では，それぞれに守るべき個人的利益があり，その2人は合意に達し，お互いに義務を課す契約を作成してサインをする。契約とは，通常，ある妥協案であるが，他者が利益を追求する権利を不当に侵害しないで自分の利益を追求することをそれぞれに許すものである。契約そのものには何も神聖なところはないが，それはそれぞれの権利と要求を法的に満たす最良の期待を表わしており，それぞれがその契約に従う義務がある。

　社会的契約の形で個人の社会への義務を見るという考えは，政治哲学や社会哲学のなかではよく知られたことである。合衆国憲法は，連合を形成する各州の間の社会的契約とみなすこともできる。結婚や友情は，連れ合いや友達の間における暗黙のあるいは明示された社会的契約を含んでいる。この概念の利点は，第4段階でよく行なわれたような，それぞれの関係についての義務を，固定的な形式として規定する試みではないという点である。むしろ，法的あるいは社会的かかわりは，相手が自由な意志でみずから義務を負っているのを知りつつ，自分も相手と同じように自由な意志でみずから義務を負うもの，と見なされる。その人たちの相互の合意は，相手への義務の本質を決める。契約は，それが生命や自由というような基本的人権をそこなうものでなければ，そのものがいいとか悪いとかいうことはない。基本的人権をそこなう契約は，道徳的に無効である。よって，

例えば，だれかが自発的に自分を奴隷として売ったとしても，他者はその合意によってその人を奴隷とする道徳的権利をもたない。

コールバーグは，ハインツのジレンマを，第5段階と同様の立場をもつ2人の道徳哲学者に示した。コールバーグは，それらの回答からの抜粋を引用している。

> 哲学者1：ハインツのしたことは間違ったことではない。なかなか入手できない薬の分配は，公平の原理によって統制されるべきである。そのような統制がないなかでは，薬剤師は自らの法的権利を踏み越えていないが，その状況では薬剤師には道徳的に不平はない。しかしながら，その人の社会においてそれが強く非難されるようなことでなければ，その人の道徳的な権利も踏み越えていない。ハインツのしたことは間違ったことではないが，盗むのは彼の義務ではなかった。この事例では，ハインツが薬を盗むのは間違いではないが，義務の範囲を超えている。それは，義務を果たす以上の行為である。
>
> 哲学者2：薬を盗むのは夫の義務である。夫はその能力の限り妻の面倒をみるべきであるという原理の一般的な遵守は，害よりも利益が多い。とても親密な友達であれば，その友達のためにも，ハインツは盗むべきである（お互いのために，このようなことをするだろうとわかるくらい親密な友達であれば）。その理由は，妻の事例のものと同様である。もしもガンになった人があまり親密ではない友達であるとか，さらに見知らぬ人である場合には，ハインツが薬を盗んだら，それはよい行為をしているということになるが，義務ではない。[*24]

哲学者1は，いかなる社会においても，理想的には何が合意されるべきなのか，つまり「なかなか入手できない薬の分配は，公平の原理によって統制されるべきである」ということから始めている。それは，ハインツの社会では合意された原理ではなく，よってその薬剤師は「道徳的な権利を踏み越えていない」。ハインツにとって盗みをするのは義務ではない。なぜなら，それは夫と妻の通常の契約に含まれていないからである。けれども，ハインツが盗みをするとしたら，それは「義務を果たす以上の行為」，つまり義務の範囲を超えた善行である。

哲学者2は，妻や親しい友達を助けるために盗みをする義務があると考える。なぜなら，ハインツがその原理を普遍化しようとするならば（その状況ではだれもが妻や親友を助けるために盗みをすべきであるとすると，何が起こるのかを尋

ねる),「原理の一般的な遵守は，害よりも利益が多い」ということがわかるからである。この哲学者は，哲学者1が妻のために盗むことについて適用した議論を，見知らぬ人のための盗みの議論に適用している。

　コールバーグはこれらの回答や社会的契約という概念に基づく道徳判断理由づけへの不満から，"より高い"第6段階を案出した。この段階についてのコールバーグの考えは，ハーバード大学の哲学者であるジョン・ロールズ（John Rawls）から強い影響を受けている。コールバーグは，ハインツのジレンマへの3番目の哲学者の回答を引用し，第6段階の理由づけの例としている。

> Q：もしも夫が妻をとても深く愛していなかったら，彼は薬を盗むべきでしょうか？
> A：はい。彼女の生命の価値は，いかなる人とのつながりとも独立です。人間の生命の価値は，無条件で道徳的に"すべきこと"の唯一可能な源を，道徳的な行為者の役割を果たす合理的存在に提供するという事実に基づいています。
> Q：妻ではなく，友人や知人の場合には？
> A：はい，人間の生命の価値には，変わりはありません。

　ここでの違いは，この哲学者が，盗みという行為をハインツと関係者間の事前の合意次第とはしなかったことである。むしろ，コールバーグはそれが「無条件で道徳的に"すべきこと"」で，「道徳的な行為者の役割を果たす合理的存在」はだれでもそれをすることを義務として受け入れると見る。

　より適切な道徳判断理由づけとしてのこの立場について議論することは，可逆性と普遍化可能性という哲学的概念に基づいているので，複雑である。私たちがその議論を要約するよりは，コールバーグの著作からの抜粋を引用するので，興味をもった読者はコールバーグ自身の議論を探求してほしい。

> カント以来の形式主義者は，合理的な道徳判断は可逆的で，矛盾がなく，普遍化可能でなければならない，そしてこのことがその判断の規範性を意味すると論じてきた。また，第6段階でなされる本質的な道徳判断のみがこれらの条件を十分に満たすことと，より高次の段階は低次の段階よりもこれらの条件を満たすことを主張する。これらの条件を十分に満たすことで，第6段階の道徳構造は究極的に均衡化されている。……普遍化可能性と

矛盾のなさは，行為の規定の可逆性によって完全に達成される。道徳判断の可逆性は，究極的には道徳的決定の公平さの基準を意味するものである。手続き上では偏っていないという公平は，その正義の決定者がするように，すべての利害関係者が自分の主張を偏りのない立場で考慮できるという限り，その人たちすべてが同意できる決定という感覚における可逆性を意味する。可逆的な解決とは，他者の立場にたつためのそれぞれの意図をわかった上で，その状況にいるどの人の視点から見ても正しいとされるものである。

　第6段階では，可逆性は，黄金律（Golden Rule）の役割取得という二次概念（second-order conception）によって達成される。ハインツのジレンマでは，薬剤師が妻の立場にたてて，かつ同じ主張をするのかどうか，妻が薬剤師の立場にたてて，かつ同じ主張をするのかどうか，を想像しなければならない。直観的には，妻にはできるが，薬剤師にはできないと思われる。結果として，ハインツは，妻の主張に基づいて行動するのが公平である。可逆的な道徳的決定がなされる過程を「理想的役割取得（ideal role-taking）」とよぶことにする。第6段階の道徳判断は，他のすべての行為者の主張は黄金律に従っておりそれに応じて協調されているという仮定のもとで，各行為者の主張の役割取得に基づいている。これが，第6段階の可逆性を黄金律の二次的適用とよぶことで意味していることである。このような理想的役割取得に基づく決定にかかわっている行為者のステップは，以下のとおりである。

1．その状況のそれぞれの立場（自分のものも含め）にいる自分を想像することと，そこでできるすべての主張（あるいは，自身がその立場でできる主張）を考慮する。
2．それから，その状況のどの人の立場にいるのかをその個人が知らないと想像すること，そして，それでもその主張を維持するかどうかを尋ねる。
3．それから，その状況のなかでの可逆的な主張のとおりに行動する[*26]。

　コールバーグは，道徳性の第6段階の概念まで自然に発達した被験者を（哲学者以外には）探しだしてはいない。けれども，その段階が道徳判断の理想的な形式を表わすと信じて，成熟した大人のなかにそのような発達をした人がいることを見つける希望を諦めてはいなかった。子どものころや青年期の道徳判断の発達については多くが知られているが，大人の道徳発達の研究はまだ初期段階である。最高段階についてのコールバーグの概念を支持あるいは修正するために必要なデータを得るには，40歳以降の道徳発達の道筋を探索することが最もたしかな方法であろう。

8節　要約

　本章では，ピアジェの認知発達の研究と関連させて，道徳判断についてのコールバーグの考えを紹介し，道徳判断の6つの段階の詳細を提示した。

　私たちの教育経験からすると，その段階の記述に含まれたすべての情報を，初めて読んだときに理解して納得できることは，まず期待できない。それを理解するためには，繰り返し読むのもいいが，本章の初めの方に載せた2つのジレンマ（51頁〜53頁）を用いて，数人の子どもと大人に面接をしてみるとよい。人々が道徳判断理由づけを用いるのを聴いて検討するという経験をすることで，これらの段階について実感がわくだろう。段階についての議論がわかるようになれば，道徳的課題に関しての議論を聴きやすく，また，その議論に加わりやすくなると思う。そして，より効果的に道徳を教えるために，今度はそれが重要な一歩となるのである。

第4章 道徳性発達と道徳教育に関するコールバーグ理論

　コールバーグ研究の中核は道徳判断に関する6段階説であるが，道徳性発達と道徳教育に関する彼の理論には，私たちが考えなければならない多くのことがらがある。本章では，道徳性発達について専攻の学生からあげられたいくつかの質問を見ていくことで，彼のおもな理論的主張を検討する。

　理論に関するディスカッションは，専門的で複雑である。むだな混乱を避けるために，私たちはできるだけ専門的なことばを使わず，簡単なことばで質問に答えようと思う。コールバーグの論拠を明らかにしたい読者は，原典を参照してほしい。

> ▶質問1
> コールバーグは，どうして1つの段階の連続でもってすべての人々の道徳判断理由づけを正確に記述できると主張できるのだろうか？　価値観は個人によっても，社会によっても異なることを彼は知らないのだろうか？

　コールバーグは，文化的相対性についてたしかに気がついている。彼は異なる社会には異なる価値観があり，自分たちの社会の価値観に従って子どもたちを社会化させることも知っている。しかし，彼は，哲学と心理学を背景に道徳判断には1つの段階の連続が存在すると主張し続けている[*1]。

　コールバーグは自分の論拠を次の質問から始めている。社会によって異なる道徳的価値観の本当の違いとは何であるのか？　生命の価値と罪のない人の命を奪うことを禁止することを例にとると，文化差がいかに多いかが明らかである。私

たちは，ある社会で人間を生けにえとしたり，父親を殺したり，あるいは幼児を殺したりすることがあり，これらすべては西洋社会では殺人として法にふれるものである。私たち自身の社会のなかでは，中絶と安楽死についてのディスカッションが，生命の価値における道徳的な意見の深刻な違いを反映している。

このように明らかな文化差があるにもかかわらず，コールバーグは生命の価値の認識があり，生命保護に共通した関心があると論じている。遊牧民が新しいキャンプ地へと出発するときに，死の迫った弱い人たち数人を置き去りにしたとしても，それは彼らが生命の価値に無関心だからではない。これはまったくの反対である。彼らは，種族のすべての人の命が危険にさらされるかもしれないと考え，だからこそ，何人かを置き去りにしていくことを決心したのである。同じような選択に直面したとき，多くの西洋人も多数の人を救うために少数の人を犠牲にするであろう。彼らは，犠牲となる人を選ぶ基準で一致がみられないかもしれないが，そのような不一致は生命といった基本的価値への共通する固執（common adherence）が前提にあるからであろう。

生命の価値は，コールバーグがすべての人間社会に共通すると信じている10の基本的な道徳的価値のうちの1つである。

10の普遍的な道徳的価値

①法律と規則

②良心

③愛情における個人の役割

④権威

⑤市民権

⑥交換における契約，信頼および正義

⑦罰

⑧生命

⑨所有権

⑩真理

コールバーグが普遍的として選んだ価値のなかで，特定の価値に賛成できないものもあるかもしれないが，これらの価値に関連した実践は社会が違い根本的に変わってくるとしても，いくつかの価値や道徳的な設定が普遍的に共通している

ことは否定できないと思われる。

　普遍的と認められる道徳的価値が基本的な仮説で存在するということを受け入れたとして，どのようにして普遍的な道徳段階の連続性を実証するのだろうか？この点についてのコールバーグの説明は複雑である。[*2] 彼は，これらの普遍的な価値を直接子どもたちに教えることができないと考えている。むしろ，基本的な価値は，例えば家族や法体系，経済などの社会共通の制度に内在されている。すべての社会は，家族という単位をもっており，愛情についての個々の役割を内包している。また，公平な交換の規則が成り立つ経済体制をもち，法律の価値を支持する裁判制度をもっている。どのような社会の子どもたちもこれらの制度のなかで生活し，それらを取り入れるよう教えられる。しかし，子どもたちはこれらの価値を内在している制度を取り入れる以前から，これらの基本的な価値を学習しているのである。例えば，子どもは法律と規則の価値について学ぶために法廷に行く必要はない。公平な交換の価値を知るためにスーパーで買い物をする必要はないのである。これらの価値に関する初期経験は，家族のなかや遊びのなかにある。価値は，大人や仲間との相互作用をとおした子どもの経験のなかから生まれ，うまく社会的な相互作用をするための方法として機能する。

　この最後の部分は，コールバーグの立場を理解する上で非常に重要である。子どもたちに教えることができる基本的な道徳的価値を考えると，子どもたちがそれぞれの社会のなかで学ぶその文化特有の行動ルールに焦点を当てざるを得ない。価値概念は社会的行動を調整する働きがあり，子どもたちが他者とうまい関係をもつことが道徳的概念を発達させると考えることができるならば，どうすれば価値概念の発達が普遍的に共通する経験となるかを理解できるであろう。

　私たちの社会の子どもたちは野球をする。ヨーロッパやラテンアメリカの子どもたちはサッカーをする。ほかの社会の子どもたちはほかの組織化されたゲームをするであろう。どのようなゲームをするにしても，ゲームをするということは，子どもたちは特定のルールを認め，それらに従わなければならない。同様に，私たちの社会の子どもたちは，野球カードを交換する。スイスの子どもたちはマーブルを交換する。ほかの子どもたちは，ほかの価値のあるものを交換するであろう。どのようなものを交換するにしても，交換が友好的に行なわれるならば，子どもたちは公平な交換の概念を発達させ，それに従うようになる。これらのどの場面においても，子どもたちは関係する概念に従って活動し，行動を調整するこ

とによって道徳的概念を発達させている。

　道徳判断の段階は，葛藤状況にいる他者とどのように関係をもつべきかを決める一定のやり方を示している。社会が子どもたちに道路の渡り方や，池での泳ぎ方を教える場合には，子どもたちがしてもいいことと，しなければならないことを区別しているならば，子どもたちは義務としての規則の概念を発達させるだろう。子どもたちに共通する認知的制限（詳細はピアジェの研究）や限られた社会的経験（役割取得や社会的制度への参加を含む）を考慮して，コールバーグは，子どもたちが道徳的葛藤を解決するために利用できる判断の形式が制限されていると仮定している。6～7歳の子どもは，絶対的なルール，つまりルールを破ることによる避けられない罰の概念を発達させる。およそ10歳ごろまでに子どもは互恵的な方法や公平な交換の概念を発達させる。これらに共通する判断の方法は，道徳判断の最初の第2段階まで普遍的に見られるものである。子どもたちが社会的制度のなかでより多くの経験を獲得し，コミュニティのなかで役割を果たすようになるにつれて，道徳判断について慣習的な段階を特徴づける判断のやり方を発達させていく。

▶質問2
ある人がほかの人よりも"より高い"段階へ発達するということによって，コールバーグは，彼らがほかの人よりも立派であると主張したいのではないか？　これはエリート主義理論ではないか？

　なぜ，コールバーグが"より高い"，そして"よりよい"段階の連続のあとにさらに発達する段階を考えているかを理解するためには，道徳性の定義にもどらなければならない。「"道徳"ということばは道徳判断に基づいた決定を言及したものである[*3]」。

　コールバーグは，道徳性を個人の道徳判断によって定義づけたのであるが，これ以外にも2つの定義が考えられる。1つは，"道徳"とは道徳的に行動することである。つまり自分の社会の規範や法律を厳守するという定義である。この定義の問題点は，ある状況下での行動が道徳的といわれても，別の道徳的でない状況下では行動がなぜ道徳的でないかを適切に説明できないことである。2つのわ

かりやすい例をあげてみよう。ある国では人が真実を話すことはうそをつくことよりも"道徳的"であり，裏切りよりも"よい"ことだと賞賛される。しかし，警察官が人を追いかけているのを見たからといっても，傍観者には，どこにその逃走者が隠れたかを警察に話す道徳的な義務はない。つまり，傍観者はうそをつくように道徳的に義務づけられているといってもよいし，少なくとも話さないといってもよい。同様に，正義の戦争でないと考える人がいる国で，政府がそのような非難を国賊だと考えたとしても，その人が戦争のために働くことを断ることは必ずしも悪いことではない。

　これらの例は，行動それ自体が道徳的か不道徳的かということを意味しているのでない。道徳的な要素は，なぜその人がそのように行動するようになったかを，人が説明しようとするときに現われる。つまり与えられた状況で，その人自身の何がその人の行動を正当化しているかである。すべての正当化が等しく妥当であるとはいえない。まったく正反対もあるといってもいい。ある正当化，あるいは道徳判断は他のものよりも適切であるかもしれない。このように道徳判断のある段階は他の段階よりも"よりよい"ものである。

　"より高い"あるいは"よりよい"道徳判断は，より"適切"であることを言及している。私たちの最初の例にしたがうと，無罪の人の命を救うためにうそをつく（であろう）人は，友だちがただで映画館に入る助けのためにうそをつく（であろう）人よりも，直感的にみてより"適切で"正当化できるだろう。というのは，無罪の人の命を救うことは真実をいうより優先されるべきであるが，友だちが映画の入場券代を蓄える助けが真実を話すことより優先するかは明らかではないからである。

　私たちは，"生命"が"真実"より優先されることを言及する場合に，価値葛藤している価値のうちどの価値を優先するかを決める道徳判断で働く認知的操作に関する初期の定義へもどることになる。そのような価値葛藤（モラルジレンマ）の道徳判断はだれがどう行動しようか迷っているときや，2人（行為者自身も含む）以上の人の興味が葛藤し合い，だれの主張を重んじるかを決めなければならないときに通常起こることである。ある道徳判断がより"適切"であるということによって，コールバーグは①いくつかの価値は他の価値よりも優先されるべきであり，②道徳的な葛藤状況における権利や主張を比較判断する方法のあるものは，ほかのものよりも優れていると主張している。[*4]

コールバーグの①の主張を明らかにするために，読者はどの価値（P.78のリスト参照）が生命を救うことよりも優先されるのか自問すべきである。財産が優先されるべきか？　だれかの命を救うために自分の財産を犠牲にすべきか？　愛情の役割を優先させるべきか？　生命を救うためにある人との親密な関係を犠牲にすべきか？　法律を優先させるべきか？　生命を救うために法律を破るべきか？　良心が優先されるべきか？　生命を救うために，良心の一部を犠牲にする（信頼を破り，暴力的になり，聖なるものを汚す）べきか？　契約が優先されるべきか？　お互いに責任のある絶対的な契約をしていない人の命を救うべきか？　コールバーグは，人の道徳判断がより適切に成長するほど，生命の価値をほかの価値と区別することができ，それが他のものよりも優先されるべきということを理解できると主張している。また，そのような人は，人の命を救うことはやるべきことであって，自分がそれを好むかどうか，あるいは他の人々が同じことをするかどうかは関係がないとみている。

②の主張は，道徳的葛藤（モラルジレンマ）においてその人がとる社会的視点に関係する。葛藤状況において，だれの関心が考慮され，何が正当な道徳的主張と考えられるのか？　さきの章で見てきたが，前慣習的水準の理論づけをする人はその状況に関与している個人の具体的な関心のみを考慮するが，慣習的水準にある人は集団や社会の関心，そこでの個人の気持ちや期待をも考慮する。より道徳的な問題，葛藤，あるいはより安定し，首尾一貫した方法におけるさまざまな視点を扱うため，慣習的水準の道徳の理論づけは，前慣習的なものよりもより適切である。ハインツのジレンマでは，例えば，第2段階の人は妻の気持ちや期待，あるいはハインツの夫としての義務について考えることさえないが，第3段階の人は，これらのこと（あるいは，似たようなこと）に焦点を当てる。だから，より高い段階では，低い段階の定義では関係のなかったジレンマの側面を扱うことができる。

同様に，原理的水準での道徳判断理由づけは，慣習的な理由づけよりも，より首尾一貫した方法で，多くの視点を扱うことができる。コールバーグは，道徳原理を「選択についての普遍的な方法……それはすべての人々がすべての（同じような）状況において採用するものである[*5]」としている。それは，いくつかの点においてより適切である。第一に，道徳原理は行動の規則であるよりも行動に対する指標であり，それは非常に柔軟なものである。例えば，中絶の例にもどって

みよう。慣習的な視点から，中絶は，その人の行動のしかたを決定する法律や信念のシステムを変える多くの道徳的問題のなかの1つであるといえる。例えば，ある人の信仰のシステムが多くの場合の中絶を禁止するなら，その人は，そのルールに従わなければならない。ある人の政治的あるいはフェミニスト的なシステムが，中絶を支持するなら，その人は中絶が許されると考える。しかし，道徳原理が中絶を規定したり，禁止したりはしない。むしろ，原理的アプローチは関係する人々（母親と胎児）の関心や権利に目を向け，この状況においてだれの主張が優先されるべきかを尋ねるのである。女性が決定を下すことを認める生命の質（quality-of-life）についての私たちの理解は一致しているのか，あるいは，私たちがその決定をまったくの女性の個人的な関心とみるならば，肉体的な生命に対する胎児の権利を無視したことになるだろうか？ 1つの正しい答えがあるわけではない。それぞれの場合において，関係した人々はそれぞれの特定の状況との関係のなかで問題を重みづけるであろう。[*6]

　第二に，原理的アプローチは，特定の社会や宗教の一員としての視点というよりむしろ，人間としての視点から葛藤を考えるためにより適切である。その人自身の社会の視点から見て，自分の国に忠誠を示すべきということは理にかなっているかもしれない。しかし，慣習的なアメリカ人は自分の国へ忠誠を示すため旧ソビエト連邦の体制を非難する，それによってその（自己が定義する）道徳秩序の崩れを抑えることができるだろうか。そうはいかないが，旧ソビエト連邦の体制を非難する反応はこの国のなかにおいてよく見られるのである。しかし，どうすれば自分の国に対して忠誠という規則を一貫して維持し，同時に他国に対して不忠誠を助長することができるのであろうか？　第一に人権の保護に対する忠誠の原理を堅持し，第二に人権を保護する限り自分の国への忠誠を維持するならば，それができるだろう。そうなれば自分の国の行動に抵抗するときや，支持するときに決定を下さなければならないすべての国の人々にとって一貫性のある普遍的な基準にそって，答えることができる。

　コールバーグは，原理的な道徳性が慣習的な道徳性よりも"よい"あるいは"より適切"であると主張しているが，それは道徳性に関する特定の哲学的な考えに基づいている。コールバーグは，哲学における形式主義者の伝統に従って主張して道徳的な言語が特殊であり，自らの力で理解されなければならない。より適切な道徳判断は，"よりよい"ものではない。というのは，それらは科学的な

意味においてより真実であり,あるいは実践的な意味においてより効果があるからである。むしろ,道徳的な言語それ自体の範囲において分化や普遍性といった形式的基準は,ほかの基準に比べて多少とも適切であるとみなされる道徳判断である。

　コールバーグは,道徳性についての特定の哲学的な定義に従うことによって,哲学を心理学に結びつけている。彼は,道徳判断の最も高い段階は,その哲学的基準によって,"真の道徳"とみなされることを記述してきた。その定義により,彼は,子ども時代に現われ,最も高い段階に達するまでの道徳判断の発達をとおして論理的な段階を描くことができるようになった。透明性を達するために,コールバーグは2つの重要な限界を受け入れなければならなかった。1つ目は,最も高い段階についての定義があまりにも狭いという他の哲学者による批判である。原理的な道徳性についてコールバーグが記述するよりも,おそらく多くの見解が存在するのかもしれない。[*7] 2つ目は,道徳性発達の認知-判断の側面に焦点を当てることによって,彼は道徳性の感情的,行動的側面について正義を適用できなかったことである。道徳判断は道徳性発達の必要な構成要素であるかもしれないが,それは全体を指し示すわけではないのである。

　この最後の区別によって,私たちはすぐに質問に答えることができる。私たちは,ある人が"より適切な道徳判断"をもっていることと,"より道徳的な人"であることを区別しなければならない。この理論は,どのように人々の判断が発達するのかを説明し,そしてその人の判断がより適切であるほど,その人が解決の難しい道徳的葛藤状況で道徳的にふるまう可能性をより多く秘めていることを示している。それにもかかわらず,どの程度原理的な道徳的な力が人々の原理へ作用するのかという未解決な経験上の問題が残っている。たとえそれらが原理にかなった行動をとることが証明されたとしても（例えば,実験状況のなかで）,何らかの低い段階の人にとって社会的により"よく"完成していることを必ずしも意味していない。ある人は原理的であるかもしれないし,自分の行動を生活の比較的狭い範囲にいっそう制限しているのかもしれない。人は正しいことが何で,決心が何であるかを理解している。しかしどのように,いつ,自分の行動が道徳的に関心をもっている人々の最も助けになるかを証明されるかを正しく判断することができないことによって自分の効果を制限しているのかもしれない。何がよいかを知っていることと,行なうことの関係は複雑である。この理論は道徳判断

理由づけの構造の適切さについて述べており，"より道徳的である"とか"より道徳的でない"存在として人を分けるものではない。

これらの経験的な質問から離れて，コールバーグは他の意味において道徳性-段階理論をだれがよりよい人であるかという価値判断にまで広げることは不適切であると論じている。

　　　コールバーグは述べる。第6段階はそれより低い段階に比べて，より道徳的な思考方法であるという私たちの主張は，より道徳的であるとか道徳的でないとか個人を評価することができる，あるいは評価すべきであるという主張ではない。道徳的な視点からみると，すべての人の道徳的働きとは，結局のところ同じである。等しいのである……第6段階ではより道徳的な考え方をするという主張は，第6段階の個人がより道徳的にみて価値を有することを示しているのではない。*8

このように，この理論をよく理解するほど，その中心にある矛盾した言説（paradox）に直面することになる。最もエリートな道徳的立場——すなわち，第6段階であり，どんな社会の人でもめったに到達できない——はすべての人の人間性を完全に評価できる立場であり，したがって"よりよい"とか"より悪い"と人を格づけするシステムを制限する方法をより理解している。段階理論は"エリート主義の人"を道徳的立場において"エリートである"と評価する。しかし本当は，ある集団をほかの集団よりも価値ありとするときエリート主義とはなり得ない。というのは，社会的なエリート主義は，正義についての第6段階の考え方にそわないからである。

> ▶ **質問3**
> この理論が，個別に人をほかと比べて道徳的に"よい"とか"悪い"と判断していることを認めないといっても，ある文化をほかと比較してよいとか悪いと暗黙のうちに判断しているのではないか？　それは——とくに，高い段階の記述において——西洋的な理由づけのしかたを好み，西洋的でない価値を判断することに必然的につながらないのではないか？*9

コールバーグの第1段階から第3段階は，全世界に共通する道徳発達の順序を

表わす点について，それほど矛盾がないであろう。しかしながら，第4段階から第6段階についても世界に共通するとの主張には，大きな矛盾がある。これは，原理的な段階の道徳判断にとくに当てはまり，すべての文化に見られるわけではない。これは，西洋の民主主義社会の道徳的-政治的伝統から直接引き出された研究を受けたものである。

コールバーグはこれらの発達段階の普遍性について詳細に説明することに積極的ではなかったが，彼が示した以下の点が仮説を構成するものと思われる。①どの文化の個人であっても道徳的課題の理由づけは，これらの段階をとおして一定の順序で前進的に発達するだろう，②しかし，発達の速度と最後の到達点は1つの社会のなかでも異なるし，いくつかの社会の間でも異なるであろう，③このような変化は，役割取得の機会を反映しており，それは社会がその構成員のためにとくに用意したものである。さまざまな文化は，それぞれに構成員を抱えているので，社会制度の範囲と多様性に格差がみられる。このため，コールバーグは高次の段階がすべての人の間に広がっているとは期待していないだろう。しかし，彼は，個人が現代の国家の社会的制度に参加する機会をもっている文化であれば，これらの段階は存在すると考えている。

幸運にも，ここ数年で道徳発達における比較（交差）文化的（cross-cultural）研究が増えさまざまなデータ利用ができるようになった。そこで私たちは，この発達段階の普遍性に関するコールバーグの主張について知識をもって判断できるのである。この点に関して最も役に立つ研究は，キャロリン・エドワード（Carolyn Edwards[*10]）とジョン・スナレイ（John Snarey[*11]）による2つの文献レビューである。スナレイは22の文化圏からの研究を注意深く再検討し，次のような結論をだした。

①アラスカのエスキモー人からケニアのキグマ人まで，横断的なデータをはじめ，縦断的データは道徳判断が一定の順序で段階的に上昇して普遍的に発達するという主張を支持している。
②第1段階から第3段階は22のすべての文化で見られ，第4段階も面接した成人の属するほとんどすべての文化で数は少ないが成人の指導者の間で見られた。第5段階の反応はめったにないが，トルコ，インド，イラン，ナイジェリア，およびタイなどのさまざまな文化で見られた。

③研究したすべての文化において，社会階級における身分の違い，都市の多文化的な生活とのかかわり方，形式的な学校教育などが，第4段階と第5段階に到達する個人の可能性に影響する。

　スナレイは，これらの研究が異なる得点化の方法，異なるジレンマや面接手続きを用いて分析されたデータに基づいていると警告している。それゆえ，このような比較研究は信頼できるものではない。ただし，最も新しい得点化の方法を用いた研究は，私たちが述べてきた結果に確証を与えてくれている。

　エドワードはスナレイと同様に多くのデータを調べているが，彼女はそれを意味していることについて相対論的に解釈しようとしている。ケニアでの彼女の研究に基づくと，伝統的な村の生活を続けている者と，地方の政府が管轄している高校，あるいはナイロビの大学で教育を受けた者とを比較しているが，理論から予測されるように，現代の社会制度に多くふれているほど，高い発達段階の道徳判断となる可能性が増すことを見いだした。まず，伝統的な村民は，第3段階よりも高い理由づけをする者はいなかった。次に，高校教育を受けた者については，第4段階の理由づけをする者がおり，さらに，大学教育を受けた者では，第4段階と第5段階が混在していた。さらに，エドワードは伝統的な社会は現代の複雑な社会に比べて能力的には劣るというふうにいえるのか？　と尋ねている。おそらくそれぞれの文化的背景のなかで，人はそこで起こる道徳的葛藤を最もうまく処理する道徳判断理由づけの形式を発達させるのだろう。複雑な現代の社会状況のなかで，ハインツと似た立場の人が，なすべきことについては第3段階の反応が第5段階の反応と比べても適切でないという主張は意味をなすが，村での生活が顔と顔を付き合わせた交流にあるケニア村人の第3段階の反応と，ナイロビやニューヨークのエンジニアの第5段階の反応を比較するのは意味をなさない。反応はそれぞれ異なる社会の現実を扱っており，それぞれがその状況のために最も適切な反応となっているかもしれない。比較文化的な比較は難しいのである。人は道徳発達の普遍的な連続性について仮説を肯定する一方で，判断の相対的な適切性の単純な比較文化的な比較から実証するのが難しいと考えている。

> ▶質問 4
> コールバーグは方法論的な根拠について,多くの批判を受けているのではないか？ 今日,この理論はどれくらい完成されたものなのか？ どの程度,実際に証明されているのか？

　コールバーグは,たしかに方法論的,概念的根拠について批判を受けている[*12]。長く継続して道徳判断の発達研究を行ない,かかわった継続的な発達研究の完成を見るまでは,理論の長所や短所を判断できないというのが彼の主張である。批評家は,理由をあげて,コールバーグが自身の研究結果を仮の試みのように書いており,よくわかるデータや分析方法を示していないと主張している。研究データを分析する方法が変わってきており,報告された結果が示すように,研究を行なう方法に無計画さが見えることによって混乱を生み出している。しかし,この理論は現在も生き続けており,長い間の遅れがあったが,コールバーグの道徳判断の発達に関する20年の縦断的研究の最終報告が完成した[*13]。

　縦断的研究の話はそれ自体が興味深い。道徳判断の6つの水準についてコールバーグの最初の記述は,10歳から16歳までの84人のアメリカ人の男子に関する横断的なデータをもとに書かれている。しかし,横断的なデータは発達段階のシステムを確立するのに適切ではない。個人の道徳判断理由づけが,理論によって描かれた順序に従ってある段階から次の段階へと発達するかどうかという重大な疑問は,サンプルとした個人の理由づけを数年にわたって集めた縦断的なデータによってのみ答えられるものである。縦断的な研究を始めたコールバーグは,そのために4年ごとに最初の研究に参加した男子を追跡調査した。通常ではありえない熱心さと執着のなかで,コールバーグと彼の同僚たちは1956年から1976年まで研究を続け,被験者に6回の面接を行なった。すべての被験者がかかわったわけではなかったが,1976年まで53人の被験者がかかわり,3回から6回の面接を受けた。それぞれの面接は9つの道徳的ジレンマが用いられ,個別に行ない,テープに録音され転記された。

　初期のサンプルは,その都度選ばれた。サンプル数を抑えるために,男子のみが選ばれた。10歳,13歳,16歳生徒が,青年期初期(児童後期には発達の終わりとなるピアジェの提案に反対して)以降も道徳判断は規則的に発達するのかどうかを検討するために選ばれた。社会経済性(socioeconomic)やソシオメトリッ

クの地位（socioeconomic status）——その子どもが仲間の集団の中で，どれくらい人気があるのか，また孤立しているのか——といった変数は，社会活動や仲間集団の両水準で役割取得の機会が多い子どもたちは，道徳判断のそれらの水準においても発達しているであろうという認知-発達仮説を検討するために取り入れられた。

　モラルジレンマに対する被験者の反応を分析し，得点化するために，初期に考案された第一のシステムは，道徳判断の各段階についてのコールバーグの初期の考えに基づいている。振り返ってみると，このシステムは文章完成評定法（Sentence and Global Scoring）とよばれ，回答者の道徳判断の内容についておもに焦点をあてたものと考えられる。例えば，人間関係（affiliation）という課題で，人間関係に集中した反応をしたら，それらは第3段階と得点化される。反応がいくつかの課題にまたがれば，それらはそれぞれの段階の得点を受け取ることになる。このシステムは被験者のそれぞれの反応パターンを適切に区別するのに役立つが，コールバーグの理論的仮説と矛盾する特殊な例の得点化をもたらす。最もよく見られる矛盾は，コールバーグとクレイマー（Kramer）によって報告された，若い大学生の退行（regression）の例である。彼らは，縦断的研究の被験者が大学生に達したとき，彼らの道徳判断の得点が高校生の第4段階から第2段階に落ち込んでいるのを見いだした。卒業後には，彼らの得点は第4段階あるいは第5段階の水準へもどっている。このような段階の飛び越し（stageskip）は，理論ではほとんど予測できることではなく，コールバーグは，この現象を説明するために，精神分析理論の「退行は自我（ego）によるもの」という概念を借りたのであるが，この得点化システムを道徳判断の構造と内容を区別できるように改訂する必要があると考えた。[14]

　1971年に開発された構造的課題評定法（Structural Issue Scoring）とよばれる第二システムは，被験者がジレンマを解決する理由づけの構造をより強調している。2人の回答者は同じ道徳的関心——あるいは内容——をもってジレンマに関係するが，それぞれ用いる社会-道徳的視点が，このシステムでは2つの異なる発達段階の理由づけと見られることである。例えば，それぞれの判断が，ハインツは罰せられるべきではない。なぜなら人の命を救うことは盗みに対して法律を守らせることよりも優先されるべきだからである。しかし，"優先する"ことについて1人の視点は，法律が人間の感情のために簡単に力をなくしてしまう。も

う1人の視点は，法律自体がそれぞれの状況や目的を考慮するもので，同じ窃盗という行為であっても同じように扱わない。前者は第3段階と得点化され，後者は第4段階と得点化される。なぜなら，両方とも社会の一員としての視点であるが，後者では法律のシステムがどのように機能するかについて理解しており，第4段階の道徳判断理由づけについての視点のシステムと一致しているからである。[*15]

構造的な得点化の導入のおもな効果は正式な測度をすることであり，ゆえに被験者がより高いステージに達しているといえるように，基準を強めることである。これは，とくに青年期後期における退行という問題を助けることになる。というのは，最初の得点化システムが脱慣習的と得点化した多くの大げさな反応は，構造的にいえば，概念的に練られた第3段階や第4段階の反応と見なされるからである。脱慣習的な理由づけをする何人かの青年に，退行の事例がいくつか見られた。構造的な得点化を統合する上でのおもな問題は，得点化を行なう者の間での信頼性である。面接を受ける人が道徳課題に一般的な社会-道徳視点を集中させているという見解をはっきりさせることは，面接において特定の反応をどう得点化し重みづけるかについての主観的な判断に依然として大きな余地を残している。2人の評価者が同じ視点で見た結果であっても，最終段階の得点にはかなりの違いが見られる。段階の3分の1以内の一致が発達をたどる上で重要であるため，より客観的で信頼性のあるシステムにしていく必要があるだろう。

標準道徳的評定検査（Standard Issue Scoring）とよばれる第三のシステムは，1970年代後半にコールバーグと，アン・コルビー（Anne Colby）やジョン・ギッブス（John Gibbs）などを含む得点化の専門家チームによって開発された。彼らは，構造的アプローチを推進し続けていたが，モラルジレンマに対する反応を得点化するために，基準判断とよばれる分析の単位をより明確に，そして区別できるようにした。その結果が，各発達の段階を典型的に考案したそれぞれのジレンマにおいて関連する道徳問題のそれぞれがどのようなものかについての詳細な地図を，得点化を行なう者に与える長い得点化マニュアルであった。より多くなった得点化の過程が標準化した形式のなかで詳しく説明され，得点化のための具体的な事例と基準の両方がそれぞれの場合で与えられ，2人の得点化を行なう者が高い評定者間信頼性（interrater reliability）に達する確率が非常に高まったのである。

得点化のシステムにおけるそれぞれの発展が，縦断的研究の完成の一区切りとなってきた。第一のシステムは，この研究が始められるような段階の記述を生みだした。しかし，内容に焦点を当てたそのシステムは，とくに尺度の高い段階においてそうであるように，段階を得点化するときの変化の程度を誇張する傾向にあった。つまり，異なった段階の反応や変化した段階の反応の増加が段階をとおして上昇する動きは不変とする仮説を危機にさらしたとき，構造的な得点化システムの導入が段階から段階へと移動するための基準を確立させ，与えられたすべての年齢水準における段階の幅広い広がりを見いだす傾向を減少させたのである。つまりシステムの不正確な得点化の規則が信頼性の問題を生じさせ，事例どうしの正確な比較を行なうことが難しくなったとき，標準評定システム（Standard Scoring System）は研究者が縦断的研究全体に信頼のある分析を行なうことを可能にさせ，コールバーグの研究の妥当性が得点化における信頼性に関して深刻な問題を含んでいると主張する批判家たちに回答を与えたのである。標準的得点化（Standard Scoring）は得点化の過程を十分に明確にしているので，訓練された研究者ならだれでも道徳判断の面接時に信頼ある得点化を学ぶことができる。その完成によって，研究者は縦断的データを十分に高い信頼性をもって分析を行なうことができるようになり，私たちは20年間の研究成果をその結果の妥当性において自信をもって見られるようになった。

　縦断的研究の結果は費やしてきた努力を正しいものと証明した。一方で，それらは，不変の段階の連続と構造化した全体性に関するコールバーグの最も基本的な２つの仮説の確証を明らかにした。他方では，それらは児童期から成人期までの道徳判断がどのように発達するのかについての私たちの理解を修正させるものである。それでは，この研究の５つの主要な結果について見ていこう。

1. 発達段階の不変的な順序（Invariant stage sequence）
　コールバーグ理論におけるピアジェ学派の見方の本質とは，個人の道徳判断理由づけが順序送りに一歩一歩向上するのにともなって，道徳判断は発達段階に沿って発達するという仮説である。発達の速度はさまざまであるが，段階を飛び越したり，高い段階から低い段階にもどることはない。

　初期の得点化システムを用いたコールバーグと研究協力者は，道徳判断の発達において退行現象を数事例（逆行すること）見いだし，この仮説に対して疑いを

もった。[*16] 縦断的研究のなかでこの点を検証するために，被験者すべてのそれぞれの時点での道徳判断の得点を調べたところ，8％がこのような逆行を示した（3分の1の段階下降）。その8％は，再検査（ほかの被験者を用いて6週間以内の間隔をおいて同じ道徳判断検査行なった）で，進行した場合の2倍見いだされたために，十分測定誤差としてみなされるものである。6週間以内では個人の道徳判断の水準は本質的に変化しないと仮定するなら，再テストにおける変化は不正確な道具によることや，同様の不正確さがこの種の発達研究における退行現象の低い出現率を説明していると推測することができる。

発達において，被験者が段階を飛び越す例はないのである。すべての前進的な動きは安定し，順序があって，たとえ面接の期間が4年の間隔があっても，事例の3％だけが最も高い発達段階への上昇変化を示す。それ以外の上昇変化のすべての事例は，その動きがゆっくりとし，緩やかである。すべての事例において，1段階ずつ進むのである。このような不変の順序という概念は強い支持を受けている。

2．内的一貫性（Internal consistency）

段階が構造化した全体であるという概念に欠かせないものは，個人の理由づけが内的一貫性をもつという仮説である。面接の所与の時点で人が理由づけを構造化するのに少しは隣接する発達段階のものもあるが，反応のなかで明白なのは1つの優勢する発達段階を使用するということである。初期の研究がさまざまな結果を見いだしてきたので，道徳判断検査で理由づけが，多数の段階にまたがったり，隣接する発達段階のものがないという仮説にも疑いをもたれるようになった。

縦断的研究において，非常に高い内的一貫性が明らかになった。面接時のそれぞれの被験者の理由づけを調べることによって，研究者たちは平均となる道徳判断理由づけは67％であることを見いだした。つまり，9つのジレンマ課題に対する反応の3分の2が1つの優勢な構造をもつ理由づけを使用していた。反応の98％は，2つの隣接する発達段階の理由づけが使用され，3つ以上の隣接した段階で答えていたケースはなかった。いずれにせよ3番目の発達段階の使用の速さが少ないことが測定誤差によるものだというのは，全体的に見て被験者が広い範囲の発達段階で答えた隣接していない発達段階を面接でまったく使用しなかったことから明らかである。このような構造化した全体であるという概念は，強い支持を受けている。

3．年齢傾向 (Age trends)

　これまで行なわれた縦断的研究による多くの研究は，道徳性発達についてかなり明確な年齢を関数とした数値を示しているが，その発達は初期の得点化システムと横断的研究データに基づくもので，縦断的研究は私たちに道徳性発達の年齢傾向を写しだしており，驚きと非常に安定した基礎（サンプルの制限があるが）を私たちに与えてくれている。まず，以下に示す。

1) コールバーグがもし道徳性発達が青年期をとおしてさらに続くことを示したいのならば，その研究は36歳まで続けて終わりとすることになるだろう。多くの被験者は青年期後も段階の順序にそって前進し続け，第4段階と第5段階といった段階は，青年期後まで安定した形で現われないだろう。

2) 発達は段階をとおして単純に進行するのではなく，段階が混ざり合いながら前進するのである。被験者の進歩が，第1/2段階（第1段階と第2段階の混合）から第2/3段階，第3/4段階へと見られるのはめずらしいことではない。混合した段階は，これらの段階間の移行点ではない。例えば，ある被験者は，2，3回テスト（8歳から12歳）を受けても第3/4段階と考えられないことがある。それらは，むしろ道徳性発達の連続のなかで識別できる段階なのである。

次に本研究によって示された標準的な年齢傾向を示す。

- 前青年期（年齢：10～12歳）
  第1/2段階が優勢であり，次に第2段階が3番目に第2/3段階が優勢である。
- 青年期初期（年齢：13～14歳）
  第2/3段階が優勢であり，第1/2段階と第2段階は急激に減少して，第3段階が現われる。
- 青年期中期（年齢：16～18歳）
  第3段階が優勢であり，第1/2段階と第2段階は減少を続け，第2/3段階が急激に減少し，第3/4段階が強く出現する。
- 大学生のころ（年齢：20～22歳）
  第3/4段階が優勢であり，第1/2段階と第2段階はなくなり，第2/3段階は減少し続け，第3段階がわずかに減少して，第4段階が出現する。
- 成人期初期（年齢：24～30歳）
  第3/4段階が優勢を続け，第2/3段階は消え，第3段階が急激に減少し，第4段階が少し見られる。第4/5段階が初めて現われる。

・30代（年齢：32〜36歳）

第4段階が第3/4段階とともに優勢になる。第3段階はなくなり，第4/5段階が，常にある程度見られるようになる。

4．社会階級，知能指数，および教育水準（Social class, IQ, and educational level）

　道徳性発達の速さを説明するものは何かを理解することにおいて，研究者はこれら3つの変数に注意を向け，ソシオメトリー的地位（sociometric status）別に，3つの変数と道徳判断得点との相関を調べた。彼らが見いだしたものは，22歳の被験者の両親の社会経済的地位だけが道徳判断得点と有意な正の相関にあるということであった。その年齢の間で，中流階級の子どもたちは労働階級の子どもたちよりも，早く第3段階と第4段階に達していた。社会経済的地位とは正の相関がなく，知能指数（IQ）とは有意ではないが，低い正の相関が見られた。[*17]しかし，24歳から36歳を見てみると，社会経済的地位は道徳判断と相関がいずれも有意であり，また，知能指数と教育水準もそうだとの報告がある。この年齢で数人が第4段階と第4/5段階に達しており，労働階級の人よりも中流階級の人が早く達していることや大学に通っている人だけが第4段階に達し，大学を卒業した人が第4/5段階に達していることがわかった。実際，教育水準は，道徳判断の段階と非常に高い相関が見られた変数であった。

　理論的な視点から，社会的階級の結果は教育水準の結果よりも予想されやすいが，それにしてもこれらの結果は驚きである。小さい家族の社会経済的水準が，30代大学生の発達の速度にも依然と影響を及ぼしていることは，コールバーグが思い描いていたよりも強い影響力である。しかし，高い段階の道徳判断理由づけが大学教育の一部で向上するスキルの1つであると示されてから，教育水準の影響はより面倒なものになっている。もちろん，本研究では，高い発達段階へ引きだすルートの可能性を排除しているわけではなく，今回のサンプルでは大学教育を受けていない人が36歳までにその段階に達していなかっただけなのである。知能指数との相関が高くなることは，認知能力が，高い発達段階の達成のために大きな役割を果たし始めていることを示している。

5．第6段階が現われない（The disappearance of stage 6）

　本研究では，コールバーグのいう道徳判断の最も高い段階を示さなかった。30代半ばまで発達段階は上昇し続けるが，第5段階を越える道徳的理由づけの徴候

を示す人はだれもいない。それは，第6段階の存在に問題をはさむものである。より高齢の大人では自然に発達するかもしれない。それは，少数の哲学者や道徳指導者のための単なる領域であるのかもしれない。あるいは，コールバーグの想像の産物であるかもしれない。そのために，最上位の発達段階を明らかにする他の研究が必要である。一方では，第5段階が現段階での得点化システムによって認められる機能的に最も高い段階であるとされる。

　水準Ⅲの脱慣習道徳判断は2つの発達的傾性によって，表わすことができる。第4/5段階と真の第5段階である。水準Ⅲの水準に達している被験者のかなり多くの者が第4段階と第5段階の理由づけとして得点化される。第4段階と第5段階の境界は，慣習的道徳判断と脱慣習的道徳判断を区別するものであるが，十分に明らかにされていない。この場合，第4段階は第5段階の理由づけの出現を待って消失するのではなく，道徳問題の解決の第5段階の視点が役立つのと並行して機能し続ける。これは，第5段階がピアジェの段階とは別ものと見られないし，第4段階の道徳判断理由づけをより精巧にしたものとするジョン・ギッブス（John Gibbs）の示唆につながる。[*18] コールバーグは，ギッブスに同意していないが，ギッブスたち研究者による縦断的研究が，第4/5段階水準の移行水準と統合された第5段階の区別をさらに詳細に説明する必要があることを認めている。私たちは，かつて発達の終点と確実に見なされたもの——原理的道徳判断——が，今日縦断的研究によって疑いをかけられ，将来的にわたって研究が必要であると暗にいうことができる。

　縦断的研究がうまく行なわれても，それ自体は理論の妥当性を"証明する"ものではないが，理論の経験的基礎が弱いのでおもな主張を支持できないのではないという，時間をかけて疑いを静めることとなる。しかし，おもな疑いが依然として残っているが，それはとくに縦断的サンプルが限られているためである。新しい得点化システムの完成が，結果を信頼をもって問題に答えるために必要な方法論的手段を研究者に与えてくれる。私たちは，縦断的研究によって得られた知識基盤をさらに発展させることになった。最近行なわれた3つの研究を引用することによって結論とする。

　モーデシャイ・ニッサン（Mordechai Nisan）[*19]とジョン・スナレイ（Jhon Snarey）は，トルコとイスラエルにおける縦断的研究のデータを再分析した。彼らは，アメリカ人のサンプル同様，段階の不変的な順序性と構造化した全体性

の両方が，それらのサンプルにおいて当てはまることを見いだした。ニッサンは，長期にわたる時間を超えた発達の速さ（10歳から25歳）が役割取得の機会の程度によって予想されることを，トルコの都市に住んでいる男性に比べてトルコの村に住んでいる男性が一貫して発達の速度が遅いことから見いだした。村落では20代をとおして，第3段階を越える発達は見られなかったが，都市では何人かが第4段階に1つの事例においては第4／5段階に達していた。スナレイのイスラエルのサンプル（おもにキブツの20歳から24歳）ではトルコ人やアメリカ人に比べて急速な発達を示し，第4段階と第4／5段階に達した人が非常に多かった。これは，男性と女性の両方に当てはまり，興味深いことに，大学に通っていなくても第4／5段階に達した。

　ベッシー・スペイチェアー＝ダービン（Betsy Speicher-Dubin）[20]は，アメリカ人の中流階級について，両親とその子どもたち，10歳から31歳までの道徳判断得点の関係を研究した。予想に反して，彼女は，子どもたちと両親の発達速度に重要な性差を見いだした。なおこのトピックは次節で述べることにする。両親と子どもに関する彼女のおもな結果は，影響が曲線関係にあるということであった。青年期前期では，子どもと両親の道徳判断水準には強い相関があった。その相関は，青年期になると著しく減少し，19歳から31歳にかけて再び上昇する。母親の影響は青年期前期で最も強く，一方，父親の影響は青年期後期で上昇し始め，成人期初期で母親の影響を超えるものである。どうしてそのような結果になったのかは認知的−発達的理論からは容易に理解しがたく，今後研究の興味深いトピックとなるであろう。

> ▶ 質問 5
> 女性の道徳性発達は，男性の道徳性発達と違うのですか？

　方法論的背景に基づいた決定は，研究者が想像したものよりもはるかに広い意味を明らかにすることがある。それは，オリジナルサンプルを男性に限定して結論づけたコールバーグの例に当てはまる。1950年代に男性サンプルに基づいて考察され，1970年代にこの理論が男性と同じように女性についても道徳性発達を正確に記述できるのかどうかという重大な疑問をもつこととなった。

コールバーグは，児童期初期の性差（sex gender）の発達について勢力的に描いているが，[※21]道徳については発達の進行に強く影響する性差の働きを考えていなかった。道徳性発達を生物学的，文化的に区分して考える理論家のように，コールバーグは，道徳性発達の速さの違いを説明するために人と社会的環境の相互作用における社会-心理学的要因に注目した。彼は，このような社会-心理学的要因を述べるために役割取得の機会ということばを用い，男性と女性の道徳判断にみられた主要な違いがこの役割取得という用語を用いると最もうまく説明できると信じている。男性と女性が社会政治的制度のなかで平等に受け入れられていない社会では，平等の参入を否定されるので発達の速度が遅くなるということが起こってくる。しかし，そのような差異は，性のアイデンティティーが生得的──女性であるということあるいは男性であるということ──ではなく，特別な文化的取り決めの結果であり，平等の参入が確立されるとそのような差異は取り除かれるだろう。

　コールバーグの見解が経験的に見て妥当であることは，私たちが男性と女性のための平等参入や役割取得の機会を決定する明確な方法をもっていないために，簡単にはいえないものである。それにもかかわらず，スペイチェアー＝ダービンとスナレイの最近行なわれた研究は，この疑問にある興味深い見解を投げかけている。

　およそ400人の中流階級の両親と200人の子どもたちの大きなサンプルを男性と女性に等分して調べた。[※22]スペイチェアー＝ダービンは，道徳性発達の速さで有意な性差を見いだした。10歳から12歳の女子は，第3段階に速く達するのに対し，16歳から18歳の男子は女子に比べて第3段階から第4段階への発達が急であった。この傾向はさらに続いた。すなわち23歳から30歳では，男性は女性よりも優位であり，第4段階と第5段階を有意に多く占めた。同じ結果が母親と父親の比較でも明らかになった。しかし，親のサンプルでは，男性に見られた促進の違いは教育水準や職業水準の違いと強い相関があったのに対し，若い年代のサンプルで同じ教育水準や職業水準にある男子と女子では，道徳性発達の速さにおける差異は見られなかった。大学教育を受けていない女性や専業主婦の場合と同じように，大学を卒業した女性が第3/4段階に集まっていることは，役割取得の機会の単純な変化が道徳性発達における男性と女性の差異を十分に表わさないことを示唆している。

スナレイは，平等主義の道徳を誇りにしているイスラエルのキブツの両親と子どもたちの小さなサンプルを調べた。しかしながらどの年齢においても，また，どの発達段階の出現率においてもなんら性差を見いださなかった[*23]。父親たちとともにこのキブツを共同で創設した母親たちはキブツ社会のなかで今でも活動している指導者であるが，夫と同じように高次の段階の道徳判断理由づけを使っていた。例えば，この共同社会の息子や娘たちは，同じように青年期後期までに第3段階から第4段階へ移行し，第5段階の出現も男女間で同様に見いだされた。このキブツの道徳性発達の速度において性差が全体に見られなかったことは，より平等主義が進んだ社会では女性は男性と同じような発達を示すというコールバーグの主張を支持するものである。

　この問題におけるコールバーグの主張に対して対立する最もすばらしい意見は，キャロル・ギリガン（Carol Gilligan）によって一連の文献と最近の著書『もうひとつの声（A Different Voice）』のなかで述べられたものである[*24]。彼女は，私たちが男性と女性の道徳判断得点を単純に比較しているときは，性差の根本的な問題を理解することができないと論じている。というのは，コールバーグが展開した段階についての概念と段階を測定するための手段がすべて男性サンプルであったことを考えると，この理論は女性の発達というよりむしろまったくの男性の発達の記録といえるのである。コールバーグはフロイト，エリクソン，ピアジェの先達のように，女性の発達は男性の発達に幾分遅れて続く，と選択したサンプルのなかで基本的な仮説を立てたのである。ギリガンの主張は性差が現実に存在すること，そして，私たちは，女性を男性のライフサイクルの概念に当てはめようとするのをやめ，女性の発達が独自の唯一の形態をもつかどうかを深刻に考察すべきだということである。

　女性の道徳性発達に関して，ギリガンは，いくつかの研究に最も一貫して見られる結果をあげてこの理論を再構成し始めている。つまり女性の道徳判断理由づけは，男性のように第4段階と第5段階へ発達する代わりに第3段階へ集まる傾向がある。彼女は，これを女性の発達が遅い証拠として考えておらず，むしろ，なぜ第3段階なのかと尋ねている。おそらく，この段階のもつ対人間への方向づけで，女性は女性の道徳的な声（moral voice）を見つけるが，コールバーグは，対人間という範囲は第3段階の記述によって論じきれない可能性を理解していない。女性のある者は，コールバーグの得点化システムによって正確に得点づけら

れない対人間という方向づけのなかで脱慣習的水準にまで発達し続けているのかもしれない。

　ギリガンの立場を支持する証拠は，彼女と彼女の同僚が女性の道徳性発達を調べたいくつかの研究による。これらの研究の特徴は，女性の生活のなかで自然に起こってくるモラルジレンマについて女性自身の声で語らせるというものである。ギリガンは，コールバーグの仮説的なモラルジレンマの信頼性を批判している。というのは，女性が文脈的でないジレンマに直面し，選択を強制されたとき（例えば，ハインツが薬を盗むべきか盗むべきでないか），正確に答えているとは考えられないからである。ジレンマについて話すよう励まされると，これらの研究に参加した女性たちは他人を思いやり，または自分自身に配慮する視点から，日常よくあるジレンマを考える傾向がある。このような研究の中で最も知られたものは，予期せぬ妊娠で子どもを産むか，産まないかという現実的な決断に直面している女性が，世話をして傷つくのを避けるために"利己的"とか"責任感がある"ということばによって，また義務ということばによってこの決断を熟考するということである。彼女たちは，そのようにする権利がだれにあるのか，あるいは何が正しく何か悪いのか規則や原理によって考えることにそれほど関心がなく，むしろ関係した他者への配慮に対する責任感と彼女の人生におけるこの重要な時点での自分自身を思いやる必要性とにより関心があり，それらの間で悩んでいたのである。

　このような女性に耳を傾けることによって，ギリガンは，女性の道徳言語の展開を記述するため，発達の足跡の流れを描いた。前慣習的な水準で，青年期の女性は要求を確実に満たすために自分自身に配慮することに集中する。しかし，慣習的水準の女性は，他者を配慮する優しさと自分に配慮する利己的さを同じようによいと考える配慮の道徳を内面化している。コールバーグの慣習的水準の真の女性の姿は，自分の要求に配慮すべきことを否定するという女らしい慣習的な考えをはっきりと示し，他者に対して利他的でなく，今後は自分を愛する人が配慮してくれるだろうと考えるようになる。しかし，この世界を見るおもちゃのような見方が壊れると，女性は，他者に対し利他的であることが自分自身の行動に責任をもつ要求に代わることができないという真実に直面する。慣習的に定義されていたよい行ないをすることが，配慮にはつながらない重大な状況に直面したとき，この時点で女性は慣習的な道徳的定義を超えた脱慣習的水準へ発達する機会をも

つのであるが、その場合、関係はお互いの依存ではなく、お互いの相互依存として定義され、また、個人的なやさしさは単純に他者に与えることによってではなく、他者に与えることと自分が犠牲になることが等しくなることと定義される。

女性の脱慣習的水準への移行について、ギリガンは男性とはまったく異なると主張する。女性は対人関係、責任感や自他への配慮という言語を常にたずさえ、個人の権利が法の主張よりも理論的に勝るときでも、抽象的な道徳原理に基づいて話をしたり、考えることは少ない。したがって、女性が脱慣習的水準で話しているのを聞くことはなく、道徳判断の研究では、単純に第3段階あるいは第3／4段階の水準にとどまっていると誤った得点化が行なわれているのである。

ギリガンは、男性と女性の間にある重要な道徳性発達の違いを役割取得の機会で説明することができないし、コールバーグ理論の枠組みのなかでは十分に理解することもできないと主張している。彼女は、自分の考えを展開して、道徳性発達が性差という単純な認識を超えたもので、2つの道徳的な声——正義と責任感／配慮が女性と男性の両方で発達するのかを考えなければならないと述べている。男性は、少なくとも私たちの文化において、コールバーグの研究によって記述されたように権利、法律、原理の論理へとより自然に方向づけられて、その道筋にそってより速く発達するとしたら、女性は、ギリガンの研究によって記述されたように、配慮や責任感の道筋にそってより自然に発達するように思われる。しかし、道徳的成熟はこれらの声のどちらか一方によって単純に考えられるべきでなく、両方の声の展開と結びつきによって考えられるべきである。理由づけにおいて正義を信条とする男性は、他者に公平となるのと同じように配慮のしかたを学びながら成長する必要があり、それに対して、配慮をする女性はどのように個人と制度としての道徳性を一貫した道徳原理のなかに統合できるかを学びながら成長する必要がある。

▶質問 6

コールバーグの理論が道徳判断の発達に焦点を当てているなら、人々はどんな行動というよりどちらかというとどんな判断に従って行動するのかという方法について、私たちに語ってくれるのでしょうか？　人々は道徳的価値に従って行動するというよりも道徳的価値について話しているのではないですか？

そのとおりのことで，人々は道徳的価値に従って行動するというよりも，それについて語っているようである。コールバーグは，人々の道徳的行動は，人が受け入れるその価値よりも状況的要因によってより影響されるということを示す研究を引用している。例えば，だますことは悪いといっている多くの人は，そういっているにもかかわらず，発覚する危険性が低いと感じると，実験場面でだますようになる。逆に，彼らは発覚する危険性が高いと感じると，だますことが少なくなる。受け入れた価値よりもむしろ知覚した危険性の方が，彼らの行動を知らせてくれる[*25]。

それにもかかわらず，コールバーグは，人々の受け入れた価値と人々が道徳的課題についての判断を構造化する方法とを基本的に区別している（この内容と形態の区別は，第3章に詳しく書かれている）。コールバーグは，価値と行動の不一致があらゆる状況のすべての人に同様に当てはまるかどうかを尋ねている。例えば，だましを扱ったほとんどの実験研究では，被験者の少数が発覚の危険性が低いときでさえ，だますことに抵抗をしている。コールバーグは，この少数が，主として道徳判断のより高い段階で理由づけしている人々で構成されていると考えた。なぜなら，より高い段階で理由づけしている人々は状況的要因に影響されることが少なく，価値に従って一致した行動をとるからである。道徳的にあいまいな状況に置かれていると，彼らは，状況的に（すなわち，慣習的に）要求されるものと内面的に（すなわち，原理的に）要求されるものをしっかり区別することができるのである。

コールバーグが明確に指摘したことは，スタンレイ・ミルグラム（Stanley Milgram）が行なった有名な社会−心理学的実験によって利用できるものとなった[*26]。ミルグラムの実験は，学習における罰の効果の研究に被験者となるために自然科学研究室へ来た2組の被験者たちからなっている。一方の組は教師，それ以外の組（先の組には知らされていない操作者で実験者の一部）は学習者とデザインされた。"教師"は，電気装置につながれている"学習者"を見て，学習者が言語リストの学習で間違えたときには，学習者に与える苦痛なショックを徐々に強めていくようにと言われた。実際の実験は，さまざまな条件下で，被験者が実験者−権力者の教示に従う程度と"学習者"からの抗議が多くなるにもかかわらず，電気ショックを強め続ける程度を調べたものである。

実験結果はミルグラムにとって衝撃的なものであった。おそらくだれにとって

もその報告を読んだり，あるいはその映像を見たりしたらそうであろう。"教師"（他人に苦しみの感情をもたない教師）は，白衣を着た権力者がショックを続ける必要があると伝えているという理由で，彼らが実際に電圧が苦痛であろうと思った時点でも単純に電気ショックを"学習者"に与え続ける。なお，多くの実験条件において，少数の被験者は電気ショックを与え続けることを拒み，続ける必要があるといわれたときでも実験者に積極的に従わないでいる。

コールバーグがエール大学で教えていたとき，ミルグラムはエール大学の学生にこの実験を行なっていた。コールバーグは，27人の被験者に面接し，道徳判断理由づけの水準と実験での遂行を比較した。そして彼は第6段階の理由づけをした人が電気ショックを続けることが最も少ないということを見いだした。最近になって，彼とキャンディー（D. Candee）[*27]は，新しい得点システムでこれらのデータを再整理して，"学習者"にショックを続けることを拒んだ学生の各段階における出現率を以下に報告している。

第3段階	50％（$N=4$）
第3/4段階	6％（$N=17$）
第4段階	87％（$N=6$）

なぜ，第3段階で理由づけの学生が，第3/4段階で理由づけの学生よりも支持した道徳的価値（ほとんどすべての場合において，"教師"は"学習者"にショックを続けるべきではないということ）と一致した行為を行なったのか明確でないが，より高い，第4段階にある学生が支持した道徳的価値に最も一致していたのは明らかである。第4段階に達した人々は，私たちが理解できるように，道徳一貫性をもってコールバーグが原理的道徳思考者と予想するように機能していると思われる。

最近，コールバーグとキャンディーによって再び分析された第二の研究は，カリフォルニア大学バークレー校で1964年から1965年に行なわれた"言論の自由を求める運動（FSM）"の学生活動家を対象としたハーン（N. Haan），スミス（B. Smith）およびブロック（J. Block）の研究である。[*28] これら心理学者たちの興味の1つは，学生の道徳判断理由づけの発達段階と政府の政策に対するFSMの抗議に参加する学生の考えとの関係を調べることである。

抗議の背景にあるのは，市民権のある労働者に与えられた初期の許可を廃止したり，基金を懇願したり，大学での基金運動を組織したりする大学の管理者による決定であった。市民権のある労働者はこのような統治に反対し，それらの活動を続けるよう決めていたが，管理側はそれを止めさせようと警察を呼んだ。反動のなかで，言論の自由を求める運動が生じた。それは管理側の活動に抗議するために，大学講堂での座り込み抗議を組織した。警察が再び呼ばれ，抗議していた者は暴動のかどで逮捕された。

　1年の抗議後，ハーンと彼女の同僚は道徳判断の面接をバークレーの学生200人以上に配布したが，そのおよそ4分の1が座り込み抗議に参加していた。書かれた文書を第一段の得点化システムで得点化したが，座り込み抗議に参加した学生の各発達段階における出現率を以下のようになった。

	第2段階	第3段階	第4段階	第5段階	第6段階
男性	60%	18%	6%	41%	75%
女性	33%	9%	12%	57%	86%

　予想に反して第2段階の参加者に高い出現率が見られたが，それが結果を混乱させた原因の1つであり，私たちが問題にしたように，得点化システムの再検討につながったのである。[*32] このようなデータを最近再分析すると，第2段階と第6段階の2つの反応がなくなり，得点の狭い範囲について，私たちはコールバーグの縦断的研究の結果と一致することを見いだした。この説明によって，座り込み抗議に参加した学生は以下の割合（性別によって崩れることがない）となった。

第3段階	第3/4段階	第4段階	第4/5段階
10%	31%	44%	73%

　コールバーグとキャンディーは，より高い段階で理由づけする人がより道徳的に行動するという証拠として，座り込み抗議を選んだ学生の割合は発達段階にそって単純に増加すると指摘している。彼らは，2つの意味で"より道徳的である"と説明している。つまり彼らの道徳的見解がより一貫するとともに，ほとんどの原理的道徳思考者が，この状況において道徳的に正しい選択と考えられることに

いっそう一致してくる。また，彼らは，コールバーグに新しい疑問を投げかけている。つまり慣習的段階にいるかなりの人が，原理的視点から道徳的に正しい行動を選択する反応者のなかにいるのはなぜかということである。

この疑問に答えるために，彼らは，ギリガンの2つの道徳的な声と類似するサブステージという新しい概念を提案している。第1段階に後続するそれぞれの段階では，2つの基本的な方向づけを見ることで，どのように反応者がモラルジレンマに対応したかの枠組みがわかる。最初にサブステージA（他律的タイプ）は，反応者が，状況のもつ規則または実用性のいずれに注目するかでジレンマを解決する応答傾向である。ハインツはつかまるかもしれないので（第2段階），あるいは法律を破っているので（第3段階）盗むべきではない。次に，サブステージB（自律的タイプ）は，反応者が，関係した人々がお互いに役割や他者への責任感をもつことを指摘することによってジレンマを解決する傾向である。例えば，裁判官が彼の立場だったら，同じことを行なうので（第2段階），彼の状況では，だれもが妻に責任を感じ，法律よりもむしろ自分の感情に従うので（第3段階）ハインツは薬を盗むべきである。サブステージBを使用する反応者は，直感的に解決しているようであるが，それらはより一貫して使われるようになり，また原理的段階と同様によりよく理解されるようになる。彼らはまた，この状況で何をなすべきかを単純に述べているだけでなく，何をすることに個人的な責任を感じるかについて，コールバーグとキャンディーがいう"責任の判断"を働かせているのである。それに基づいて，コールバーグとキャンディーは，それぞれの段階でのサブステージBを使用する者が座り込み抗議を選んでいると予想し，その仮説はバークレーのデータによって支持された。

	第3段階	第3/4段階	第4段階	第4/5段階
サブステージA	0％	20％	20％	70％
サブステージB	45％	60％	70％	90％

座り込み抗議を選んでいる学生の発達段階に見られる単調な増加は，2つのサブステージ段階で一般に存在し続けているが，それはサブステージBでより明確である。さらに注目すべきことは，それぞれのサブステージの第3段階，第3／4段階，そして第4段階の結果がいかに異なっていたかであり，各段階からでは道

徳行動を明確に予想することができないことである。文献の評論をしたガス・ブラッシ（Gus Blasi）によって唱えられた見解によると，*29 コールバーグとキャンディーは，葛藤が起こる道徳的状況でいかに行動するかのしかたにおける個人の決定のなかで，道徳性発達段階はサブステージによってもたらされる——正義の道徳は責任の道徳が仲介する——という論拠を用いた。これは，例えば，サブステージBの第3／4段階によって特徴づけられる理由づけをしている人は，サブステージAの第4段階によって特徴づけられる理由づけをしている人よりもバークレーで座り込み抗議を選んでいることを意味している。つまり，サブステージBの第3／4段階の人は，より責任を感じ，正しいと思うことに従って行動するという責任の道徳を用いているのである。

　ブラッシは，サブステージが示す概念よりも責任の判断に対してより自律的な状態であると主張している。明らかに，この問題についてのさらなる研究が必要とされている。しかし，私たちは第4段階と第5段階の関係が意味するものに注目すべきである。第4段階，サブステージB，を用いている人は，バークレーのデータが示すように，第4／5段階の理由づけをしている人と同じ水準の道徳的一貫性を働かしているようである。それは，第4段階と第5段階の境界が明らかでないことや，原理的道徳性が発達し始める時点について新しい疑問を提起しているのである。

> ▶**質問 7**
> コールバーグが，道徳教育のために自分の道徳性発達理論のなかで考えていることは何ですか？

　この本の終わりまでに，この問題に答えるつもりなので，この章では道徳教育の領域へのコールバーグのかかわりを手短に述べ締めくくる。

　コールバーグの教育研究には2つの基準がある。①教室のカリキュラムのなかに，道徳的問題についてのディスカッションと道徳性の成長を刺激することへの関心を取り入れること，②学校の管理プロセスに，生徒が民主的に参加できる機会をより増すように学校環境を再構成することである。このような試みを支えるものは，コールバーグの教育についての哲学を中心とする2つの仮説——①教育

は，必然的に価値の伝達を含むこと，②教育の目的は，生徒の本来備わっている能力を発達させることである[*31]。このような2つの仮説は，私たちがコールバーグの教育的尽力を再検討しているうちにより明確なものになってくるだろう。

教室のカリキュラムを巻き込もうとする刺激は，コールバーグの教え子の一人であるモッシャー・ブラット（Moshe Blatt）によるものである。ブラットは，子どもたちに現在の発達段階より1つ上の段階でモラルディスカッションをさせることによって，単純に子どもたちの道徳判断の変化を実験的に少しでも引き起こすことができるなら，そのようなディスカッションを一貫して提示するカリキュラムは，子どもたちの発達に非常に効果的であると仮説した。コールバーグの同意を得て，ブラットは，ユダヤ人の日曜学校で12週間にわたる予備的研究を行なった。彼は，1週間ごとに6年生のモラルジレンマを検討した。（生徒は，研究が始まる前に道徳判断の発達段階を測定された。）ジレンマが提示されたあと，生徒はジレンマの解決を提案するよう，また，なぜその解決が最もよかったのかを説明するよう求められた。

> このようなディスカッションが発達すると，実験者は，大部分の子どもたちの段階よりも1つ上の段階の子どもによって提案された"解決方法"を得ることができ，さらに，子どもを明確にし，支持することができるであろう。実験者は，子どもたちがその論理を理解したことを認め，また，その論理が合理的で，公平なものと確信したら，この解決方法を詳細にするのである。実験者は，できるだけ子どもたちのディスカッションを放っておくよう心がける。実験者は，ディスカッションをまとめたり，明確にしたり，論点をつけ加えたり，時々自分自身の考えのある点を示したりするときに参加するのである。[*32]

この研究の終わりで，ブラットは生徒を再テストし，クラスの63%が，道徳判断理由づけでの完全に段階上位にあがったことを見いだした。この発見によって，発達的道徳教育が正式に始まったのである。

ブラットは，これらの結果をまったく異なる教育環境で再現しようとした。彼は，モラルディスカッションプログラムを4つの公立学校のクラスで実施した。2つのクラスが6年生，もう2つが高校1年生であった。小学校6年生と高校1年生の1つのクラスは，下流階級の黒人の生徒からなっていた。生徒全員が予備テストを受けた。半分の生徒が，先生が指導するモラルディスカッションに参加

し，もう半分の生徒は，生徒が指導するモラルディスカッションに参加した。全体で，18セッション実施された。それらは，週に2度それぞれ45分間で行なわれた。プログラムの終わりに，生徒は再テストを受けた。先生が指導するグループの生徒は，平均で段階が3分の1上昇し，一方，生徒が指導するグループの生徒では上昇がほとんど見られなかった。

ブラットの2番目の研究は最初の研究ほど励みにならなかったが，彼の研究は，他の教育場面で同じようなディスカッションプログラムを行なう他の人たちに道を開いたのである。このようなプログラムを行なって，発達を助けることに成功した者もいれば，あまり成功できなかった者もいた。[*33] そのようなプログラムを用いた彼の研究にもとづいて，コールバーグは，ディスカッションが参加者間の認知的葛藤（cognitive conflict）を喚起させるのに成功したとき，道徳的変化が生じると結論づけた。参加者が，自分より高い道徳判断理由づけの見解を示されたとき，自分独自の考えについて確信がもてなくなり，ほかの考えのよい点を考え始めるようになる。そのとき参加者は，単純に考えを変えるのではない。むしろ，参加者は道徳課題についての自分自身の理由づけの過程を再度，熟慮し構成し始めるのである。再テストでの上昇した変化（段階が3分の1から2分の1と変化したもの）は再考や，再組織化する過程を反映しているのである。

モラルディスカッションプログラムは道徳成長を助けることに成功したけれども，それ自身では，道徳教育のためのカリキュラムに貢献しない。それらは，一般に広範なカリキュラムに統合されないし，また非常に制限した方法で生徒の教育的経験に影響を及ぼすことも目的としていない。ブラットの研究が始まった時点で，コールバーグは，彼の目的が道徳教育を取り巻くプログラムを発展させることであると明確に述べている。

> 教室での短時間のディスカッションが道徳性発達に重大な効果をもつなら，浸透力があり，長く続き，道徳発達に及ぼす学校の影響についての心理学的な関心は非常に強い影響力をもつべきである。そのような関心は，新しいカリキュラム分野を示すよりもむしろ，社会的研究，法律教育，哲学，そして性教育のカリキュラム分野に広がっていく。より深いところでは，社会環境や学校における正義の構造に影響するのである。[*34]

数年前から，コールバーグと彼の同僚や教え子たちは，存在する発達的道徳教

育の原理と新しいカリキュラムを広げようと働きかけている。*35 このような試みのいくつかは後の章で検討されており，ここでは，それらについてより詳細に論じることはやめておくことにする。

　このカリキュラムの基準に従うことは，「社会的な雰囲気や学校の正義の構造に影響を及ぼす」ように努力することである。その多くは，形式的な学習と並行して学校で行なわれている。学校は，生徒と先生が週5日間，あるいは年10か月楽しい時を過ごす場所である。社会制度によると，学校は，フィリップ・ジャクソン（Philip Jakson）がいうように集団，賞賛，そして機能と特徴づけられている。生徒はいろいろな集団のなかの生徒として生き方を学習しなければならい。彼らは賞賛を得ようと，また他の生徒や先生の非難を避けようと懸命になる。そして，彼らは，管理者や先生によって示される規則や権威の体制に従おうとするか，あるいは避けようとするかを学習しなくてなならない。何人かの研究者は，顕在的で，形式的なカリキュラムからよりも"隠れたカリキュラム（hidden curriculum）"から，とくに社会的行動や道徳的価値を生徒がより多くのことを学習すると論じている。*36

　コールバーグは，隠れたカリキュラムが，教師に道徳の学習に生徒を巻き込むための豊かな機会を与えていると考えている。生徒は社会的な課題や道徳課題について，読書や話し合いから多くのことを学習できるが，現実生活での社会的な課題や道徳課題の討議に参加することに勝るものはない。そのような課題は，学校生活の文脈のなかで自然と生じているため，コールバーグは，なぜこのような機会を用いて生徒をこの討議に巻き込むことがいけないのかと尋ねている。学校の文脈のなかで民主主義を実践するときも，なぜ民主主義についてだけ教えるのか？

　1971年以来，コールバーグと多くの彼の同僚は教育の場の民主主義を実験的に行なってきた。これらの最初の研究は，安全性が最も少ない刑務所の受刑者での実践である。*37 その後，学校，とくにオルタナティブスクール（alternative high school；選択高校）で熱心に行なわれた。コールバーグが"ジャスト・コミュニティアプローチ（the just-community approach；正義の共同社会方式）"とよんでいる発達的道徳教育の新しいアプローチは，このような計画から発展した。その教育目標は，形式的な教室のカリキュラムの目標よりも広義で，かなりあいまいである。*38

ブラットの実験的プログラムから民主主義の選択高校までは長い道のりであった。この方法に従って，教師の役に立つように選ぶことができる発達的道徳教育にはいくつかの教育プログラム（オプション）がある。この本の残りでは，興味をもった教師がオプションを選択できるように導いたり，これらのオプションのいくつかについての効果を述べることに当てる。

第Ⅱ部

実践編

第5章 道徳教育の方法：教師の役割

　この本の前半部分は，コールバーグの道徳性発達理論と，それに関連した基本的研究を詳細に議論することに費やした。これ以下の章で述べていく道徳教育の実践を，道徳性発達理論と区別したのは，意図的である。このように本書を構成することは，道徳教育における教師訓練に対する私たちのアプローチと対応している。

　現職教師の研究会で，まず，私たちは第1章で提起された疑問，「なぜ道徳教育なのか」を検証してみる。次にもう1つの疑問，「なぜ道徳教育にこの特別なアプローチが必要なのか」に答えるために，コールバーグ理論の心理学的，哲学的基礎を紹介する。その後，理論から実践へ話題を移す。

　私たちの経験から，理論をしっかり理解するためのアプローチは，教師が，子どもたちのためにより効果的でより創造的な学習経験を生む助けとなることを確信している。この本の初めに述べたように，私たちは，道徳教育への"流行の"アプローチについて懐疑的である。現職教師の研修で指導していると，時期尚早なのに，やみくもに実践へ移ろうとすることが一般的に見受けられる。教室での日常生活の要求に飲み込まれた教師が，道徳教育者になるための"短時間で簡単な処方箋"を探し求めるのは自然なことであるかもしれない。

　しかしながら私たちは，力量のある道徳教育者になるのは簡単な仕事ではないことを承知している。その結果として，私たちは道徳性発達理論と研究について基本を理解し，コールバーグ理論の長所や限界に対して思いやりと批判的な態度を示すことが堅実な実践には必要である，という考えに傾いている。さまざまな教育の"テクニック"の後書きにすぎない理論は，理論と実践の両方の複雑性に

対して誤解を招いている。

　私たちは，さまざまな経験的方略が理論に関する知識を深め，より優れた教育実践をもたらす可能性に非常に興味をもっている。また，同時に理論の基礎となっている心理学的原則を理解することが，道徳教育者となることの意味についての自覚と，これらの心理学の考え方を自分自身のために応用する能力と自信を教師に与えていると思われる。道徳教育者は教室における調査に基づいて，子どもたちの道徳性発達の育成ととくに関連している教授法を発見してきた。しばしば，これらの教授方略について何が述べられていないかというと，道徳教育者が教師の役割，必要不可欠の授業スキルに関し重要な知識を身につけていると想定しているということである。

　理論から実践へと移るにあたって，教師は2つのことを行なわなければならない。1つ目に，教師は，彼らの教える役割を頭のなかで再検討しなければならない。その役割とは，①認知的葛藤を作る，②子どもたちのなかの社会的視点取得を刺激することである。これら2つの原理は，ピアジェとコールバーグの理論から直接引き出したものである。2つ目に，教師は行動のなかである社会的相互作用のパターンを始める必要がある。したがって，私たちは理論と教室での調査に基づいた教授手法を紹介する。これは，子どもたちの道徳判断理由づけを育成することで知られている。これらの段階は，道徳的な気づきの発達，質問の聞き方，道徳性発達につながるポジティブな教室の雰囲気の創造を含んでいる。

　この章で提案する授業スキルは，教えることの認知発達的な概念を，次の章で紹介するカリキュラム開発のおもな課題と関連づけようとしている。どちらの章においても，教室での会話で編集されていない記録，教師の日誌，カリキュラムの資料を可能な限り採用した。これらの例は，さまざまな年齢のものを含んでいる。また，道徳教育を実践することを始めたばかりの教師の授業計画や自己評価から道徳教育に関して幅広い経験をもつ教師によって行なわれた授業の録音までである。理論と実践を結びつける過程を明らかにするために，実際の教師と子どもの編集されていないことばを紹介することは重要であると思われる。

◆1節　教えることの概念

　私たちの研究において，教師がクラスで教えるという役割について自身の考え

を再検討するまでは，カリキュラムを実践することができないという結果を得た。この本の初めに注目した3つのテーマは，次のパラダイムの移行に重要なものである。それらは，①私たちが子どもにそうするように期待できる以前に，道徳問題について私たち自身の認識を高める必要性，②多くの教師と子どもたちの相互作用には道徳的側面があるという認識，③特定の種類の社会的相互作用がそのほかのものと比べて道徳性発達を導く力がより大きいということの理解の3つである。

　これは，結構たいへんな仕事のようである。教師は，日常のプレッシャーや制約のなかで授業を続けなければならないだけではない。それに加えて，私たち教師にクラスの一日一日の生活リズムから一歩離れて考えるようにいわれ，自分たちの考えや教授哲学について疑義をはさまれる。これは簡単なことではない。さらに，私たちほとんどの者がこの道徳教育の領域について個人的に再評価を受けることになり，それが重大なリスクをもたらしている。

　コールバーグの道徳性発達理論と教授法を学んだ3年生の担任教師フィリス・ホーファン（Phyllis Hophan）が経験したことは，道徳教育者として役割を果すために教師に必要なある種の考えを考え直す手がかりを与えてくれるかもしれない。

　　フィリスは，クラスでオープンエンドのモラルディスカッションのプログラムを始める準備をしているときの気持ちを「初めは，それはとても簡単であるように思えた」と述べた。「私はコールバーグの発達段階についてだいたい理解していた。私は購入した教材を用いた。マニュアルにある質問を追っていく限り，私は24人の子どもと一度に勉強することができるように思えた。また当然のように，子どもの善良さと親切さはずっと続くものだと思っていた。でも，そのようにはならなかった。ディスカッションはぎこちなく，退屈であった」

　　何が間違っていたのだろうか？　「私のとった質問方法を長い時間をかけて分析し，以下のような問題点を見つけた」とホーファン先生は述べた。それらは，「①私は固定された価値観をもち，私の質問のしかたは，私が正しい答えを知っており，私たちはただだれがその答えを当てることができるかというゲームをやっているだけであるという私の気持ちを明確にしていた。つまり，マニュアルのなかにある既製の質問でさえゆがめて伝えられるような声の調子と顔の表情があることに気づいた。②口には出していないものの，私だけが常識を知っているという印象を子どもに与えたため，子どもは質問に対する答えを私のみに向かって述べていた。③さまざまな視点からジレンマを考えることができなかった

ので，私は，すべての可能な結果を理解することができなかった。したがって，私の質問は最も明白な問題しか扱っておらず，それゆえにまったくディスカッションにもち込めなかった。④高い段階の理由づけでもって答えを述べた子どもに何気なく賛成した。また，だれも答えようとしなかった場合，その子どもを指名することまでした。⑤"正しい解答"があると本当に信じていたので，私はディスカッションを引っ張り，その解答をしてくれるようにグループの"リーダーたち"をうながした。そうして私たちは，まったく葛藤がなかった子どもたちをそのままにしてディスカッションを終わらせた」のである。

　この教師は頓挫することなく，これらの問題を解決するために以下のステップをとった。「私は，私自身の質問を書き出し，それからマニュアルに載っている同じジレンマの質問と比べることに多くの時間をかけた」。彼女は，ディスカッションのグループの大きさを12人から6人，そして3人へと変えてみた。その結果，6人のグループを用いたときにディスカッションが最も活発であるということを発見した。彼女は，「……が言ったことについてどのように思いますか？」というような質問を用いて，反応を彼女がするのではなく，他者に仕向けることによって，子どもどうしの相互作用を促進させた。子どもたちの意見の裏にある理由づけを知るために，ジレンマに対して提案されたそれぞれの解決案に対して出された"なぜ"をリストアップし，その理由に焦点を当ててディスカッションを行なった。子どもたちが"正しい答え"を求めて彼女に頼らないように，彼女は"難癖をつける人（devil's advocate）[★1]の立場をとり，公正であることに反対し，当のグループには受け入れがたい意見を支持した。

　ホーファン先生はまた，異なった視点からクラスを見始めた。「私は，学校生活が現実に，即座に反応しなければならないモラルジレンマでいっぱいであることに突然気づいた」と述べた。彼女は，1週間の終わりに，子どもたちとクラスでの道徳生活面についてディスカッションをすることにした。1週間の間，子どもたちに教室の前に貼ってある表に「今週は，……があった」という文章を完成させるように求めた。金曜日にその表に載っているさまざまな出来事についてクラスで熱心にディスカッションを行なった。例えば，「朝のバスで喧嘩があった」「お金を盗まれた子がいた」「……先生が，映写機を長い間もっていて，映画を送り返さなければならなくなったので，それを見ることができなかった」などである。前もって問題が掲示されているので，ホーファン先生は「問題のすべての状況をじっくり考える時間があった。そして，私は初めに考えていた解決策があまりよくないと思うようになった」と述べた。さらに，子どもたちは学校での出来事についてだけでなく，学校の外での生活のなかのジレンマについてもあげるようになった。それは「結果として多くのとても価値のあるディスカッションを生み出した」

　子どもたちの道徳判断理由づけの発達をうながすこれらの調査を進めるなかで，フィリス・ホーファン先生は，道徳教育者になるという企てにとって，私たちが重要だと考える

ようになった見識に思いいたった。その1つは，道徳性は家庭から始まるのだということである。私たちのなかで他人の道徳性発達を促進させようとする人が，共感や寛容，他者に対する尊敬という道徳的価値を個人的に自己評価し，それらの価値の実現に向け意識的に努力をしているとうまくいくのである。なお，それらの価値が，私たちが子どものなかに育成しようとしているものである。

「私が教室で探し求めていた環境を構成できなかった原因が，私の人格と自身の道徳性発達にあったことにはっきり気づいた」とホーファン先生は述べている。彼女をおおいに助けたのは，同じくモラルディスカッションに取り組んでいるほかの先生たちと毎週問題を話し合い，意見を交換する機会があったことであると彼女は述べている。「私は人の話に耳を傾ける，つまり他者の視点で聞く練習をした。もしこの3か月で私が何かを学んだとしたならば，それはまず初めに心を開かないと，だれもオープンエンドの質問をすることができないということである。私は子どもたちを家に招く前に，家をきれいにしておく必要があった。[*1]

道徳教育者になるためにフィリス・ホーファンが行なった初めての試みから，私たちが何を学ぶことができるかを知るために，彼女の内省を詳しく再検討してみよう。彼女は，直面した6つの問題を説明している。

① 彼女は，自分自身の道徳信念や価値体系と十分に向き合うことをしなかったことに気づいた。それゆえに，道徳問題についての意見を述べる機会を子どもに初めて与えたとき，彼女は"正しい答え"，つまり彼女自身の信念を子どもに示したいという彼女自身の欲求に対処する準備ができていなかった。道徳教育者の初めの一歩は，自分自身の道徳判断を吟味することであり，何が道徳問題に対する公平な解決を構成するのかに関して，互いに異なる他者の信念に対して心を開くことである。
② この先生は，彼女もその一員である学校組織のもつ道徳的見方と対決することを避けている。しかし道徳問題は，学校教育の過程と内容に固有のものである。何が正しく公平であるのか，何が子どもに対する教師の義務であるのか，そして何がほかの子どもに対する子どもの責任であるのかに関する質問は，すべてのクラスにとって核心に位置する。それにもかかわらず，これらの道徳を構成する要素が認識され，調査されない限り，フィリス・ホーファンが発見したように，モラルジレンマに関するオープンエンドのディスカッ

ションはたんなる"イベント"であり，子どもの学習とはなり得ないのである。教師は，道徳的問題がどのように毎日の学級生活の枠組みに影響を及ぼすかについて自分自身に問いかける必要がある。

③ フィリス・ホーファンのもがきは，クラスの中心に彼女自身の権威があるという信念を前もって検討できなかったことを反映している。子どもに対する「たった1つの知識の源」としての彼女の役割の影響を考慮しなかったので，ホーファンはオープンエンドのモラルディスカッションにおいて子どもたちがほとんど危険を冒そうとしないときに困惑した。道徳教育者は，「子どもたちが言うことや，行なうことに対して私の権威的役割がもつ効果とは何なのだろうか？」ということを自分自身に問いかける必要がある。第1章で論じたように，権威は子どもが明確に発言することを妨げることがある。道徳教育者は，子どもたちが道徳判断をどのようにすれば人前で素直に表現できるかについてや，重大な道徳的疑問に関してどのようにすれば個人的立場をとることができるかについて学ぶことから子どもたちが利益を得ていることを知る必要がある。自分自身のために考えるということを子どもに教育することは，教師がすべての質問と答えを指導できないということを意味している。

④ フィリス・ホーファンは，同じ道徳問題に対する子どものさまざまな考え方を理解する能力には限界があることを認めている。モラルジレンマについて子どもがいわんとすることを予想する場合には，まず初めに教師が子どもの立場に立とうとしなければならない。また，大人は，問題を幼い子どもたちが理解できるようにとらえなければならない。つまり，彼らにとって何が葛藤なのかを考えることである。この重要な社会的役割取得の能力は，オープンエンドのモラルディスカッションを活気づけるものである。繰り返しになるが，教師は他者をどのようにとらえるかについての視野を広げる必要がある。また，子どもたちや青年たちが，それぞれの発達段階特有の論理を用いての道徳判断をする能力をもっているということを初めに理解する必要がある。

⑤ フィリス・ホーファンは，よい質問をしてディスカッションを興味深く，論議をそそるように活気づける能力に自分の限界を感じた。何が正しいかに関する子どもたちの考えを広げ，新しい見方に心を開き，新しい疑問を引き出

し，みんなとディスカッションをした後も長く心にとめ続けられるように刺激する質問をどうすれば提示できるかを学ぶには時間がかかる。
⑥この教師は，グループ管理スキルの難しさを認めている。効果的に人の話を聞き，コミュニケーションを行なう能力は，特定のグループにおいては"自動的に"起こるが，ほかのグループでは起こらないことを私たちはしばしば誤って考えている。フィリス・ホーファンが苦労して学んだように，大人は子どもたちのこのようなグループの社会化に関する基本的な過程を助ける責任がある。子どもがお互いに聞くことができない限り，ディスカッションをとおした学習はあり得ない。

フィリス・ホーファンの経験は特別ではない。彼女は，自分自身に正直になり，これらの体験を私たちと共有することによって，道徳教育初心者のすべてがぶつかる問題と課題を私たちがより明確に理解できるようにしてくれた。この章の残りでは，これらの課題を詳しく，明確に説明する。

ここで説明するモデルは，最も主要な理論的根拠としての発達理論を用いて，教師を道徳教育者になる過程にそって一歩一歩導くように意図している。この章における私たちの関心事は，子どもの示す成果よりもむしろ教師の課題である。私たちの意図は，コールバーグ理論を実践したことのない教師の見方を理解することである。モデルの各側面は，教師の課題を定義し，それぞれの段階における理由を説明し，それぞれの考えをどのように実行するかについての特定の例をあげている。

教師のための道徳性を発達させる教授スキル

〔一般的課題〕　1. 発達的な視点から道徳的葛藤の本質を理解すること。
〔特定の課題〕　　　a) 年齢集団が異なると道徳的葛藤も異なることを認めること。
〔一般的課題〕　2. 道徳的成長を促進させる要素を理解すること。
〔特定の課題〕　　　a) 認知的葛藤を引き起こすこと。
　　　　　　　　　　b) 子どもの視点を取り入れ，彼らの視点取得する能力を刺激すること。
〔一般的課題〕　3. 道徳的問題の気づきを発達させること。
〔特定の課題〕　　　a) 多様なモラルジレンマ，すなわち仮説的ジレンマと現実的ジレンマの活用。

〔特定の課題〕　　　　b) 道徳的気づきを高めるために，クラスでの日常的な機会を用いること。
〔一般的課題〕　4．質問する方略を発達させること。
〔特定の課題〕　　　　a) オープンエンドのモラルディスカッションを導入する初歩的な方略。
①道徳的問題を強調する。
②"なぜ？"という質問をする。
③状況を複雑にする。
④個人的な例や自然な例を用いる。
⑤現実的問題と仮定的問題を交互にする。
b) 道徳的成長を促進させるための徹底した方略。
①質問を改良する。
②連続した段階の議論を強調する。
③明確化し，要約する。
④役割取得の方略。
〔一般的課題〕　5．発言を容易にするクラスの雰囲気をつくり出すこと。
〔特定の課題〕　　　　a) 教室配置を計画する。
b) 効果的なグループ編成を組織する。
c) モデリングの容認。
d) 聞くこととコミュニケーションを育成する。
e) 子どもどうしの相互作用を助長する。
〔一般的課題〕　6．実践の難しさを予想すること。
〔特定の課題〕　　　　a) 仲間の圧力の影響を予想する。
b) 権威者の役割を調べる場合の問題を理解する。
c) 認知的葛藤が生徒に及ぼす影響を理解する。
d) 言語活動の限界を認める。
e) 時々の失敗を受容することを学ぶ。
〔一般的課題〕　7．教師として個人的に認知的葛藤を経験すること。

2節　実践での道徳教育のモデル

　このモデルについて読者に順次紹介する前に，このモデルのディスカッション

における状況を伝えたいと思う。このセクションは，マサチューセッツのブルックリンで中学2年生の社会科学習のクラスで行なわれた30分間のモラルディスカッションの前半部分をビデオに撮ったものである。教師のマーゴット・ストローム（Margot Strom）は対話の最後にクラスについてコメントしている。いくつかの主要な教授方略が，マーゴットの授業についての検討会のなかで全体的に注目すべき問題として以下のように指摘されている。それらは，①クラスの雰囲気が信頼できるいうことの重要性，②認知的道徳的葛藤の確認と明確化，③道徳判断理由づけへの注目，④視点取得への働きかけ，そして⑤理由づけ，コミュニケーション，聞くこと，質問するといった分野における子どものスキルの上達である。これらの方略に注目することに加えて，読者は，この13歳の子どもたちが用いる道徳判断理由づけが発達段階によって違っていてその鍵となる特徴を見分けたであろう。

〔確認と明確化の発問〕

教師：今日も，葛藤場面についてのディスカッションを行ないます。これは，きのう図書館で行なったディスカッション，つまりボストンでのバス通学についてのディスカッションと似ています。なぜ多くの人たちが自分たちの子どもにバス通学をしてほしいか，あるいはしてほしくないかについてあらゆる種類の理由を話し合いました。そして，どうして人は暴徒の一員になるのかなどについて理解しようとしました。これから，私たちは少し違ったことについて話し合っていきます。自分で読んでみて，なぜある行動をとるべきであるか，またとるべきでないのかについていくつか理由を考えることができるかみてみましょう。はい。では，自分で読んでみてください。そして，何が起こったか教えてください。

男の子：失業している男の人がいて，彼はかなりみすぼらしい格好で，金持ちそうな家の前に立って無防備に置かれているミルクを見ています。その人は，そのミルクを盗むべきか，盗むべきではないか（ミルクジレンマ）を考えています。

女の子：その人の子どもたちは，お腹を減らしています。末っ子の赤ちゃんは，お腹がすいて泣き続けています。だから，お金がないので，お腹を減らしているのはその人だけではなく，その人の家族全員がお腹を減らしています。

男の子：その人は，もうまったく貯金がありません。

男の子：その人は，たくさんのお金を借りていますし，生活保護も受けています。それでもまだ家族を養うのに十分なお金がありません。

男の子：そこには1クオート★2瓶のミルクが4本あります。その人は，その1本を盗むべきなのでしょうか？

〔道徳的葛藤の確認，道徳判断理由づけに注目，学級の雰囲気が信頼できるという根拠〕

教師：子どもたちのために，その人はその家の階段から1クオートのミルク瓶を盗むべきなのでしょうか？　盗むべきだと思う人はどれくらいいますか？　手をあげてください。1，2，3，4，5，6，7人。盗むべきでないと思う人はどれくらいいますか？　手をあげてください。1，2，3，4，5，6人。まだどちらか決められない人はどれくらいいますか？　どちらか決められない人は，ここに来てください。盗むべきだと思う人たちはここに来て，なぜ彼がミルクを盗むべきなのかについて，最もよい理由を考えてください。3，4分の間，考えて下さい。そして，盗むべきではないと思う人たちは，ここに来てください（盗むべきではないのかと考える子どもたちの小グループ）。

男の子：それは盗みなので，その人は盗むべきではありません。

女の子：その人は，そのために刑務所に入れられてしまうからです。

〈第1段階の判断様式（element）〉

男の子：その人は，いずれ仕事を見つけることができるから，盗むべきではありません。その人は，盗むべき……いややっぱり，お腹が減っていても盗むべきではありません。

男の子：その人は，自分でミルクを買うことができないので，盗むべきです。でも，やっぱり，盗むべきではありません。なぜなら，ほかの人が……。

女の子：その人は，1クオートだけミルクをくれるように頼むべきです。

男の子：僕もそう思います。それはその人が頼むべきことです。

〔葛藤に注目〕

教師（グループからグループに移りながら）：この場面について続けて考えてください。つまり，この男の人が盗むべきか，盗むべきでないか，決めようとしているという場面です。

男の子：彼は，盗むべきです。なぜなら，その人たちはお金持ちで，その男の人はお金持ちではないからです。その人たちには十分にあり，男の人には十分ないからです。

男の子：いいえ。彼らにはミルクを買う余裕があります。彼らは4クオートのミル

クを買う余裕はあるので，頼めばその人たちは2，3クオートのミルクをその人にくれる余裕があると思います。

教師：ほかにアイデアをあげられますか？

男の子：その人たちはミルクをあげるべきではありません……。なぜなら，その人がお腹をすかしているにしても，その人にも身近に徳のある友達がいるはずです。でも，その人は盗むべきではありません。なぜなら……。

男の子：それは，本当に自然なことだと思います。

（全員が話している。数分後，クラス全員で）

〔葛藤の確認；道徳判断理由づけに注目〕

教師：とくにここにあげられているいくつかの理由をもう1度見直し，読んでください。よろしいですか？　この特別な場面におかれている男の人のことを考える人のための代弁者となることができますか。例えば，ボブが指摘したように，法律を変える必要があるとすればどうでしょう。でも今日の法律では，私たちがその法律をどのようなものとして知っているにせよ，この男の人は盗むべきでしょうか？　盗むべきだと思う人，そのおもな理由は何ですか？

男の子：その人の子どもたちはお腹を減らしていて，その家はお金持ちで，だからその人たちはもっとミルクを買うお金をもっています。そして，その持ち主はきっとそれを盗もうとしている人ほどミルクを必要としていないと思います。

〈第2段階の判断様式〉

女の子：その持ち主は，毎日4クオート分のミルクを買っています。

教師（黒板に書きながら）：その家の人たちは，毎日4クオートのミルクを取っているところをみてみると，彼らは，おそらくそれほどミルクが必要ではないでしょう。盗むべきか盗むべきでないか，まだ決めてない人も，考えられるそれぞれの理由のリストを書いて。まだ決めていない人，ここにあげていないことで，何か書きましたか？

男の子：ここで1つ問題があります。母親が子どもを母乳で育てることが可能かもしれないということです。

〔道徳的葛藤に注目〕

教師：それはわからないけれども，それはないということにしましょう。

男の子：今のは忘れてください。その人が盗むべきではない理由です。

教師：盗むべきだという立場にいてください。

男の子：僕たちは，何も付け加えることはありません。全部そこにあがっています。

教師：盗むべきではないという立場の人から何かありますか？　私たちにそれを読んでください。

男の子：なによりまず，盗むべきではありません。もしその人がミルクを盗んだならば，もっと借金を作ることになります。もし彼らが，盗んだのを見つけたとしたら，彼は借金をもっと作ることになってしまうからです。彼は，罰金を取られたり，刑務所に入れられたりしてしまいます。〈第2段階の判断様式〉

〔子どもとのコミュニケーションをうながす。子どもの視点を理解しようと努める〕

教師：彼らとは，だれのことですか？

男の子：もしミルクの持ち主に見つかったら彼は持ち主に借金を作ることになります。これは法律です。もしだれもが人からミルクを盗んだら，人々はミルク瓶を抱えてそこら中を走り回って……。〈第3段階の判断様式〉

男の子：もしその人が盗んだとしたら，彼は刑務所に入れられるかもしれません。そして，彼の家族は，お金を稼ぐ方法がなくなってしまいます。
〈第2段階の判断様式〉

教師：盗むべきではないという立場のリストに付け加えたい人はいますか？

男の子：もしその人に仕事を見つけるチャンスがあって，そのうち仕事を見つけることができたならば，その人はミルクのお金を払うことができるでしょう。僕は，その人がそのうち仕事を見つけるといっているのではなく，見つけることができるかもしれないといっているのです。

〔道徳判断理由づけに注目〕

教師：あなたのリストで，その人がミルクを盗むべきではないというおもな理由は何ですか？

男の子：その人は盗みを犯しているからです。盗みを働いているという事実のためです。〈第1段階の判断様式〉

女の子：私たちにもあります。その人は，お腹を減らしているけれども……。盗みは不道徳です。

〔質問をうながす。視点を理解するように努める〕

教師：ディスカッションのポイントとして，はっきりさせたいのですが，ここでいう不道徳とはどういう意味ですか？

女の子：その人は，他人から盗むべきではありません。持ち主の人たちは，自身のものを得るために働き，自身のお金のために働いています。そして持ち主は，それらを得る権利もあるけれども，その人には本当にその権利がありません。たとえ彼が本当に必要としていなくても，そのように見なされるのです。
〈第2段階の判断様式〉
教師：あなたはまだ決めていませんね。
男の子：はい。
教師：あなたはどう思う？
男の子：マイクは，それが不道徳だといいました。僕もそういおうと思っていました。
教師：（聞き取れない）……あなたが決めるのを助けましょう。
女の子：彼はこれらの人たちを養わなければならない，彼らは私の家族であり，血を分けた肉親である。私には彼らを生かす義務がある，などといっているのです。彼は，より高い道徳的規律に従っているようです。つまり彼らは人間であり，彼らは生まれてきた，彼らには生きる権利があり，私は彼らのために盗まなければならない，ということです。〈第3段階の判断様式〉

〔視点を理解するように努める〕
教師：あなたは，彼が盗むべきだという理由を述べているのですか。生きる権利と責任。この男の人には，どのような責任があるのですか？　それについて，あなたはどう考えているのですか？
男の子：その人は，自分以外の人も生きる権利があるということに責任があります。それ以外の責任も同じようなものです。つまり，彼らは出かけて買いものができないのだから，それは私の責任であり，私が彼らのためにそれを手に入れなければならず，それが私の責任だということです。
教師：あなたは何かいうことがありますか？
男の子：もし僕がその男ならば，道を渡ったとなりのお店に行って，ドアのベルかそこにあるものを鳴らして，「こんにちは。私は道の向かいに住んでいます。私には仕事がなく，一文無しです。私は，生活保護などを拠り所にしても生きていけません。私の家族を生かすために，ミルクを少しもらえませんか？」と言います。

〔道徳判断理由づけに注目〕

教師：わかりました。けれども，今私たちは，とくにこの葛藤場面でその人が盗むべきか，盗むべきでないかを知りたいのです。

男の子：僕は，その人が盗むべきだと思います。（なぜ？）家族がお腹を減らしているからです。彼らは死ぬかもしれないし，彼自身も何か食べるものが必要だとここでは述べていないけれども，その人自身も必要としているかもしれない。でも，僕も彼のように自分の家族に生きてほしいと思う。〈第2段階の判断様式〉

〔視点取得を刺激する〕

教師：（聞き取れない）……ブライアンに賛成の人，盗むべきだという人。もしこの男の人が家族のことをよく知っていて，家族の人が彼にミルクを盗んでほしくない，彼に法律を破ってほしくないと思っていることを知っていたなら，彼はどうするべきでしょうか？　ブライアン？

ブライアン：そしたら僕は，彼らに道を渡って，お店の人にそのように頼むことを望みます。

〔視点をとらせることで葛藤に注目〕

教師：ほかに盗むべきだという立場の人，何かありますか？　彼は盗むべきだが，家族は彼に盗んでほしくない。そしたら，その人はどうするべきなのでしょうか？

男の子：僕は，それでもその人は盗むべきだと思います。僕は，ブライアンが正しいと思います。彼は，ミルクを借りられるか尋ねるべきです。彼の妻は，うろたえないだろうし，彼はミルクを手に入れることができます。いずれの方法にせよ彼はたとえ借りたとしても，ミルクを手に入れるべきです。彼の妻は強情でミルクを飲まないかもしれないし，また彼がミルクを盗んだからといって，あるいは借りたからとしても，それを何であれ，飲まないかもしれない。彼の妻は……（聞き取れない）そしてそのおかげで生活が豊かになるかもしれません。

教師：ポールは？

ポール：ほかの子が言ったように，彼は盗むべきではないと思います。もし彼がそれを盗んで捕まったとしたら，そのあと，仕事に就くチャンスがますます少なくなってしまうと思います。でも，ここでいっているのは，もし彼がある期間失業して，福祉を受けていたならば，彼が仕事に就くことは難しいと思います。

〔道徳的葛藤に再注目〕
教師：あなたは，彼がミルクを盗むべきか盗むべきでないか，どう思いますか？
ポール：僕は，彼が盗むべきだと思います。

〔道徳判断理由づけに注目〕
教師：彼が盗むべきだと思うおもな理由は何ですか？
ポール：子どもたちはお腹をすかしているという理由と，彼が盗むことはそれほど大きなリスクをおかすことではないからというほかの人と同じ理由で，僕は彼が盗むべきだと思います。

〔その人の視点を理解するように努める〕
教師：あなたは，盗むことはそれほど大きなリスクではないといいました。それはどういう意味ですか？
ポール：彼は，本当に失うものがあるのですか？　彼が捕まらない限り，あるいはたとえ捕まったとしても，彼らの福祉に反したものではない。彼は，ただミルクがないだけ。彼のために何もできません。そしたら彼は，いっそう悪い状態になってしまいます。〈第２段階の判断様式〉

〔葛藤を刺激する〕
教師：しばらく彼のことを，家族と切り離して考えましょう。それでもまだ，彼がミルクを盗むことが重要だと思いますか？
男の子：はい。
ポール：僕は，彼は盗むべきではないと思います。もし彼が一度盗んで，何もかもがうまくいって，家族のためにミルクを手に入れたなら，そしてだれもそれに気づかず，捕まらなかったならば，彼はそれを繰り返していくと思います。それでも，僕は，彼は盗むべきだと思います。そうすれば，子どもたちは，飢えなくてすむからです。〈第２段階の判断様式〉
教師：トム，マーク，メアリー，アン，ボブ，ラルフからも聞きましょう（彼らの手があがっている）。
トム：彼がものを盗んだら，彼はそれを繰り返すと思います。そして彼は，さらにものを盗むようになり，彼は本当に……そして捕まって，きっと長い間刑務所に入れられるでしょう。〈第２段階の判断様式〉
教師：つまり，あなたは，彼はミルクを盗むべきではないと思うのですね。

トム：先生は，彼が家族を養うことができないであろうといったけれども，今現在も，彼は家族をあまりうまく養えていません。

女の子：でも，もしその人がミルクを盗んだなら，彼はきっとそのうち家族を養うようになるだろうし，彼の家族は……。

男の子：わかってるよ。それをちょうどいおうとしていたところなんだ。

教師：マーク，ほかに何かいうことはありますか？

マーク：その人はほかに何ができただろうか？ 彼がもっと大きなものを盗むようになるかはわからないけれど，もし彼がミルクを盗めば，子どもはミルクを手に入れることができるということははっきりしている。僕は，まだ決めていないという意見から，盗むべきだという意見に変えました。なぜなら，彼が刑務所の刑として，何を言い渡されようとも，彼に何が起ころうとも，それでも彼は家族を養っていかなければならないからです。これが，彼が盗むべきだという理由で，彼が捕まるかどうかは関係がないからです。

教師：マークは，まだ決めていないという意見から，盗むべきだという意見に変えました。マイク，あなたは意見を変えた？ （マーク，マイク，デイブは，もともとまだ決めていないというグループにいた）

マイク：どちらも同じくらいです。

教師：デイブ，あなたは決めた？

デイブ：いいえ。

教師：何か付け加えることがあるのですか？

男の子：彼はいつかミルクを盗むようになるでしょう，そう，彼はミルクを盗みます。もし彼が盗んでも，それはあまり長い間もたないでしょうから，彼はまた戻って，ミルクをもっと盗むでしょう。〈第2段階の判断様式〉

〔道徳的葛藤に注目〕

教師：あなたは彼が何をすべきで何をすべきでないと思いますか？

メアリーとアン：私は，彼は盗むべきではないと思います。意見を変えました。なぜなら，まず，もし私が男の人で，家族を支えていたならば，私は家族が死んでいくことを考えるだろうし，1クオートのミルクのために，おそらく私は問題を起こすことになるかもしれません。でも，私はその男の人に，「私はすぐにお金を戻します。私は一文名無しでどうしようもないんです。私の家族が死にます。お金が入りしだいあなたに払い戻します」というメモを書くでしょう。

〈第2段階の判断様式〉
教師：ボブ，あなたは意見を変えましたか？
ボブ：まず，彼も家族も死んでしまうということはわかります。そして，1クオートのミルクがどれくらいかも知っています。僕は，1クオートのミルクが実際それほど長くもつとは思いません。次に，子どもに対する彼の責任にもどりますが，もちろん彼には責任があります。だれも，それがあなたの子どもで，あなたの責任であるとはいっていません。彼は，子どもを作ることを選択し，子どもをもったのです。だからそれは，彼の問題です。

〔道徳的葛藤に再注目〕
教師：ボブ，この状況において，彼はミルクを盗むべきですか？　それとも盗むべきではないですか？
ボブ：僕は，盗むべきではないと思います。

〔道徳判断理由づけに注目〕
教師：あなたは，彼が盗むべきではないと思うおもな理由は何だと考えますか？
ボブ：法律のせいです。考えてみてください。もしみんなが盗んだならば，どうなりますか？　まず，この場合，もし福祉法が彼らに不公平であるならば，それは改正され，見直されるべき，そして変えられるべきです。でも今現在，彼はミルクを盗むべきではありません。〈第4段階の判断様式〉
（ディスカッションは続く[*2]）

　この問答のディスカッションを始める前に，このディスカッションのビデオは，1つの制限されたモラルディスカッション（道徳的葛藤の道徳判断理由づけの側面に対する強い注目）の形式を示しているにすぎないということを述べておくことが重要である。それは，「この男の人は子どもを育てるためにミルクを盗むべきか？」という1つの質問について，高度に系統だった1つの問題への集中が意図されていた。クラス担任教師であるマーゴット・ストロームは，そのような目的の限界について以下のようなコメントをしている。
　このような説明のテープは，文脈がなく誤解をしやすい。それは選ばれたものであり，ほかの教師に特定のスキルと概念を説明するという目的をもって行なわれたものである。私は，そのような方法で行なっていくという契約を子どもたちと結んだ。彼らにとって，ディスカッションは刺激的であり，彼らは「ミルクジレンマを覚えています」といまだにいい，そのことばも覚えている。しかし，私がもっとうち解けるためには，もっと「もし……ならばどうしますか？」と聞くべきであった。私は，"するだろう・するつもり"と

"するべきだ"の違いに気づいていたが,"するだろう・するつもり"を完全に排除するのがよいとはまったく思わない。それが,この録音されたディスカッションの限界である。また,私が尋ねた質問のしかたを変えるために,子どもの考えをもっと深く突きつめるべきであった。私は,どちらかといえば彼らによるディスカッションの流れを眺めていたい。そのようなときは,なんとなく気づくことができ,なんとなく感じることができる。しかし,これらのことから学習することもできる。このテープのなかで私が行なったことのいくつかは,教師が知りたいと思っていることの助けとなると思われる[*3]。

これらの制約にもかかわらず,私たちは彼女から基本的な指導方法について貴重なことを学びとることができる。この面接の残り部分でマーゴット先生は,教室での討論を体系化して5つの主要な側面に要約してくれた。

1. 信頼できるクラスの雰囲気をつくる

どんなディスカッションも信頼から始まる。私たちがまず自分自身に問わなければならない最初の質問は「信頼なしにどのようにして教えるのか?」であり,その答えは「教えられない」である。あらかじめ子どもたちとなんらかの約束をしておかない限り,よい指導を行なうことはできない。何よりも先立つべきはクラスの雰囲気であり,それは間違いなく大人である教師の責任である。

このデモンストレーションテープについて最も興味あることは,教師がこれを見たときに「わあ,子どもたちがよく話し合っている。きっとあの子たちは特別な子どもなんだろうな」ともらすことである。教師は私にこう聞く。「子どもたちはあなたの生徒のなかで最も優秀な子どもたちでしょう?」彼らが見ていないのは,私たちがディスカッションをそのように進めるのに一生懸命努力しているということである。彼らはモラルジレンマのディスカッションなど,見ていないのである。彼らは「すごいクラスですね」というだけである。そして,彼らにとってすごいとは,子どもたちが列ではなく円形に椅子を並べて座っている,実際にみんなで話し合っている,グループになって作業をしている,課題にいっしょに取り組んでいるなど。すなわち,このような教師がむしろ秩序のある授業と見るようなことをさしている。彼らは子どもたちがモラルジレンマについて話し合っているのを見ないで,教師たちが「どうやって子どもとの信頼関係をつくっていくのか?」ということを知りたがっているということを示している。

私がやろうとするのは,親密で思いやりのある雰囲気を再確認することである。

私は子どもたちに，私たちがともにここにいること，私のクラスにいることに気づかせる。例えば，彼らは休み時間を終えたばかりであり，私たちが今どこにいるのか，だれなのか，物事がどのように進んできたか，今日何か成功したことがあったかを再確認する必要がある。私はそれをするのだ。椅子が散らばっていれば，私たちは1つに集める。まず雰囲気づくりである。初めて眼鏡をかけた子どもを見て「ああ，今日は眼鏡をかけているんだね」と声をかけ，それについて話し合う。それから子どもに終えるべき課題があることを思い出させる。30分しかないので，「今日はこれとこれとこれを終わらせましょう」という。

私は彼らに組織化する技能をつけさせようとして，彼らが学級のことに関心をもつように，日が変わっても一貫しているように助けている。それは毎日少しずつ契約を交渉し直すようなものである。一貫しているものが存在するため，彼らは私の教室内では安心できることを知っているのである。それが彼らにとっての確認である。

2．認知的道徳的葛藤の確認と明確化（ジレンマをとおして）

まず最初にできるようにならなくてはならないのは，クラスでもちあがったすべての教材についてジレンマ状況を認識することである。このテープにおいて，私は子どもたちに，昨日，新聞にバスの利用についてのディスカッションがあったことを確認させることからはじめ，それをジレンマ状況として当然クラスで討論したことを再認識させた。こういうと，教師が以前に「ジレンマとは何か？」について子どもたちと討論したことを子どもたちは思い出すであろう。子どもがことばの意味を自身の体験をとおして覚えていくことは今ではよく知られているところであるから，用語について討論することは非常に重要である。私の考えるキーポイントの1つは，正義・公平さ・ジレンマという単語は，たとえ聞いていても，子どもたちがそれを自分のものとして内面化しているとみなすことはできないということである。彼らがこれらについてディスカッションをすることはまれである。私たちは最近，良心の意味について長いディスカッションを行なった。子どもたちはこう言っていた。「良心について今まで討論したことはなかった。真剣に考えてみなきゃ」子どもが「真剣に考えなきゃ」といえるような雰囲気があったからこそできたのである。

ステップとしては，子どもたちはまずジレンマが何を意味するかを知っている

必要があり，それから与えられたジレンマを確認し，明確化していくべきである。これらがまずなされないことには，子どもたちは自分自身を葛藤場面に置くことができない，つまり類推（analogy），役割演技（role playing），そのほかの手段を使うことができない。

　子どもにとって確認するとは，ある場面を，彼らに決定を求める場面として認識することである。年月が経過するにつれて，彼らは私が初めて彼らのためにジレンマを明確化した時点に常に立ちもどるであろう。それから新しいジレンマがもちあがるたびに，彼らは感情的に強く反応したほかのジレンマを思い出すであろう。2度目にそれを認めるということは，彼らがその場面をジレンマと見ていることを意味する。彼らはいうであろう。「ああ，感じる」「それは私にとって不快だ」「わたしがその人の立場だったらどうするだろう」

　次に，場面を明確にする。すなわち，私は子どもたちに自分にとって最もわかるやり方でジレンマを述べるようにいうのである。私は子どもたちに3つのことをさせる。クラスで見て，聞いて，発言するという3つである。つまり，できるだけこの3つすべてを使って1つの場面を説明するように努力すること。私が彼らにいうのは，ジレンマに直面したら，もう一度読んで，真剣に見つめること。次に，子どもたちにその場面の説明をよく聞いて，その立場に立ち，自分の意見とどう関連するかを考えてみよう，それから書いてみようということである。この書くという課題は，彼らが見たり聞いたりしたことをまとめることを意味する。私はみんなが終わるまで待つ。机間巡視して助け舟を出す。次にそれらを大きな声で読み上げ，みんな（希望する者，たいていほとんどの子ども）で話し合う。その結果，なんらが満足する何らかの最終案に行き着くのである。私たちは，これらすべてが大事な過程であることを子どもが理解できるように手助けしなければならない。

　子どもたちは，自分以外の子どもが最高の答えをもっているのだと思っている。人が経験する思考過程を子どもたちが確認するのを手助けすることは重要である。私は，彼らにノートの取り方，言語連想のことを教える。そうすることで，彼らは判断理由づけする際に考慮すべき事柄が何かを把握する。これらすべての基本的な事柄が道徳性発達を成り立たせている。

3．道徳判断理由づけへの焦点化

　このテープのディスカッションにおいて，なぜ私は判断理由づけに焦点を当てるのか？　それは人がみな，異なる存在であることを受け入れるということと大いに関係がある。教師として子どもに違いを受け入れることを教えたところで，子どもにとっては何の意味ももたない。「他人を受け入れよ」という規則を彼らに与えているだけである。しかし，ただたんに「私たち自身のことを私たちがどう考えるのかについて，私たちの共通点について話しましょう」というと，彼らは大喜びする。だれもそんなことのために時間をとったりしてこなかった。そうして次に，彼らは「この世界は一体何のためにあるんだろう？」と考え始める。

　これは次に，他者の視点にたつことをうながし，同時に子どもたちに具体的な世界と抽象概念のはじまりとを結ぶ手助けをするものである。それは，彼らに共通のものを知り，学習し，見ることへ興味を向けさせる1つのやり方である。同時に彼らは，自分たちが問題や疑問を克服したり探究したりする方法が，自分のとなりにいる人とは違っているかもしれないことを学習するのである。

4．視点取得の奨励

　視点取得[★3]はすべての基礎となることである。私はディスカッションの間，子ども一人ひとりがどこにいるのかに注意している。すなわち，子どもそれぞれの視点にたつ（standing in someone else's shoes）ようにする。次に，子どもたちに現在討論しているジレンマ場面の人々の視点と同様に，お互いの視点にたつようにうながす。だれかほかの人の視点にたつということを，文字どおり他人の靴を履いてみることによって実演したことさえあった。あるいは子どもに靴下で前に出てきてもらい，靴を履かないとどう感じるのかを尋ねたこともあった。さらには，彼らに教師になってもらい，なんらかの形でグループ全体にかかわる決定に直面したときの私の立場にたってもらうことも行なった。「私はこの状況をどう扱っていいかわからないので，だれかこれを解決してみようという人はいますか？」と言ってみた。しかし，いっしょになって信頼関係を築くときに，私たちがなんらかの形で自発的に申し出た経験があるといえることが重要である。こうして，一人の子どもが前に出て，私の机の端に座ってグループ全体を見回すと，私はこう聞く。「どんな感じ？」私は彼らに，何が見えるかを説明させ，そのときにどうやってクラスの課題を用意するかを考えるようにうながす。それから，

私が代わりにそこにたっていたら，私はどう感じるかを述べ，ほかの子どもにもやってみるようにすすめる。

子どもの視点にたつことは，常に目をあけ耳をすましておくことを意味する。発達理論にも携わり，この分野に詳しいほかの人々とも話し合った私は，今では子どもの視点にたつことができる。私は現在，ほとんどの人が気にも留めないような疑問や，クラスのなかで考えがあちこちに飛ぶ一人の子どもに対応できると本当に感じる。だれかが何かをいおうとすると，私は話すのをやめる。そして，私がその子の意見を確かに聞いたことをなんらかの形で示し，ほかの子どもたちにもそのようにすることをうながす。

私は子ども一人ひとりに対して，彼または彼女がいっていることが本当に重要であることを示す模範となるよう努力している。これにより，子どもたちは自分が何か重要な意見をもっていることを知る。彼らは現実を自分の立場から見ているのであり，それは道理にかなったものである。それがどこから来るのかを引っ張り出すのは私の役目であり，私次第である。私たちはクラス全員で討論に参加する。ある子どもがほかの子どもの支持を得にくい意見を出したとしても，私はこう聞く。「あなたはこのことを話し合いたいですか？」その子どもが「そのつもりはありません」と言えば，「助け舟を出しましょうか？」と聞く。そして，「どんな助けがほしいの，どう助けたらいいの？」とみんなで討論すれば，みんな参加していることになる。私の役目はそれぞれの子どもがどこに重点を置いているのかを見極め，彼らといっしょにその点に集中することである。子どもに「みんなの意見が揺れているのを私は見逃さなかったよ」と知らしめる必要があるのである。

5．子どもの技能の習熟を

モラルディスカッションという手段をとおして，私はこれまで議論してきた点のすべてを，私自身とともに子どもたちのなかに植えつけるようにうながしている。つまり協力的，信頼的な環境づくり，クラス内・外でおこったジレンマ場面の確認と明確化，道徳判断理由づけ能力と他者の視点にたつ能力の発達……これらすべてである。

私は疑問づくりも奨励している。私は普段，子どもたちがもつ関心を高め，さらに練り上げ，問題を明らかにするために宿題を出す。子どもたちが教材を十分

に把握することによって，子どもたちの基礎的な聴く力やコミュニケーションする力が育っていく。彼らはだれかに自分たちが行なったことを話し，私たちはできるだけたくさんビデオテープに記録するが，それは子どもたちが自身をどう表現しているかを知るためである。

　基本的には，私は子どもたちが考えること，自分自身で決定を下すようになることを手助けしていると信じている。しかし，私は判断理由づけだけが学習のすべてではないことを示そうとしてきた。私は可能なかぎり，全体としての彼ら自身とかかわるようにしていきたい。

　本質をいうと，この逐語録とそれに続くディスカッションが明らかにしたことは，マーゴット先生が認知的発達理論の原理についての幅広い知識を解釈し特別な指導方略を作り子どもたちの道徳性を発達させたことである。道徳的なテーマのオープンエンドのモラルディスカッションが導入されたこの対話記録は学習における高い自我関与を示すものである。このような企画は，マーゴット先生が後続のディスカッションのなかで説明したように，教師の側のきめ細かい思考と計画を求めている。

　このような指導モデルの展開における第1の段階は，教師の役割をどう概念化するかのなかで生じる。すなわち，私たちが最初にいだく問いは「教室において道徳問題を考える基礎として認知的発達理論を使用することの意味することは何か？」である。この点からはじめて，章の残りの部分ではモデルの各段階を入念に作り上げていく。

◆ 3節　道徳教育者としての教師

● 理論的背景

　指導のどんな領域においてもそうであるが，道徳教育者はある種の知識構成体，このケースではコールバーグの道徳性発達理論の根底にある相互作用主義の原理を身につける必要がある。道徳教育者は，この知識を道徳性発達理論に関する内容のスペシャリストになるために使うのではない。この知識を社会的相互作用の特定のプロセスを刺激するために適用するのである。

　教師の課題は，発達のある時期のある特定のグループの子どものために実際的な意味で，発達理論を使えるようにすることである。言い換えれば，教師は自分

が担当している特定のグループの子どもたちや若者について，その発達的特性を考えなくてはならない。クラスの子どもたちの発達について教師がもつ知識が特殊で限定されたものであるほど，発達を刺激することを目的とした教育的経験はますますその効果を発揮するのである。

● 異なる年齢集団への異なる道徳的葛藤

とくに道徳教育に発達的なアプローチをするとき，17歳の子どもの道徳問題の構成要素は7歳の子どものそれとは違うことを明確に理解しておく必要がある。コールバーグの道徳理論を用いるなら，小学校低学年の子どもの教師は，幼い子どもが道徳性をおもに社会的な次元から見ているとわかる。小学生の興味の対象となるのは，何が公平かを理解することと，どのように協力したり分け合っていくかを学習することである。これは，幼い子どもが他人は自分とは違うふうに世界を見ているかもしれないということを理解する能力を発達させるからである。他者の視点または役割にたつ能力を伸ばす機会があれば，子どものためになる。このような経験は道徳判断理由づけ能力の発達を助ける。というのは，役割取得が道徳思考の発達に必要不可欠だからである。したがって，小学生を教える教師は，他者を含めるところまで視点を広げるように子どもをうながすような活動に焦点を当てる必要がある。協力的な問題解決の活動においてなんらかの責任を彼らに与えることなどは，これを行なう1つの方法である。小学校高学年や中学生を教える教師が気づくのは，思春期初期の子どもたちにとっての道徳問題がふつう友人や家族その他の個人的な，または自分たちに近い小さなグループをめぐる葛藤から成るということである。この子どもたちは，たいてい道徳判断理由づけで第2段階から第3段階への移行期にいる。これは，ある個人の利益となるような選択が，その友人や家族に利益をもたらす決定と相互にぶつかりあうような状況で，道徳的葛藤が生じることを意味する。信頼と誠実は思春期初期の子どもたちの最も重大な優先事項であり，正しい行為と公平な決断を決定するものである。一例をあげると，クラスで話し合った次の問題は11歳児と父親，2人の兄とが家で討論したことがらに基づいて書かれた困惑ジレンマである。

ある金曜日に学校であったことです。1人の5年生の少年がいて，その週末は彼の誕生日でした。何人かの子どもが普段から怠けていたため，先生はふつうの宿題に追加した膨大な量の宿題をクラス全体に出しました。この少年ジョーは怠けていたわけではありませ

んでしたが、先生に頼んで自分だけこの宿題を免除してもらおうとはしないことにしました。

かくして、週末になって、いとこが大勢遊びにきたにもかかわらず、ジョーはほとんどの時間を自分の部屋で宿題をするために費やし、自分のパーティーに、ほんの数時間しかいられませんでした。

月曜日の朝になって、ジョーが宿題をすべて終わらせて学校に向かっていると、クラスのとても仲のいい友達に出会いました。その子は、宿題ができていなくて、おびえて泣いていました。彼女はジョーに写させてくれるように頼みました。彼はどうしていいかわかりませんでしたが、彼女とは仲がいいこともあって、ついには宿題を写すことを許し、彼女はそれを実行しました。

教室に入ると、先生が子どもたちに、前に出て宿題を提出するよううながしました。が、先生は何人かの子どもの不正をうわさで聞いていたので、人のを写したり、人に写させた人は席に残っておくよう指示しました。ジョーはとてもいやな気分になりましたが、正直にするべきだと思い、席に残って宿題は提出しませんでした。ジョーが座って見ていると、宿題を写した女の子が、写した宿題を提出しに先生の机に近づいていくではありませんか。

道徳的に考えて、もしあなたがジョーだったら、今、どうしますか？　それはなぜですか？[*4]

当然、物語の各部分に道徳的葛藤が含まれている。つまり、教師の与えた罰は公平だったのか？　ジョーは"怠けて"いなかったのに追加の宿題をやることにしたのは正しかったのか？　ジョーはクラスメイトに宿題を写させるべきだったのか？　女の子がジョーに頼んだことは公正だったのか？　その女の子にとって写したことを黙っていることは正しいことだったのか？　しかしながら、ここで重要なのは、11歳の筆者の視点では"友だちが嘘をついたことを言いつけるべきかどうか"を道徳問題と考えていたことである。この問題は、第2段階の「私に―とって―得なことは何か？」という視点から第3段階の特徴である「私の―友達に―とって―私の義務は何か？」という視点への移行期にある子どもに体験される種類の道徳的苦闘（moral struggle）に焦点を当てるものである。これに対して、ジョーの問題の筆者よりもさらに低い年齢の子どもは、物語中の泣いていた子どものように、教師に従わないことを最も気にして、おそらくこわがるであろう。

そして第3段階で判断する中学・高校生は、ジョーの問題を違った視点で見るだろう。第3段階の判断理由づけを用いる者は、集団の規範を組み入れた視点で

考える能力をもっている。集団という見方は抽象作用であるため，これは認知的に大きなステップといえる。ジョーの困惑ジレンマ（predicament）についての青少年の道徳的関心は，集団全体の権利に向けられる。集団として公平な解決に到達するために私たちは何をすればよいのか？ 宿題を写したこの女の子を"私たちの集団"から除外すべきだろうか？ 教師が私たちを助ける存在だとしたら，私たちの教師が追加の宿題を出すことは公平なのか？ ほかのクラスが罰としての宿題を出されていないのに，私たちが宿題を追加されるのは公平なのか？ 追加の宿題もしなくてはならないという校則がないなら，私たちはそれをやらなければならないのか？ この道徳性発達段階の青少年を教えている教師は，このような集団志向の関心事に焦点を当てる必要がある。

　高校生を教える教師にはまた違う課題がある。青年たちは道徳性の包括的な道徳次元，すなわち正義の概念に高い関心を示す。実際教師たちは，高校生にとって何が正しいのかという問いに絶えず悩まされているとしばしば言う。道徳判断理由づけの慣習的水準にいる青年は抽象的に考えることができ，道徳的な問題の解決にあたっては進んで法律的あるいは社会的な見方をしようとする。したがって，教師は道徳問題をこの抽象的視点から考える必要がある。以下は慣習的水準で判断をする青年が関心をもつ一般的な疑問である。

・自分が教えられてきたことと矛盾することを友人からやれと言われたとき，どうすればいいのだろうか？
・社会にとって重要な規則とはなんだろうか？
・ある一連の規則が別のものと矛盾したらどうなるだろうか？
・みんなが規則に従わなかったらどうなるだろうか？

　高校の最終学年にいる青年のうちの何人かは，ある社会では正しいことが別の社会では正しいとは考えられていないかもしれないということを認める立場をとる能力をもつかもしれない。このような脱慣習的水準への移行期にある子どもは，道徳的問題に対して相対的な立場をとり，そのことで，たいてい欲求不満に終わるであろう。彼らは，各社会がそれぞれの基準を形成できるため，社会にとって一般に何が正しいかを決定しようとするのは意味をなさない，ということが理解できる。このような子どもを教える教師は，ある特定の社会の特別な法律の制定より以前に，人々の権利を定義する可能な原則を探す手助けをすべきである。抽

象的で哲学的な質問は，教師が追究していく上で重要といえよう。

・法律はなぜつくられたのか？
・人々はいかなる状況においても法に従わなくてはならないのか？
・許されるとしたら，どんな状況で人は法を破るべきなのか？
・ある法律が正しいか正しくないかの判断は，何を根拠に行なえばよいのか？
・もし一個人が故意に不当な法律を破る場合，その人にはその結果を受け入れる責任があるだろうか？

　以上が，5つの異なる年齢の子どもたちが道徳問題をどのように違って見ているかの例である。これらが示すのは，子どもにとって何が道徳問題を構成しているのかを教師が知る必要があるということである。これを実行するには，子どもたちの発達的特徴を慎重に考えなければならない。これらの発達的な違いを理解しようと努力することが授業過程全体の基礎である。

◆ 4節　葛藤を創ることと役割取得を刺激すること

● 理論的背景

　子どもたちの発達的な特徴を知ることに加え，何が子どもの現在の発達段階を次の段階へ刺激するのかを教師が理解する必要がある。すなわち，道徳性発達が確実に連続して起こる環境をつくるために，教師は実際に教室で何をすればよいのかを考慮しなくてはならない。

　社会的相互作用によって，個人は異なる道徳性発達の段階にいる人と接触することができる。コールバーグの相互作用モデルによれば，より適切な判断理由づけのパターンに接することで認知的不均衡が引き起こされる。この新しい情報を同化するために，人は現在の思考構造をより複雑なものに調節しなければならない。そこで新たな構造の構築が始まる。結果的に，道徳判断理由づけについて，次のより高い段階の発達が起こる。[*5] これまでの研究は，教師が道徳性発達を促進する条件をつくりだす上で役に立っていることを示してきた。この過程で，教師には2つの主要な機能がある。①葛藤を創ること，つまり子どもたちの思考パターンを刺激し成長を促進するような種類の葛藤を創り出すことと，②自分以外の他者の視点にたつという子どもたちの能力を刺激することである。

●葛藤を創造する

　コールバーグの研究に基づく教室での授業の第一の原則は、各段階における思考の方法を直接に教えることができない、ということである。むしろ、ある人の道徳判断理由づけのパターンは社会的環境との相互作用から自己発生し、徐々に変化していく。教室は認知的葛藤が起こる豊富な環境を創り出すことができる。次の4つの相互作用が認知的葛藤を刺激するであろう。

　①自己との対話、②ほかの子どもたちとの対話、③教師との対話、④教師の自己との対話、である。

■子どもの自己との対話

　認知的葛藤を創り出すのは子どもの自己との内的な対話である。子どもたちは道徳問題の解決についてよく考え、自身の頭のなかで、葛藤している理由を比較検討しなければならない。

- 私はなぜハインツが薬を盗むべきでないと思うのか？
- 法律に従うことの方が私の身近な人を助けることより重要だと本当に私は思っているのか？
- この道徳問題はなぜこんなに解決が難しいのか？

　このような葛藤を解決する必要性が、結果的に段階の変化となって現われる。つまるところ、ほかの3種類の相互作用における対話のプロセスは、その子ども自身の思考過程と関連して、子どもがしっかり考えるように仕向けている。しかしながら、この自己との内的対話に行き着くためには、たいてい他者との相互作用を必要とする。

■ほかの子どもとの対話

　子どもどうしの相互作用により、彼らは自分自身の段階より上の思考段階に身を置くことになり、これが彼らに現在の思考方法を越えるような刺激をする。

- サリー、どうして人の命を救うために盗むことが、法に従うことより重要だと考えるの？

・ジム，私はあなたには反対です。あなたはこのジレンマを解決するにあたって，社会の視点を考慮していないよ。
・考えを変えました。ジュアンが言った，友人を傷つけたくないという意見に私は非常に納得したもの。

　クラスの対話にそれぞれ反映された道徳判断理由づけの3つの隣接する段階を聞くことはよくあることである。自分自身の判断よりも，次のより高次の段階での判断にふれることは，道徳性を発達させるにあたって最も助けとなる。

■子どもと教師の対話

　子どもたちは教師との相互作用からも同様に得るものがある。子どもたちの判断理由づけのパターンを理解しようと思えば，教師は"子どもの"理解の枠組みのなかで反応しなくてはならない。教師との対話によっても，子どもは道徳判断理由づけの次のより高次の段階へと自分たちの思考を刺激することができる。

　　子ども：ハインツは薬を盗むべきではありません。彼は妻に何も借りがないからです。
　　教師：「妻に借りがない」とはどういう意味ですか？
　　子ども：だから，もし彼女が彼のためにはこれまで何も盗んでないとしたら？　どうして彼がやる必要があるんですか？〈第2段階の判断様式〉
　　教師：少しの間，私が奥さんになりましょう。「ハインツ，私たちはずっと愛し合ってきたじゃないの。私たちの間には強い絆があるはず。私は今，とっても苦しいの。あなた，私の気持ちを想像できる？　立場が逆だったら，私だったらあなたのために盗むわ，愛しているから。」さあ，あなたなら私になんと言いますか？〈第3段階の判断様式〉

■教師の自己との対語

　上記の3つのレベルにおいて，どのような条件・行動が効果的に相互作用を刺激するために必要なのか，教師は慎重に考えなければならない。

・このケースで最も注目すべき最良の道徳問題はなんだろうか？
・子どもの使っている判断理由づけをしっかり聞いているだろうか？

・彼らの思考をふくらませるようにうながしているだろうか？
・この特定のグループについて，私は認知的葛藤を刺激するような効果的な質問をしているだろうか？

　これらの相互作用が起こるような条件を始動させるのが教師である。この責任は，教師が教室での道徳教育の中心で，すべてコントロールしていることを意味するのではない。むしろ，教師は意図的，かつ体系的な教育学のスキルをもって教室に入り，発達へとつながる社会的相互作用を起こす触媒となる存在である。もちろん，教師の自己との対話のプロセスには，子どものために効果的な認知的葛藤を創り出す上で，教師が成長していくという意味もある。
　要約すると，認知的葛藤を創ることは道徳教育者のもつ2つの主要な役割の1つである。対話の促進はこれを行なうためのおもな手段の1つである。教師の役割は，今の段階より上の道徳判断理由づけに子どもたちがふれる社会的な交流を促進することであり，現在の判断理由づけのパターンを次へ移行するように刺激することである，ということになる。

●社会的な視点取得を刺激すること
　教師の2つ目のおもな機能は，子どもが他者の視点から見る能力，すなわち他者に役割取得する能力を刺激することである。くり返すが，この役割取得の過程を起こす基本的な手段は対話である。そして役割取得の機会は，道徳性発達を刺激するものである。
　理論的には，役割取得は道徳性発達に重要である。なぜなら，道徳的な葛藤は他者の視点にたつことが可能になった結果起こるからである。もし他者の視点を想定することができなかったら，葛藤など見えてこない。さらにいうなら，これまで見てきたように，私たちの他者の視点を考える能力は年齢とともに質的に変化する。また，小学校時代の教育で役割取得を強調したが，後の思春期における道徳性発達においても重要であることに注目したい。他人の立場にたつ（walk in another's shoes）という認知的能力が，前慣習的道徳判断から慣習的道徳判断に発達する最初のステップである。
　道徳教育の授業で，教師はグループのおもな役割取得者となる。理由は，成人として，教師がクラス内の各個人の視点と全体としての集団の視点にたつ能力を

最も有していると考えられるからである。教師がそれぞれの子どもの視点にたつ能力はきわめて重要なスキルである。これは子どもが他者を，自分と似てはいるが考え方，感情，世界観の面で違っていると見る助けとなることを意味している。「ということは，あなたもポリーも万引きはいけないということに賛成なのですね。でもポリーがもし自分がやったら母親がどう思うかを気にしているのに，あなたは友達からプレッシャーがかかればやってしまうかもしれないと思うわけですね」。もう1つ重要なのは，子どもに他者の視点から自分自身を見るように仕向ける教師の能力である。これもまた，視点取得の一面である。「キャロル，あなたがマイクだったらこの問題をどう解決すると思いますか？」というような質問をすることだけが重要なのではなく，「キャロル，マイクだったらあなたがこの問題をどう解決すると考えると思いますか？」というように，キャロルに，他者が自分を見るように自分自身を見るよう仕向けることも必要である。

最後に，認知的葛藤と社会的視点取得の両方に関係する点を強調しておく。私たちは子どもたちが"自然に"自分たちのために認知的葛藤を用意したり，"自動的に"他者の視点にたつというようには考えられない。これら2つの機能を確実に用意するのが教師の役目である。継続的に発達の機会を促進するかどうかは教師にかかっている。

◆ 5節　道徳的気づきの発達

認知的葛藤および社会的役割取得を刺激する機会を教室で創るにあたって，教師の最初の課題は子どもの道徳的気づきを高めることである。教師は，子どものカリキュラムの内容を検討するのと同様に，子どもが子どもどうしの相互作用の道徳的次元に目を向ける助けもしなければならない。これを達成するためにさまざまなアプローチが使われてきた。最も一般的に使われる2つの方法は，子どものディスカッションのために仮説的モラルジレンマと現実的モラルジレンマの提示である。

● 仮説的モラルジレンマ

教師は一般に，「モラルディスカッションをリードする」という表現で知られるようになった手法を用いて道徳問題をクラスに導入する。コールバーグ理論を

教育的実践に適用した初期のいくつかの研究において，研究者たちは"古典的"モラルジレンマ（例えばハインツのジレンマのようなもの）をディスカッションのために子どもたち，あるいは青年たちに与えた[*6]。これらのジレンマは伝統的にオープンエンドの仮説的問題であり，抽象的で曖昧な登場人物に関する権利，責任，あるいは主張などの間に生じる葛藤を含んでいる。これらのジレンマの登場人物は，時間，場所，人格については何も特定されていない状況に置かれている。そして，登場人物は決断を迫られる場面に遭遇し，子どもたちはその決断の解決を求められる。

これらのいわゆる古典的ジレンマは仮説的・抽象的であるが，それらはたいてい劇的な要素や感情的な魅力にことかかない。これらはふつう，私たちが一生のうちのどこかで空想したことのあるような，たいへんな緊張をともなう「生か死か」の状況である。次の"砂漠"はそのような仮説的モラルジレンマの1つである。

> 2人の人間が砂漠を越えなければなりませんでした。出発したとき，2人とも同量の食料と水を持っていました。砂漠の真ん中で，1人の水袋が破れて水がすべて流れだしてしまいました。2人で水を分け合っていけば，途中でのどの渇きのために死んでしまうということは2人とも知っていました。もし1人だけが水を飲みながら行けば，その1人は生き残ることができるでしょう。
> さて，2人はどうすればよいでしょう？　理由を言ってください[*7]。

私たちはディスカッションについての教授学的技法をこのような仮説的ジレンマのディスカッションに限定しているわけではない。このようなジレンマの問題点は，現実生活の状況がもつ豊かさや曖昧さを十分に提示できないことである。道徳問題にアプローチし，解決する多様な方法に欠けている。仮説的モラルジレンマに続く発問はオープンエンドであるが，状況そのものは厳格な道徳のひとまとまりである。つまり，その状況にかかわる人々の権利と彼らの他者に対する顕著な道徳的義務や責任に重点的に焦点を当てているということである。

● 現実の道徳問題

対照的に，より"自然な"あるいは実生活の（true-to-life）道徳問題は，日常の社会的体験の曖昧さにより近いものである。最も重要なのは，現実の道徳問題

は子どもに葛藤の解決に向かう可能性を与えることである。1つには，現実の道徳問題を扱ったディスカッションは，子どもたちの生活における，普段は無視されるような葛藤に注意を持続させるからである。問題解決場面において，みんなが自分と同じように考えているわけではないことを覚えるにつれて，子どもたちはより強い興味と激しい感情的かかわりを感じる。本質的には，現実の問題では思考の練習以上のものが求められる。以下の事件を書いた2人の中学2年生の少女の視点にたつことから判断できる。

　　キャロルという名の女の子が，昼食の時間にカフェテリアでチーズを投げているところを見つかりました。彼女はこのことについて，すでに警告を受けていました。このことで，彼女の学年（中学2年）の女子は全員，1週間アイスクリームを買えないことになりました。キャロルは自分のせいではないと主張し続けました。女子全員が彼女に対して怒っています。彼女はどうすべきですか？

　1.今，キャロルの友人たちは彼女のことをどう思っているだろうか？
　2.彼女たちはアイスクリームをもとどおり買えるように取り組むべきか？　それを行なうにあたって，彼女たちはどんな理由をあげるだろうか？
　3.クラス全員に対してアイスクリームを1週間禁止するのは正しかったのだろうか？　なぜか？　別のよい解決策は何だったのだろうか？　なぜか？[*8]

彼女たちは明らかに，この問題についてなんらかの行動がとられることを望んでいる。彼女たちは道徳的葛藤がわかり，それを討論し，解決するよう動機づけられている。私たちが主張するのは，そういうときに教師は，子どもたちに現実の道徳問題を解決するようにはっきりと述べ，みんなで向かい合い，よく考えることをうながすことによって，子どもの道徳的気づきを高めることであり，子どもが道徳的行為を行なう機会を増やす助けとなることである。さらに，教師にとって重要なことは，子どもたちが自分の経験を生かして道徳問題を解決する機会をつくることであることを付け加えておく。これにはおもに3つの理由がある。

第一に，私たちは皆，道徳的な決断を含む場面とその他の問題解決に関する主題（よい/悪い，賞賛/非難の質問を含む）とを区別するのに苦労を要するからである。この本において何度も述べてきたように，ある年齢の子どもの道徳問題が，別の年齢群ではそうはとられない可能性がある。子どもたちは自分の道徳問題を

定義する機会が必要なのである。この重要な概念をみずからとらえる試みとして，著者の1人は道徳的状況と非道徳的状況を区別する微妙な境界について，「もちろん，自転車を青く塗るか緑に塗るかはとても重要なモラルジレンマになり得るよ！　もし私がその自転車を盗んだとしたら，いつでも緑から青に塗り替えて隠しちゃうよ！」と言う13歳の子どもから多くのことを学んだ。

　子どもの道徳的気づきを子ども自身の体験をとおして高める第二の理由は，子どもがオープンエンドなやり方で道徳問題を討論することに慣れていないことである。親，教師，学校管理者はたいてい，従うべき規則や守るべき一般的な考えという形で，子どもに代わって道徳的な決断をする。したがって子どもや青年は，道徳問題が自由に討論できるものであり，いっしょに考えられるものであるという考えを示す大人の誠実さを疑うかもしれない。

　子どもの道徳的気づきを伸ばす第三の理由は，最も深く認知発達理論にかかわるものである。道徳問題についての理解は，その人の道徳性発達の段階によって異なる。前慣習的段階の判断をしている人は，モラルジレンマの解決が自分の外にいる権威的な人物の手によるという考えを用いる。例えば，盗みに関する道徳的葛藤は，第1段階においては必ずしも存在しない。結局は「盗むのは悪いこと，まる」であるから。したがって，これは"簡単な"道徳問題である。なぜなら1つの単純明快な道徳的決断が下されているからである。

　この同じジレンマは，例えば店のオーナーの法的権利と食べ物が不足している家族を養う盗人の権利との間のジレンマのように，葛藤を違った視点からとらえる人にとっては解決が"困難な"ものとなるかもしれない。子どもたちは自分のクラスメイトの体験したさまざまな道徳的感受性にふれることで利益を得るのである。

● 道徳的気づきを高めるための日常の機会

　仮説的，現実的モラルジレンマの導入に加え，教室での毎日の相互作用が討論すべき道徳問題を豊富に与えてくれる。教師と子どもが道徳問題の気づきを発達させる機会は，おそらく小学校のクラスが最も多いであろう。同じ教師と子どもがほとんど1日中いっしょにいるだけに，無数のモラルジレンマの芽が毎日の授業のなかで顔を出す。

・子どもが自分の持ち物が机や棚からなくなっているのを見つけたとき，どうなるだろうか？
・自由時間を管理する公平な規則は何か？
・休憩時間に，あるグループが他の人々とボールをいっしょに使うのを拒否したらどうなるか？
・列に割り込む子どもはどのように扱ったらいいか？
・自由活動の時間に，教材を公平に分担するやり方は何か？
・掃除の時間はどうすれば公平に分担できるか？
・数日間続けて同じ2人の子どもがけんかをしたらどうなるか？

　自明のことであるが，このリストにあがっている教室のジレンマはほんの始まりにすぎない。このような例が発生したときの重要な最初の一歩は，教師がこれらの個々の状況をともに活動する共同体であるクラスに影響する道徳問題として見ることができることである。したがって，教師の最初の教授学的課題の1つは，子どもが学校内と学校外の両方における子ども自身の生活での道徳問題を意識するようにさせることである。これを行なう1つの方法は，子どもに1週間に出くわした現実の道徳問題を記録するために日記をつけさせることである。同じように教師がこれを行なうことも役に立つ。

　最初，子どもたちはたいてい，自分の問題を口に出すほどクラスの仲間や教師を信用していない。しかし，教師が「友人または知人に起こった」道徳的葛藤のことを書くようにいうことで，これを解決できる。子ども，とくに青年期の子どもはたいてい，第三者の形で書くことにより安心感を覚える。このプライバシーの感覚を尊重することが重要である。

　新学年が始まって数週間後にこのような「個人的な道徳的葛藤」の例は第三者の立場から書かれたものだが，それを以下に示す。その教師は中学2年生の筆者に，自分の書いた出来事に続いて道徳的葛藤を強調するオープンエンドの質問をつくるよううながした。

　　先生がスペルのテストをしました。あなたは，隣で親友がポケットから単語帳を取り出すのを見てしまいました。先生は彼女が不正をしていることに気づいていませんでした。

1. この子どもは親友に対して、なぜ不正をしたのか聞くべきですか？ なぜですか？
2. 正当な理由があるにしろないにしろ、その女の子は不正をすべきですか？
3. この子どもは親友のことを言いつけるべきですか？ なぜですか？
4. この子どもは親友の不正を見なかったふりをすべきですか？ それとも親友のことを言いつけるべきですか？ 彼女のことを言いつけてもよい理由は何ですか？ 彼女のことを言いつけなくてもよい理由は何ですか？
5. もし先生が親友の不正を見つけたら、彼女はどうすべきですか？ なぜですか？

　校長先生はすべてのクラスをまわって、子どもにシンディをどこかで見たかどうか聞いていました。彼女は1時間姿を現わしていませんでした。校長先生はベッツィのところに来て彼女を見たかどうか聞きましたが、ベッツィは「いいえ」と答えました。
　その後、ベッツィは汚れた手を洗うためにトイレに入りました。ベッツィが、そこにシンディがいるのを見つけると、シンディは叫びました。
　「あたしがタバコ吸ってることを言ったら、放課後みんなであなたを殺すわよ」
　シンディには彼女に味方をする女子がたくさんいたので、ベッツィはこわくなりました。その後、2人の教師が来て聞きました。
　「どこかでシンディを見なかった？ 彼女が見つからないんだけど、もし私たちが見つけられないと警察を呼ぶことになるの。彼女のお母さんがたいへん心配しているのよ」

1. ベッツィは殴られるリスクをおかしてシンディのことを言うべきですか？ それはなぜですか？
2. ベッツィはうそをついて親の心配を増やすべきですか？ なぜですか？
3. ベッツィは知らないというべきですか？ それをするよい理由は何ですか？ それをしないよい理由は何ですか？
4. ベッツィから見て、シンディの母親、彼女の先生、校長先生のうち、だれが最も心配していますか？
5. もし何かあるとすれば、警察はこのジレンマについて何をすべきですか？

　だれかが図書館からビデオテープ機を盗みました。鍵は隠されており、男子生徒3人と司書2人の合計5人だけがその場所を知っていました。司書たちは2人とも自分はやっていないと言っています。
1. 司書たちは3人の男子生徒を非難すべきですか？ 別々に？ いっしょに？ なぜですか？ 男子生徒と話すとき司書たちは何と言えばよいですか？

2. 校長先生はかかわるべきでしょうか？　なぜですか？
3. 男子生徒が3人ともやっていないなら，彼らはだれがやったか探しだすことになんらかの責任があるでしょうか？　なぜですか？
4. 代わりの装置を置く責任はだれにあるのでしょうか？　なぜですか？

　3人の女の子が昼食の時間に学校内で喫煙しているところを見つかりました。ある教師がそれを見つけて学校長に報告しました。子どものうち2人は，以前にも学校内で喫煙して見つかっていました。もう1人は彼女らといっしょに喫煙していたわけではありませんが，学校外では友達と喫煙することが知られていました。

1. 3人とも同じように考えるべきですか？　なぜですか？
2. 公平な罰は何でしょうか？　なぜそれが公平なのですか？
3. 校長先生は決定を下す際に，彼女たちの他の状況での喫煙習慣を考慮すべきですか？　なぜですか？　校長は，彼女たちの親も巻き込むべきですか？　なぜですか？
4. 校長先生は彼女たちの担任に報告すべきですか？
5. もし彼女たちが学校内での喫煙を見つかったのがこれが初めてだったら，違いはあっただろうか？　なぜですか？　その場合，校長先生の決定は違ってくるでしょうか？[*9]

　道徳的気づきの発達は，子どもと教師の両方の積極的なかかわり合いに依存する。普段大人が自分たちに代わって道徳的決断を下しているだけに，子どもたちは自身の人生のなかの道徳的次元を探究していく必要がある。教師は2つの気づき過程を考慮しなくてはならない。第一に，クラスとカリキュラム内の道徳的葛藤の芽を「見抜く」ことを覚えなければならない。第二に，子どもと同様に，それらの道徳問題を子どもの道徳問題の水準の視点から概念化する必要がある。

◆ 6節　質問の方略

● 質問の重要性

　教師が高められた道徳的気づきをいったん発達させようとすると，道徳性発達を促進させるのに役立つ特殊な方略が必要になってくる。したがって，教師にとって次の課題は効果的な質問のしかたを覚えることである。質問する，いわゆるさぐりを入れるのは，オープンエンドの形で，道徳的次元に注目させ，回答者に

自分の判断理由づけを詳しく考えるようにうながすものである。論理は構造的発達を促進する教授学的過程の核にあるものである。

そして効果的な質問は，子どもの思考を伸ばすという点で重要である。これらの質問は子どもが自分の意見の背後にある判断理由づけを調べ，同様に自分の思考パターンを問題にするしかたでクラスメイトの相互作用をうながす。とくに，"正しい"質問は認知的葛藤と社会的な役割取得を刺激することができる。

質問するには少なくとも2つの段階がある。すなわち，最初の質問方略と深い質問方略である。最初の方略は教師と子どもを道徳問題の討論に導き入れ，子どもの道徳的気づきを高め続ける。深い方略は，道徳判断理由づけに構造的変化をもたらすような討論の構成要素に焦点を当てる。

● **最初の質問方略**

教師たちがクラスで道徳問題に取り組むとき，子どもたちが道徳問題をじっくり考えるように絶えず積極的に支援する必要がある。教師はふつう，以下の理由から，多くの質問を子どもにしなくてはならない。①教師は子どもたちに判断理由づけを思慮深く考える人間だということを自覚させなければならない。②子どもたちが，与えられた道徳問題の葛藤を構成する要素をはっきり述べることができるように教師が助ける必要があるためである。

前節の例は，教師が最初の討論で，もしも，同じ分野の他の教育者がすでに実践してきたいくつかの"伝統的な"モラルジレンマを選んでいたならば，より気楽に感じることをしばしば明らかにしている[*10]。最初に，効果的な討論を導くことを学ぶとき，教師の役割は以下の主要なポイントを含む。

1. 子どもたちが話題にしているモラルジレンマや問題の理解を確実にすること
   ・さて，ハインツのジレンマについて読みましたが，何が問題なのかを自分のことばでもう一度述べてくれますか？
   ・ソニアはこの状況で私たちが知っている事実をあげてくれましたね。では，一人ひとり，自分から見て，何が，ここでのおもな道徳的葛藤なのかを書きだしてみてください。

2. 子どもたちが，その問題特有の道徳的内容に取り組むのを助けること
   ・今日しっかり考えようとしているおもな問題は「ハインツは薬を盗むべきか」

です。
- このジレンマにおいて，その男性が餓死しそうな家族を養うために牛乳を盗むべきかどうかを決めなくてはなりません。決めるために，彼が直面している葛藤は何なのでしょうか？

3. その問題に対する子どもたちの意見の奥にある理由を引き出すこと
- あなたが，ハインツが薬を盗むべきだと思うのはなぜですか？
- このグループの人はみんな，この男性が牛乳を盗むべきであると考えるおもな理由を書きだしてくれますか？ 盗むべきでないと思う人，こちらに来てその理由のリストを書いてください。それから，まだ決めていない人，同じように理由をあげてください。

4. 異なる理由をあげる子どもたちがお互いに相互作用しあうようにうながすこと
- ここに２つの異なる主張があります。つまり，薬屋さんの所有権があるから，ハインツが薬を盗むべきでないと感じる人たちと，それからハインツの妻への義務感が先にくると感じる人たちがいますね。これらの違いをもっと深く探ってみましょう。
- マーガレットとペーターは，この男性が牛乳を盗むべきかどうかについては同じ意見をもっているようですが，その（意見を支持する）理由は違っています。だれかその理由をもう一度述べてくれますか？

　この初期段階で，教師は，子どもたちが解決のために使った理由による，異なった意見を聞く機会がある。道徳判断の異なる段階を構成する考え方の特徴に耳を傾けることを学ぶのは，時間がかかるものであるがこの点を明らかにすることは重要である。私たちは教師に，それぞれの返答を道徳判断の段階に分類することを要求しているのではない。１人の子どもからの１つや２つの意見で不変の段階が決まるわけではない。さらにいうなら，子どもはしばしば，状況によって，判断の３つの段階の要素を用いることができるのである。
　最初に，教師は複雑な異なる水準の"感触"を認識しようとするということを示唆する。つまり，その回答者は，解決案にたどり着くのに，だれの視点を取り

入れているのか？　解決案を考えだすのに，何人の異なった視点が取り入れられているか？　"法律"や"社会"がどう考える可能性があるかというような抽象的な思考が考慮されているか？　子どもは，だれをその状況における道徳的権威の源と見ているか？

　教師にとって，質的に異なる種類の質問やコメントを時間順に配列することを考えることは重要である。これは，教師が道徳性発達を刺激することを望み，道徳的討論がリスクテイキング（注：誤りを恐れない学習態度）を含むからという，両方の理由から必要である。仲間のプレッシャーはしばしばリスクテイキングを妨げ，そしてそれゆえに，もし集団の規範が，開けた，正直なコミュニケーションを妨げるならば，道徳教育の目標に反することにもなり得る。一連の異なる種類の質問を以下にあげる。

■道徳問題の強調

　これらの質問はふつう，道徳問題において子どもにある立場をとるよう求めるような，対話の口火を切る機能をもつ。そして子どもが，状況が葛藤や選択の解決を必要とするジレンマだとわかるようにする。それらはふつう，"すべき""するのが当然"や"正/誤"の質問を含む。例えば，ハインツは薬を盗むべきか？　他者の命を救うために盗むことは間違っているのか？　そのような事情で盗みを働いた人々は処罰されるべきか？　といったこれらの質問は，だれかが支持したいと望む意見の内容に焦点を当てるものである。

　以下に示す例は，筆者の1人が，道徳問題を強調することによって3年生の集団とどのように道徳的討論を始めたかを具体的に説明するものである。このジレンマはその筆者によって書かれたが，4か月前に起こったクラスでの出来事（仲間に入れてジレンマ）をもとにしている。

　　先生：あなたたちに，1つのお話を読みたいと思います。お話のあとで，質問をしますから，答えたい人は一人ひとり，手をあげてくれるかな。そうしたら当てるからね。では，お話です。スミス先生は3年生の先生で，算数の授業のときには，子どもたちにいっしょに勉強してお互いに助け合うように言っています。子どもたちはいっしょに勉強するのが好きです。なぜならその方が授業中に終わる勉強の量が増えて，宿題が減るからです。ビリーとトミーは，いっしょに勉強する

のが好きな、クラスの男の子たちです。ルースとシャロンもクラスでいっしょに勉強するのが好きな女の子たちです。スミス先生は、普段は友達どうしでいっしょに勉強させています。ところがある日、シャロンが欠席したため、ルースは仲間がいなくて、一人ぼっちになってしまいました。その日、スミス先生は、ビリーとトミーに、ルースもいっしょに勉強の仲間に入れていいか尋ねました。彼らはいやだと言いました。はい、お話はわかりましたか？

子どもたち：はい……はーい……わかりましたぁ。

先生：ビリーとトミーがルースといっしょに勉強したくないといったことについて、正しいと思いますか？

子どもたち：はい……いいえ……はい……。

先生：はい、では手をあげてください。

レーナ：彼女はその日、友達が必要だったんだから、彼らはいっしょに勉強するべきだと思います。

先生：わかりました。ドンナは？

ドンナ：男の子たちは、彼女が助けを必要としていることを知っているはずだから、正しいことではないと思います。彼らは「ルースといっしょに勉強したくない！」なんて言うべきではないと思います。

先生：それは、何が間違っているのですか？

ドンナ：その状況では、彼女は助けが必要なんだもん。

先生：うーん……あ～。他にだれか？

　解決がどうあるべきかについて、クラスの意見が分かれていると、討論はとくにいきいきとしたものになるだろう。しかしながら、時には教師はこれらの質問を初めて試みると、「行き詰まった発展性のない」討論に直面してしまうことがある。そのような場合、子どもが仮に一言で答えていたとしても、子どもが思いきって答えたのだということを、教師は念頭に置いておかなければならない。教師は忍耐強く、以下のような質問を引き続いて行ない、子どもが追求し、自分の立場を正当化することを助ける必要がある。

■ 「なぜ？」という質問を発すること

　「なぜ？」の質問は、子どもに道徳問題についての自分の立場にたつ理由を尋

ねるものである。理由は子どもの思考の構造を引き出す。またこのような質問はまた，自分たちがほかのクラスメイトと同じ内容の意見をもっているかもしれないが，その判断理由づけは非常に異なっているということを子どもたちがわかるチャンスを与えるものでもある。思考パターンにおけるこのような違いは興味や対話を刺激し始める。「なぜあなたはジレンマへの自分の解決案がよいと思うのですか？」とか，「あなたがしたように問題を解決しようと決めたのは，おもにどんな理由からですか？」のような質問は，2つの例である。

　子どもの判断理由づけを引き出すことに大人が注目する様子を説明するために，ここではスミス先生がかかわっているジレンマの討論を続ける。

　　子ども：彼女だけ仲間がいません。
　　子ども：そうね。だけど，その先生はなんていった？
　　先生：この話では，その先生はいっしょにするようにいっていますね。
　　子ども：じゃあ，もし，先生がやらないといけないといったのなら，えーっと，そのときは，やらなければならないと思います。〈第1段階の判断様式〉
　　先生：先生がルースを2人の男の子といっしょに勉強させようと思ったのはどうしてだと思いますか？
　　子ども：私が知りたいのは，どうして先生がルースに，男の子といっしょに勉強するようにいったのかということ。
　　子ども：ええっと，ただルースといっしょにできる女の子がいなかっただけかもしれない。
　　子ども：私は，彼女は男の子と勉強するべきだと思います。そうすれば，例えば，また別の日に友達の1人がいっしょに勉強する人がだれもいなくても，そういうのに慣れるから。「あ～あ，男の子といっしょはいやだなあ」とはならないでしょう。
　　先生：なぜ，そういう状況に慣れるべきなのですか？（何人かが笑う。子どもたちはちょっと止まって考え出す）
　　先生：レーナ（話す用意ができている），どう思いますか？
　　レーナ：私は男の子も女の子もいっしょに勉強できるようになるべきだと思います。その方がずっといいです。（ディスカッションが続く）

■状況を複雑にすること

　より深い探りを入れるため2種類の質問や主張によって，もともとの道徳的問題を複雑にすることができる。1つは，もともとの問題に新たに情報や状況を加えることで，状況を複雑にし，認知的葛藤を増大させるタイプである。ハインツのジレンマでは，例えば，以下のようなものを含む質問ということになろう。もしハインツの妻が，彼に薬を盗むように（あるいは盗まないように），はっきりいったなら，あなたは立場を変えますか？　もし，ハインツの事例を扱っている判事が，ハインツの友人だったと想像したら，それは，彼の決断は違ってきますか？　このような質問は，とくに役割取得の領域において，思考のさらなる分化を刺激する。子どもは，これにより，道徳的葛藤をどのように解決するかについて，複数の視点でじっくり考えることをうながされる。

　複雑にする質問のもうひとつのタイプは，子どもが道徳問題について"ジレンマの解消（escape hatching）"をしないために尋ねるものである。ジレンマの解消は，ふつう子どもが初めてモラルジレンマについて討論するときに起こる。しばしば彼らは何が正しいかという質問に対して正面から向かっていくことに抵抗を感じる。それよりもむしろ彼らは，ジレンマ全体を変えることによってその道徳問題に完全に答えようとする。一般的に，彼らはジレンマの事実を変えて，それによって葛藤を除くことでこの問題を効果的に解決しようとする。例えば，海上を漂流中の定員オーバーの状態にある救命ボートから何人かを海におろす決断に関するジレンマにおいては，子どもたちはたいてい，あふれた人をボートの背にロープでくくりつけることを望み，それによってジレンマに立ち向かおうとしない。この場合，子どもたちをこの道徳問題に向き合わせるためには，教師は例えばこう言うであろう。「このときにはボートに結びつけることはできないと仮定しましょう」あるいは「救命ボートにはロープはなかったとしましょう」など。または，教師はジレンマ自体を複雑化させるかもしれない。「ロープにつかまるとボートが沈んでしまうとしましょう。もしあなたが，母親と18歳の息子のどちらかを選ばなくてはならないとき，どちらを船からおろしますか？」

　子どものなかには道徳問題にまともに立ち向かい，それを直接討論することに抵抗を感じる子どもがいるという事実を，教師は尊重しなければならない。道徳問題の判断理由づけを考えてみることは，子どもにとってはたいてい新しいことであり，時にはたいへんなことである。教師の役割は道徳問題に立ち向かう過程

をうながすことであって，子どもがそれをするように後ろから"押す"ことではない。時間が経つにつれ，仲間集団が，ジレンマに直面する課題を想定することを助ける。

■個人的で自然な例

　個人的で自然な例の提示は，子どもたちが道徳問題について討論している間，子どもの道徳的気づきの発達を続けさせる。このような例は，全体としての社会での多くの問題や解決策の源と同様に，道徳問題が自分たちの日常の社会的相互作用のなかの一部であるという認識を子どもたちに与える。"個人的"または"自然な"というのは，この場合は，子どもや教師の体験の範囲内における状況を示す。この文脈からいけば，ニュースやテレビ番組でのジレンマについての質問は，個人的問題と同じくらい"個人的"であるといえるかもしれない。

　もし，ジレンマが個人的なものであれば，子どもの側に高い関心や感情移入が起こりやすい。このような状況は人々に，ちょっと立ち止まって新しい方法で日常的な問題を考える時間を与える。このような状況を個人化するような質問は，さまざまな社会の領域における子どもの思考を刺激するのに役立つ。つまり，このようなものである。「運動場で瓶を割る人々に対して，校長先生がどのように対処すべきかについて，あなたはどう思いますか？」「昨晩のニュースに出ていた上院議員がどのように投票するべきだったとあなたは思いますか？」など。

　時が経てば，子どもたちは討論したジレンマ教材を思い出すという個人的体験の例を話し始めるであろう。これらの状況は，子どもが多種多様な道徳問題どうしの関係にまで深く考えることをうながす。教師はこれらの具体的な認知的つながりに耳を傾けることを学ぶ必要がある。このような例は子どもの思考の謎を照らし出すのに役立つ。スミス先生のジレンマが招いた3年生とのディスカッションの続きにこのことを見ることができる。先生が「なぜ，男の子と女の子がいっしょに勉強することに慣れるべきなのですか？」という質問をちょうどしたところである。その問題は1人の子どもから持ち上がった。

　　先生：エミー，何か言うことはありますか？
　　エミー：えーと，私の意見はジャスティンやリチャードと似た意見です。クラスには他にも人がいるから，もし彼女が彼らといっしょにできないなら他の人といっしょにできるでしょう。大きくなっても同じように感じると思います。この人が

あなたの秘書として働いているとします。それは，あなたが大きな仕事をしているとしてです。そして，男の人が入ってきて，女の人が病気で，その男の人と働かなくてはいけなくなったといいました。それには慣れるしかないでしょう。私がいいたいのは，つまり，いつも女の子といっしょにいられるとは限らないでしょう，ということです。

先生：ローラ，どうですか？

ローラ：うん，それは，私も感じたことです。私が1年生のとき，買い物にいつも2匹の犬を連れていく女性を知っていました。彼女は，1時間は帰って来ないだろうといっていました。1時間後に私のお母さんは私を迎えに来ることになっていました。でも，私は彼女の息子といっしょに留守番しなくてはなりませんでした。そうやって，レコードを聴くなどしていろいろ遊んだんだけれど，その後，その子は男の子ばっかり3人も友達を呼んで，私は3人の男の子ともいっしょに家に残っていなければなりませんでした。

先生：そのときあなたはどう感じましたか？

ローラ：さあ，わかりません。

先生：まあ。そう。

ローラ：それからその子は私とはもう話をしませんでした。その子は友達と遊んでばかりでした。

先生：ローラ，あなたはそのことで彼が間違っていると思いますか？

ローラ：ええ。

先生：はい，ありがとう。（討論は続く；先生は再焦点化する）ということは，あなたは，先生がビリーとトミーに女の子であるルースといっしょに勉強させるべきだと思うわけですね？

■現実の道徳問題と仮説的道徳問題を選択する

現実と仮説的道徳問題のいずれかを選択するのにはいくつかの目的がある。第一に，この形態により何が道徳問題を構成するのかという子どもの見方の範囲を拡張するのに役立つことがあげられる。第二に，その多様性はクラスの子どもたちの興味の範囲を考慮している。第三に，仮説的ジレンマは問題の道徳的要素を強調あるいは引き立たせる想像上の葛藤場面であるため，子どもたちがしっかり考える余地がより大きくなる。葛藤は子どもたちの現実の生活とはかけ離れたものである。ある集団がそのなかでお互いの信頼を築いているとき，その集団

が個人的受容の水準において反応する準備ができていない段階で、子どもが自分をさらけ出すことを"強要されている"ようには感じていないことを、仮説的ジレンマは確実にするのである。

　とくに青年においては、仮説的ジレンマと現実のジレンマとの結びつきが発達的にも適切であり、クラスでうまくいく傾向がある。[*11]ピアジェの枠組みでいう、形式的操作の思考の段階初期にいる人にとっては、仮説的ジレンマの面白い側面はそれにともなう抽象的次元かもしれない。抽象的な知的思考の発達の一部には、自己内省的な能力が含まれる。したがって、現実の、個人的なジレンマは、仮説的ジレンマの欠点を補うものであるといえる。なぜなら現実のジレンマは他者との関連で自己についての推論を刺激するからである。自己の発見にともなう自己意識を与えられているということを考え合わせると、青年に、仮説と現実の間を移動する多種多様な機会を用意することが重要であるように思われる。

　この節で紹介した5つの考え方は、モラルディスカッションへの導入の「核（core）」を構成しているものである。教師と子どもの両方にとって、これらは道徳問題の理由づけの広がりをもたらすことを意味する。これらの導入的な努力に教師がかける時間の長さは、子どもの特定のグループの性質や、教師の討論を導くときの進行上のゆとりしだいである。

● 深い発問の方略について

　道徳の討論形式の第2段階は、発問の深さ（in-depth）に焦点をあてることを含む。教師の発問技術はこの変化に対応している。特定の道徳問題について子どもが深く考えることは、構造的変化を助長する内的な対話を促進する。子どもがさまざまな視点から1つの問題に取り組まなければならないとき、認知的葛藤が現われてくる。彼らは、問題に対する与えられた解決の適切性に満足するために、異なった理由や矛盾や視点に懸命に取り組む。

　いくつかの道徳問題に対して同じ発問をくり返すことは、子どもたちが現在の判断理由づけのパターンだけを用いることから抜け出る助けにはならない。教師は次のより高い段階の新しい思考パターンの出現を刺激するような教授方略を使う必要がある。おもに発問形式でいうと、いくつかの教師の介入が、これらのプロセスを容易にすることができる。

■洗練された探りを入れる

　発問は同じ道徳問題のたくさんの側面に探りを入れるべきものである。"すべき"あるいは"なぜ"という発問は段階変化を刺激するのに十分ではない。子どもはお互いに繰り広げられる議論を聞く必要があり、そうすることで彼らはその理由づけを理解し、お互いの論理に異議を唱えることができる。深く突っ込んで真実を見つけようとする5種類の発問が、効果的な発問方略を研究している道徳教育者によって明らかにされた。それはつまり、"明確化のための発問""道徳論点に目を向けさせる発問""道徳的価値の間の発問""立場を変える発問""普遍化した場合の結果を考える発問"である。*12

　"明確化のための発問"は、とくに言明の意味が曖昧であるときや内容の背後の理由づけが伝わらないとき、子どもに彼らが使ったことばを説明するように尋ねるものである。もし、教師が子どもの間の発達段階が異なっているために、彼らの考えを子どものことばで伝えることができないなら、明確化のための発問はとくに重要である。

　　子ども：いいえ、彼はテストをごまかした友達のことを告げ口すべきではないです。
　　　彼は悩むかもしれないです。
　　先生：どんな悩み？
　　子ども：彼の友達はもう彼のことが好きでなくなるでしょう。友達は何らかの方法
　　　で仕返しをするかもしれないし。〈第2段階の判断様式〉

　"道徳論点に目を向けさせる発問"は、問題に関係した道徳論点を探るよう子どもに求めた発問あるいは言明である。"論点"は私たちが道徳判断で、焦点化している部分と異なっている。私たちは、コールバーグが道徳判断のための面接の採点でこれらの論点をどのように使ったかをみてきた。これらの論点には権力、対人関係や感情の役割、契約義務や生命の価値がある。特定の論点に深く焦点を当てることによって、子どもは彼らの信念の奥にある理由づけを十分に明らかにする機会をもつ。彼らが直面している目下の道徳問題を超えて、その思考を適用することができる。

　　あなたは見知らぬ人に対してどんな恩義がありますか。家族や友達と見知らぬ人に対す

る責任とでどんな違いがありますか。
　　　なぜ，人は法の権威に従う責任があるのですか。

　"道徳的価値の間の発問"は2つの道徳価値で起こった葛藤の解決を刺激するためのものである。しばしば，ある1つの価値が他よりも優先されるということは隣接する発達段階の道徳判断理由づけの違いを反映している（例えば，第3段階における友情の価値は，第2段階の自分自身の利益を守ることよりも大切である）。それゆえ，この種の発問は，認知的葛藤の原因となる。なぜならば，子どもは他よりも1つの価値を選ぶなかで，彼らの理由づけの適切性の価値判断をしなければならないからである。

　　　友達への忠誠か，法律に従うことか，どちらがより重要ですか。
　　　だれかの命を助けるために，もし盗みが必要となったら，あなたはその決断を正当だとすることができますか。どのようにして？

　"立場を変える発問"は子どもに，葛藤のなかの主人公とは別の人の視点に立つように求める。この種の発問は子どもの役割取得能力を刺激するのに重要である。なぜならば，それは他の人の視点をとおして同じ状況を見ようとする練習になるからである。

　　　（テストをごまかした友達のことを告げ口するかどうかの状況を用いて）
　　　この場面において，友達は，あなたがいいつけることが悪いと思うでしょうか。しばらく先生になって考えてみましょう。このような状況であなたはどうすべきだと先生はいうでしょうか。なぜですか？　あなたの両親はどうすべきとあなたにいうでしょうか。あなたの友達の両親は，正しい行為は何だというでしょうか。

　"普遍化した場合の結果を考える発問"は，もし，すべての人が支持する理由づけを適用できるなら，どんなことが起きるであろうかを考えるよう，子どもに求める。この質問は，一般に人々に等しく公平に映るような道徳決断を子どもにしっかり考えるように求める。この種の質問は，道徳判断の背後の論理的適切性の限界を検証し，前慣習的で自己中心的な枠組からの道徳判断を，集団や社会

のような他の人々の権利を考える慣習的な段階へ移行するのを助長する。

　　もし，知っているだれかの命を救うためにみんながほかの人から盗むことを決心したら，何が起こるでしょうか。
　　もし，社会のみんなが法律に従わなくなったら，何が起こるでしょうか。
　　もし，みんながテストでカンニングをしたら，先生はどのように授業をし，子どもたちの学習をどのように手助けできるのでしょうか。

■次の発達段階の議論を強調すること

　深い発問のもう1つの性質は，教師には道徳判断理由づけの隣接する段階の議論を強調する責任があるということである。人の道徳的成長を刺激するのは，次のより高い段階の道徳判断理由づけである。より高い段階の子どもは，より低い段階の理由づけの人と論議しても，その推論能力を"失う"ことはないだろう。しかしながら，より高い段階の子どもはまた，より複雑な思考パターンで刺激されることを必要としている。

　隣接した段階の議論を強調する方法には2つの機会がある。1つ目の機会は子ども自身が対話のなかで隣接する段階の理由づけを用いたときに起こる。一度教師が理由づけパターンにおける違いを「聞きとる」ことができれば，教師は，子どもたちが自分たちの考えの妥当なことを調べる手助けをすることができる。

　　ウエンディ：ハインツは薬を盗むべきです。だって，もし彼の妻が彼の立場になったら，彼のために盗むだろうから。〈第3段階の判断様式〉
　　ピーター：はい。でもなぜ彼は盗むべきなのだろうか。彼女は彼のためにこれまで何も盗んでいないのに。〈第2段階の判断様式〉
　　先生：あなたたちの意見それぞれにとても異なった理由づけがあります。ウエンディ，ピーターに考えを変えるよう説得してみたいと仮定してください。ハインツの妻になってみて，そしてなぜハインツが薬を盗むことを決心すべきなのかを彼に言ってみてください。〈第3段階を強調する〉

　隣接した段階の議論を強調する2つ目の機会は，クラスがもっと高い段階の議論ができる視点を失ったときに起こる。教師は，そのときに，もっと高い段階の

判断様式をしばしば反映している考えの子どもに新しい価値に関するその視点を共有するようにうながすことができる。

> 先生：カルロ，あなたは昨日私たちが話していた盗みの問題に対して，興味深い解決策を出してくれましたね。あなたは，何が私たちの友達によいかということと同様に，何が社会にとっていいことかを考える必要があるといいました。あなたでも，ほかのだれでもいいですから，どのようにしたら昨日の討論と同じように今日の話し合いができるか，私たちにいってくれませんか。

しかしながら，時々，グループ全体が1つの視点からしか与えられた道徳的葛藤を見ることができなくなる。そうすると，だれも，より適切な意見がいえなくなるだろう。そのときに，より高い段階の議論をするように提起するのは，"教師"の責任である。

> （ハインツのジレンマについて討論している。クラスは夫と妻の間の親密な関係やお互いの義務，"よい"夫は妻のために盗むべきかどうかについて考えている）
> 〈第3段階の判断様式〉

> 先生：この場合のするべき正しいこととして，法律がどう論じているかをだれも述べていないと思いますね。法律は，店の持ち主は破壊や侵入に対して，財産を保護する権利があるとしています。この法律がなぜつくられて，それがハインツの決定にどのように違いをもたらす可能性があるのか，だれか述べてくれませんか。
> 〈第4段階の判断様式〉

■明確化と要約

もう1つの深い授業方略は，発問を始めるという役割から，子どものいうことを明確にし，要約するという役割への教師の役割の移行を含んでいる。討論のこの段階までに，子どもはモラルジレンマの質問にどのように取り組むべきかを学習してきた。すなわち，子どもがオープンエンドの発問をすることができるということである。教師は，より能動的な聞き手になり，討論の重要な要素を結びつける働きをする。

教師は，クラスメイトによって出された自分とは異なる判断理由づけのパターンに子どもが気づくようにするために，討論を監視することが必要である。子どもは，お互いの思考を刺激するなかで，よりイニシアチブをとることを学習するけれども，教師は，なお認知的葛藤や役割取得に関する発達的過程をうながすことに注意を向け続ける必要がある。

　高校2，3年生の心理学授業での下記に示す対話は，このような教師の役割移行を示している。子どもたちは自殺や安楽死について討論している。子どもたちにはお互いに自分たちの意見を述べあい，お互いの考えを詳しく検討し，刺激し合う責任がある。したがって，教師は注意をグループ全体に向けることができる。

〔再び焦点を当てる：新しい道徳的価値を強調する〕

先生：自殺の問題は重大ですが，ここで少し「安楽死の問題」について考えてみましょう。だれかの命を奪うことが正しいのかどうかや，どの点においてなら正しいといえるのかについてです。

マイク：僕は医者がそういうことをするのが正しいとは考えません。なぜならば医者は知らない……。僕はもう一度心のことにもどって考えてみたいのですが，いいですか。医者は，彼らと親しくしている人と同じようにはその人の心を知りません。あなたがこのような質問をすべて思いついたように，どのようにしてあなたは，彼が本当に死を希望しているとわかるのですか。えっと，その人の兄弟なら彼が死を希望しているかどうか知っているだろうし，兄弟なら正しい決断ができると僕は思います。もし，あなたが本当にその人を愛しているなら，あなたは自分が考えることをするでしょう。もし，行なうべき正しいことがその人を殺すことなら，それはあなたがすることです。〈第3段階の判断様式〉

ジム：僕は彼らにそうしようというような人間にはなりたくない。

マイク：僕は極端な場合についていっているのです。いったように彼はガールフレンドを失ったところです。わかるでしょう。「オーケー，殺してあげよう」と僕は平気では言わないでしょう。彼は苦しんでいます。彼の心はここにあらずです。注射や点滴で栄養をとっているのです。彼はけっして自分だけでは何もしないでしょう。もし彼が私に頼むことがあれば……。

〔マイクの言明の明確化〕

カレン：でももし彼があなたに頼まなければ，あなたはそうしないんでしょう。

マイク:はい。

〔ほかの人の視点に立つ〕
ボブ:それはとても個人的な価値観のようなものです。あなたにとっては,それはあなたのいったようにガールフレンドを失うよりももっと悪いことだけど,しかし,ある人たちにとってはそうじゃない……。
マイク:僕は完全に望みがなければという仮定で,いっているのです。

〔役割取得（perspective taking）を刺激する〕
カレン:だれが判断すべきですか。
マイク:彼のことをとてもよく知っている人が判断すべきです。

〔状況を複雑にする〕
ジョン:もし,彼らのことをよく知っている人がだれもいなかったら,どうなるのですか。
リサ:私は,その人自身が死にたいといった場合だと思います。

〔道徳的価値を強調する〕
ジム:あなたは,あなたが死にたいといっただけで,そのことがあなたに死ぬ権利を与えるのですか。
リサ:ええ。
ジム:ただ,あるときには死にたくなることがあるけれど,違うときには,もっと気分がよいと感じることあるでしょう。「ああ,私は今すべてを終えてしまう必要がある」とひそかに心の中に思うこともできるでしょう。考えることはできるけれど,生きる方法や理由がまだあるとき,人間は「私は自殺すべきだ」と決心する権利をもっているとは思いません。

〔自身へのなぜ？ という質問を尋ねる〕
マイク:僕は,"絶対的に"まったく望みがないときについていっているのです。あなたは,彼らを見て,そして多少彼らを無視する。私たちは,そうすべきことだから,彼らを生かしてきた。あなたたちは,彼らを生きさせなければならない。そしてなぜそのようなことをしなければならないのか。それはあなたがしなけれ

ばならないことだから。

〔役割取得を刺激する〕
カレン：あなたが決断すべき適切な人だとだれがいうのですか。
マイク：彼らを殺すようあなたに頼んだ人です。

〔グループの判断理由づけの明確化と要約〕
先生：そう。あなたたちは2つの事柄について述べています。その人が死にたいと思わなければならないことと，彼と親しいだれかまたは，彼のことをよく知っているだれかが，死なせてあげることが最良のことだと同意しなければならないということです。〈第3段階の判断様式〉[*13]

　このように授業の役割が集団志向的な視点へ転換することはまた，教師が子どもの提供した判断理由づけの段階を注意深く聞くことに，より多くの時間を費やすことができ，欠けている段階を見分けることができることを意味している。よく聞くことは，教師にとって次のより高い認知的複雑さのレベルがどうであるべきかということを知る場合に，より大きな確信を与える。
　いったん子どもが討論を続けられるようになると，教師が，個人的な意見や道徳的議論をいったりするのは適切なことである。子ども自身の興味は，たいてい，教師が"正しい答え"をもっているという心配を減少させる。

■役割取得の発問と方略

　役割取得の発問は，とくに子どもの視点取得能力を刺激するために計画される。もちろん，役割取得はほとんどの発問方略のなかの一部分である。このセクションでは，私たちはとくに自己中心的な水準から，他の人の思考，感情，権利を考える水準にまで子どもの視点を刺激し課題に取り組む。
　役割取得の機会は，道徳問題の討論に限られていない。他人の役割を考えられる認知的能力が限られている子どもにとって，他人の役割を想像する実際の経験は，彼らの世界と他人の世界との間の重要な具体的結びとなるかもしれない。私たちは，前に，小学校レベルの子どものためには，教師が協同的な活動を発達させるべきだとすすめた。モラルジレンマを題材にしたロールプレイ，ディベート，

子どもが作った遊び，フィルムやスライドテープは，他のだれかの立場にたった実際の経験を刺激する。ほかの発問方略とも関連して，子どもが，登場人物たちが状況を演じる際に用いる判断理由づけに焦点をあわせるとき，これらの活動は最も利益をもたらす。たいてい，人格や行動を強調するロールプレイにこの重要なつけ足しをすることで子どもは別の人の"考え"を"試してみる"機会を得る。この下準備（リハーサル）が自己中心的な考え方から抜け出す最初の一歩となりうる。ロールプレイについて討論することはまた，発達を刺激する伝導性がある。なぜならば，これはクラス全体に参加するチャンスを与えるからである。

　高校の青年はまた，実際の役割取得の経験から利益を得ることができる。もっと若い子どもの家庭教師や高校の仲間のカウンセラーとしての役割を取得することは，彼らの視点取得能力（perspective-taking capacity）を発達させることを助ける。他の人を助ける努力は，青年がその人の目で世界を見ることをうながす。

　加えて，役割取得の機会は教師がある発問をしたときに討論のなかで起こる。ミルクジレンマのマーゴット・ストロームの討論の後半からとってきた次の例は，どのようにして教師がジレンマにある人の視点から，別の人の視点に変化させることができるかを述べている。この場合，マーゴットは，彼女の子どもたちに，その子どもが飢えに苦しんでいる男の人から，男の決断によって影響を受けるかもしれない牛乳配達をしている人への思考を移すよう求めている。

　〔役割取得に着目〕
　先生：牛乳配達をしている人の立場にたつと，その男の人がもしミルクを盗んだら，彼はどのような影響を受けるでしょうか。
　男の子：人々はたぶん牛乳配達の人が自分たちをだましたというだろうと思うし，そうしたら牛乳配達の人と口論か何かになるだろう。そしてどちらの側にも証拠がないから，牛乳配達の人は仕事を失うかもしれないですよね。
　男の子：クビになるかもしれない。

　〔再焦点化〕
　先生：それで，あなたはこの状況をまったく変えてみますか。あなたは牛乳配達の人のことを考えるべきですか。
　男の子：わかりません。そのことで状況は変わりません。僕にはまだわかりません。

先生：リックは？
リック：僕もわかりません。僕が考えていることは，牛乳配達の人の立場がどうなるかということです。「私でない」と彼は言うでしょう。「それは私のミルクではない。私は何が起ころうと気にしないし，私のものでない。私はこれを届けているのであって，それは私とまったく関係ない。私は気にならない。私がそれを玄関に置いたときから，それはその人たちの問題であって，私の知ったことではない。私の人生から出ていってくれ。それについて聞きたくない」

〈第2段階の判断様式〉

先生：ラルフとそれからデイブ。私たちはデイブの声を聞いていませんでした。
ラルフ：牛乳配達の人は「私はそれを置いた……」というでしょう。

〔聞きながら〕
先生：それはイレーヌがさっき，いったことですね。あなたはイレーヌに賛成するのですか。
ラルフ：……私はそこにそれを置いた。私は4本のミルク瓶をおいた。たぶんだれかほかの人がそれをとった。でも私ではない……。私は彼らがミルクを手に取るまでミルクについて責任がある。でも私は私の仕事をしたし，私の過失ではなくて彼らの過失でもない。たぶん，私の会社がほかのミルク瓶を彼らにお渡しするべきだろう。でも私はクビにされるべきではない。
デイブ：牛乳配達の人に関する限り，このことで彼は仕事を失うかもしれない。もし，だれかがすでに彼に何か文句をいっていたら。たぶん彼はドアのベルを鳴らして，それを彼らが受け取るのを確認しなければならなかっただろうなどというように……。

〔役割取得を刺激する〕
先生：牛乳配達の人が，この男の人がミルクを盗むのを見ていたら，あなたはこの牛乳配達の人がどう考えると思いますか。男の人は，それを盗むのを見ていた牛乳配達の人に話しかけます。男の人は牛乳配達人に「私の子どもはお腹をすかせて苦しんでいます。このミルクが必要です。どこからかミルクをとらなければなりません。私は階段からとろうとしています」牛乳配達の人は彼に何というとあなたは思いますか。

女の子：彼は「今回はいいだろう。でも次回はやってはいけない。なぜなら，私はあなたのことを通報しなければならないからだ。それは私の仕事の責任になるんだ」と言うでしょう。

〔葛藤を刺激する〕
先生：彼はそれをもどせといわないだろうということですね，つまりそれは泥棒ですよね……？
（討論は続く）

　役割取得能力が自己中心的な判断理由づけに限られている青年たちの場合，討論をすることは難しい。なぜならば，これらの青年は同じ段階で推論する子どもたちに比べて，この前慣習的パターンを使って，より長い年月を過ごしてきているからである。もし，青年たちが前慣習的から慣習的な推論へ進もうとするなら，自己中心的な役割取得は，他人への関心に取って代わられなければならない。
　他人を正しく理解することの始まりを刺激する1つの方法は家族のつながりに訴えることである。自身以外の人々への愛情や忠誠は，家族との関係においてはじめに発達する。
　次に出てくる例の教師は，青年たちが道徳判断理由づけが前慣習的レベルにあるとき，役割取得に焦点を当てることの重要性を述べている。教師は，子どもたちの判断理由づけレベルでの論理をフォローし，同時に彼らが必要とする以上の多くをみる能力を刺激しようと試みている。この高校の社会の授業は車を盗む少年グループを取り巻く法的かつモラルジレンマについて討論している。クラスでは，非行グループの人間関係に関連させ，友情の問題を調べている。ジレンマや友情の論題は両方，前慣習的から慣習的な段階への道徳性発達を刺激するためには適切な内容選択である。このクラスの少年の1人は第2段階の視点から友達を定義した。

ラリー：あなたが彼を知っている限り，友達は友達です。なぜ私が友達は友達だといっているかは，あなたが彼を信頼することができる限り，だということがわかるでしょう？　あなたが絶えず盗みまわることができて，突然彼が今度はあなたに同じことをしたら……。

〔価値の発問〕
先生：あなたは，信頼の方が刑務所の外にいることよりも重要だと思いますか。
エド：う～ん……。どのくらいほかの人があなたにとって重要かによるでしょう。あなたは彼らにあなたを信頼してほしいか，してほしくないかというような……。

〔質問の明確化〕
先生：彼らが本当にあなたの友達かどうかということが，あなたにとってそんなに重要なことなのですか。
ジョン：もちろんです。私はどちらの状況ででもたぶんいうでしょう。でも，もし彼らが私の友達なら気がすみません。
デビッド：私は，友達のために刑務所で1年過ごすことができます。問題があるでしょうが，しかたがないことだと思えます。
〈第3段階の判断様式〉

〔次の発達段階の議論を強調するための発問をする〕
先生：あなたは自分の友達を密告できますか。ラリー？
ラリー：すべては私が彼を好きかどうかによります。もしくは私が，彼が苦しむのを見たいかどうか……。〈第2段階の判断様式〉

〔家族のつながりを訴える役割取得〕
先生：ラリー，もしあなたが密告しなければならなかった人が，あなたの弟だったらどうしますか。
ラリー：私は弟のことを見捨てられないでしょう。
先生：違いは何ですか。
ジョン：僕は，もし，それが僕の弟ならできない。僕は，自分の弟を告発することはできない。

〔道徳論点に目を向けさせる発問〕
先生：あなたの弟と友達とではどのように違うのですか。
ジョン：血です。血は水より濃い。僕が本当に弟のことを好きでなかったり，大嫌いだったりしたとしても，僕は彼のことを告発することはできない。血は水より濃いから。〈第3段階の判断様式〉

> ポール：僕ははっきりわかりません。もし，それが僕の弟なら警察へ行って話すようなことはないだろう。でも，もし，僕が苦痛をともなう状況にいて，警察が僕に圧力をかけてきたら，いうことが悪いと考えないかもしれない。それは，僕の罪ではない。これは，トラブルに巻き込まれたのは弟で，それは彼の罪である。[*16]
> 〈第2段階の判断様式〉

　この短い引用のなかで，私たちは，教師が，より広い枠組みに言及し，異なった視点をもつ，子どもとの相互作用を積極的にうながす役割を担っているのがわかる。理論的には，発達の授業的見地から最も効果のある認知的な刺激の考え方は，ほかの子どもや先生が行なう少しだけ複雑な視点取得の水準でのコメントや発問である。教師は，もし子どもたちが考えたようにみんなが考えるなら，社会の人々がどのように考えるだろうか，ということを子どもに尋ねなかった。この発問は，仲間集団の視点をとることがすでにできる子どもにとってはより刺激的であるだろう。むしろ，大人は，はじめに子どもたちの視点をとるために子どもたちが考える友情の概念を明確化した。そして，彼ら自身の視点を越えて利用できる，はじめての可能な視点として，彼らの家族を例にあげた。「あなたが密告しなければならなかった人が，もしあなたの弟ならどうしますか？　あなたの弟と友達との違いは何ですか」。また，先生がジョンやデビッドが友情について話したことをラリーやポールに聞かせることも，ひとしく重要であった。なぜなら，彼らは，他人に対する信頼や忠誠や他者への感謝を一体化させる視点をとる能力を示しているからである。それは，第3段階における相互的な役割取得の特徴である。

　この章で示した徹底した4種類の濃い発問方略は，認知的葛藤を強調し，子どもの役割取得能力を伸ばす。私たちは主要なスキルとして発問を強調するけれども，同じ目的のために行なわれる役割演技や先生のコメントもまた，道徳性発達を助長する。これらのすべての方法で，子どもの道徳判断理由づけの構造における変化は，時間を経て発達するようである。効果的に発問することを学ぶことは，根気や訓練を求める技術である。

●補足説明：2つの警告

　2つの警告は，認知的な葛藤や社会的な視点取得を刺激する教師の役割に関

する議論に結論をつけるにあたって公表される必要がある。両方とも刺激作用という考え方に関係している。

注意1：刺激作用だけではない

　道徳発達の過程は，より高い段階に判断理由づけを引きあげる刺激作用と新しい思考の分野へ判断理由づけの拡大の2つのことを含んでいる。この章で，私たちは段階変化を助長するために，子どもに彼ら自身の視点よりもわずかにより複雑な視点にふれるという教師の役割を強調した。しかし，等しく重要なことは，教師が子どもに討論のための新しい内容状況を与える必要性である。例えば，道徳や法律について討論している高校の社会科クラスは，同じように社会的関係にも影響を与える道徳的葛藤を考える必要がある。このような判断理由づけを拡大して使うことは，道徳的成長が同時に異なった領域でおこることはないため，必要である。例えば，家族の視点にたつことはたいてい友達や隣人のグループを理解するよりも前に発達し，確かに権力という役割をもつ人々の視点にたつことより前に発達することを私たちは見てきた。

　この水平的な刺激作用の役割は，ピアジェのデカラージュ理論を思い出させる（第2章参照）。人々が，より多くの活動を含めるためにいかにして彼らの現在の世界の見方を強固にし，"広げる"のかという過程である。それが，子どもが次のより高い段階の考え方に接することから利益を得ることができる前に，その前の段階で子どもの思考を成熟させる方法である。道徳判断をたくさんの異なった種類の道徳的葛藤に適用する訓練は，道徳判断理由づけの一段上の発達段階へと持続させる成長にとっては重要である。

注意2：刺激過剰になるな

　2つめの警告は刺激作用が強ければ強いほど道徳発達が助長されるかという疑問である。発達的な教授における刺激作用は"異議を唱える""活性化させる""思考を広げる"のようなことばによって表現することができる。しかしながら，私たちはこの概念を実際に利用することにおいて，あまりに熱心であると危険である。その過程の特徴が"押す""加速する""スピードをあげる"を意味するように変化することで，刺激作用の過剰が起こる可能性がある。

ピアジェは，加速する発達の考えを"米国的な発問[*17]"と名づけた。彼は，認知的な発達の段階をとおして進行する子どもの推論能力の成長を速めようと試みる考えに反対した。別の発達学者であるハーバード教育大学大学院のウィリアム・ペリー（William Perry）は，しばしば植物の成長を助ける過程における発達的な教授と干渉の間の類似点を述べた。実を言えば，彼は，比較は完全ではないと断っている。すなわち，有機体としての植物は，人間の発達的過程の複雑性を欠いている。にもかかわらず，彼の論点は単純で重要である。植物が育ち続けるのを確実にするためには，水をやり，太陽を浴びせ，定期的に肥料をやることが必要である。しかし，葉を引っ張ったり，茎をおしあげることは，それが高く育つ助けにはならない。実際，このような行為は植物の成長を邪魔するであろう。この教訓は人間にとっても真実である。子どもの成長を促進することと成長させることとの間に重要な違いがある。私たちが過剰刺激作用に対して議論したように，私たちはまた，刺激のみしか与えないことについても批判する。刺激作用と支援の両方ともが効果的な発達的教授には必要である。そのため，教師は子どもの思考を刺激することが必要である。彼らはまた，子どもの考えがどんなものでも，彼らを人として受け入れそして尊敬する必要がある。私たちの子どもは世界を経験する新しい方法を受け入れるための努力のなかで支援を必要としている。2人の高校の英語教師のことばが，支援をともなった刺激の働きかけは，効果があることを示唆している。

愛し，支える環境において，直面した明らかな矛盾を理解しようと青年が苦心しているとき，道徳発達を促進することによって，そのストレスが実際に肯定的な影響をもつことがありうる。したがって，子どもたちがとりまく世界と自由にかかわるために，子どもを外へ出させることを私たちは学習しなければならない。すなわち，私たちは，彼らが生活の不調和を克服しようと一生懸命になることを許し，彼ら自身の意義を生むように彼らを信じなければならない。[*18]

7節　教室の雰囲気をつくること

● 理論的解釈

認知的葛藤を刺激するであろう教授方略や社会的役割取得を発達させるための学習は，忍耐や経験を必要とする。しかしながら，効果的な道徳教育は必須条

件となる教授スキルなしには不可能である。なぜならば，道徳教育の教室での相互作用は，子どもたちに，ただたんに情報を共有すること以上のことを要求するからである。子どもたちは，基本的な信念についてどう考えるか，どう感じるのかを表現し始めなければならない。発達の教授的視点から道徳的問題を導入することは，教師が，道徳的問題についての意見を子どもが分かち合うだけでなく，その意見が基づいている理由づけを分かち合うように子どもたちに求めることを意味している。そのため自己をさらけ出しやすいような雰囲気が必要とされる。

ニューヨーク州のオールバニーの社会科教師が道徳教育者になるための初めての試みをつづった日記は，基礎的なスキルの重要性を強調している。

> 私がこれらの経験をふり返るとき，次のようなことがわかった。私は道徳的価値教育がとても重要なのでただちにそれが効果を発揮するのを見たいと信じていたから私の期待はきわめて高かったのである。私は，判断する基準をもっておらず，判断するようなたくさんの授業ももっていないので，うまくいかなかったように感じた。私はまた私のクラスで，討論スキルのようなたくさんの予備的ステップを，彼らが知っていると思いこんでまたやっていくうちに"理解する"だろうと思ってとばした。私は，はじめは量を少しにして，次の学期で再びやってみるつもりだし，子どもが彼ら自身の人生という点から，"よりよい人々"になってくれることを望んでいる。[19]

彼女のコメントのなかの重要なメッセージは，「……討論スキルのような……予備的なステップ」が道徳教育の重要な部分であるということである。信頼，共感，敬意，公平さなどが意図的に助長されるような，受け入れやすい教室の雰囲気が，発達を起こすために必要である。なぜならば，子どもたちが危険を冒したり，他人のいうことを聞けたり，次には聞いてもらえると感じることが必要であるからである。肯定的な教室環境を作り上げることは，一般に効果的な教授の一部分であり，子どもの道徳判断理由づけに刺激を与える授業に限られてはいない。[20]

信頼でき，礼儀正しい学級風土の重要性は，しばしば道徳教育の実践の討論で軽視される。しかし，それは過程の全体で重要である。次に述べるのは，そのような環境を促進するのに役立つと考えられる5つの教授スキルである。それらは，物理的配置，グループ分け，モデリング，聞くことやコミュニケーションのスキ

ル，子どもどうしの相互作用をうながすことなどを含んでいる。またこれらのスキルは，この章でこれまで考察した他の方略と密接な関連をもっている。それらは，授業とは別の前作業として見られるべきではない。道徳問題の議論であるが「現実の」教育課程でもある。

● 促進的な教室の雰囲気をつくること
▍物理的な配置

積極的な学級風土にとって最も基礎的なことの1つ目は，平等な関係で討論するのを助ける座席配置である。教師がグループの真ん中に座って，円や四角形の配置で椅子や机をおくと，みんながお互いを見て面と向かって意見を主張する機会を得られる。子どもが机に向かって椅子に座るか床に座るかは，教師自身の形式ばらない気軽さ，またある程度は授業以外の風土による。重要な点は，リラックスすることや身体的心地よさでなくて，子どもどうし，および先生との間のコミュニケーションである。

円形配置の利点は，ことばのコンタクトと同様にことば以外のコンタクトも発展させることができることである。これは，とくにことばで表現することの少ない子どもにとって重要である。子どもが列になって座っていたり，部屋のあちこちの孤立したテーブルに座っていたような学校では，教師は，子どもが新しい配置を心地よく感じるようにするために一所懸命に働きかけなければならないかもしれない。中学校の子どもたちとの私たち自身の経験は，教室の物理的環境に対する責任をもつなかで，教師が必要とする忍耐を強調する。

> 私は，子どもがほかの人の考えや意見を聞くことに中心を置くような討論に慣れていなかったことに気がついた。この経験の新しさの1つの証拠は，この予備的な時期の間，すべてのクラスの授業において，すべての子どもに円形になるように椅子を移動させることを助言し，やらせるのに少なくとも5分はかかったということだ。（子どもたちが入ってくる前に椅子を円形にしておいたというのに。）加えて，子どもたちは大声で返事をし，気づかずに衝動的にお互いをさえぎったりしたのだ。[21]

▍グループ分け

討論の助けとなる物理的配置の重要性は，2つ目に必要となる子どものグルー

プ分けと関連がある。2人組や，3人から5人の小さなグループに子どもを分けることは，信頼や協力の感じを発達させるのを助ける。とくに，子どもがはじめに道徳問題について自分たちの考えを述べ合うとき，小さなグループは，発表のリスクをより少ししか要求しない。これらのグループでは，もし子どもがほかの人に対して安心を感じたければ，特定の，明らかにやることが限定されている課題が必要である。

2つの小集団では，とくに教師への初歩の方略として使われてきた。教師が，とくに，仮説的ジレンマの討論を導くことを学んでいるとき，この方法は，最もよく実践される[*22]。しかしながら，これらの方略は時間が経つと効果に限りがでてくる。はじめは，討論は子どもや教師が判断理由づけを重点的に扱う重要性に気づき始めるのを助けることができる。

方略1　子どもは，特定の道徳問題に対する解決について，"賛成する""反対する""迷っている"によって，3つの小さなグループに分かれるよういわれる。それぞれのグループは，メンバーが考えたように，その葛藤を解決するため考えうる最良の理由づけを討論し記録する。教師はそのとき，子どもが判断理由づけを考えだすのを助けながら，3つのグループの間をあちこち歩きまわる。このグループ作業の終わりに，教師がそれぞれのグループに，比較やさらに深い討論のためにクラスにそのリストを報告することを求める。

　はじめの方略のように，このテクニックはモラルディスカッションに子どもが心地よさを感じることを助ける。なぜならば，彼らは自分たちと同意見の仲間グループのなかにおかれているからである。彼らは，自分たちのクラスメイトが同じような意見をもっているけれども，その理由がとても異なっているのだということがわかり始める。もちろん，これらの理由は道徳性発達の異なった段階を反映している。

方略2　教師は道徳的葛藤に対する異なった解決案をもつクラスの子どもを，任意にグループ化してクラス作りをする。それぞれの小さなグループでは意見の違いについてオープンエンドな討論をし，それぞれの理由を述べ合う。

　この方法は，はじめの方略より，よりオープンエンドである。グループの子どもが重要な討論スキルを欠いていることを心配している教師は，これらの任意のグループが組織化されておらず，したがって方略1より，より生産的でな

いと思うかもしれない。しかし，はじめの方略のように，この形式は教師が彼らの教室で使われた道徳判断理由づけの段階を見分けることを助ける。

方略1の例 小学校高学年あるいは中学校の教室において，教師がハインツのジレンマについて討論した3つのグループから見た下記の報告を見るかもしれない。

Aグループ 「ハインツは薬を盗むべきだ，なぜなら……」
1. もし妻が自分のためにハインツが盗まなかったことを知ったら，妻はハインツにとても立腹するだろう。彼女は彼を殺すだろう。〈第1段階の判断様式〉
2. 何といっても，彼の妻はハインツのためにずっと料理など，家事をしてきた。彼はそのことで彼女に恩義がある。〈第2段階の判断様式〉
3. 彼がいつか病気をしたらどうなるだろう。もし彼女が生きていたら，彼女は彼が病気のとき，彼のところに来ても彼を助けようとしないだろう。彼はそのようなことを望んでない。〈第2段階の判断様式〉
4. えっと，よい夫は妻のためにそうするべきだろう。彼らはずっと互いに愛し合ってきたし，彼らはよい関係をもっているから，彼女のためにそうする義務が彼にはある。もし状況が逆なら，ハインツは妻が彼のためにそうするであろうことがわかっている。〈第3段階の判断様式〉

Bグループ 「ハインツは薬を盗むべきではない，なぜなら……」
1. これは法律に反しています。彼は捕まえられて刑務所に行かなければならない。〈第1段階の判断様式〉
2. 彼女が彼のために何もしなかったらどうなるだろう。なぜ彼がすべきなのか。彼女はたぶん彼のために盗まないだろう。だから彼も彼女のために盗むべきではない。〈第2段階の判断様式〉
3. もし彼女が死んだら，それは薬屋の罪でハインツの罪ではない。彼は彼女を助けることはできない。彼は，薬屋が彼に薬を買わせてくれないから買えなかったとただいえばいい。その代金を払わないで他のだれかから盗むのは正しくない。薬屋も，自分はお金が必要だという。〈第2段階の判断様式〉
4. 彼は盗むべきではない。それは正しくない。もし彼が妻にそのことを話したら，彼女は彼の立場だったらそれを盗むのは正しくはないというだろう。もし彼ら

がよい夫婦であるなら，彼女は彼の視点から考えることができるだろうし，彼が苦境に陥っていることを理解できるだろう。〈第3段階の判断様式〉

Cグループ 「ハインツが薬を盗むべきかどうか決めることができない……」
1. 盗みは悪いことだから，決めることはできない。でもそのとき，彼はたぶんそれほどひどくは罰せられないだろう。刑務所に行く必要はないだろう。それは裁判官による。裁判官は簡単に彼を釈放するかもしれない。しかし，裁判官は意地悪にもなり得る。〈あいまい〉
2. ハインツは刑務所に行きたくないが，妻を愛している。そして彼女はそんなに苦しんでいる。彼女はずっとよい妻であり続け，彼のしてほしいことを彼にしてきた。〈第2段階の判断様式〉
3. 決めるのはとても難しい。彼は薬屋に罪があることがわかっている。でも彼はみんなの面前で捕まえられる。彼は妻を愛していて，彼女は非常に苦しんでいる。とにかく，よい夫なら，妻のためにそうするだろう。しかし，彼女はそれが法律に反していることも知っているし，彼に法律に反してほしくないと思うだろうということを彼はわかっている。彼は彼女の考え方を尊重している。〈第3段階の判断様式〉

■受容する手本となる

　3つ目のきわめて重大な教師のスキルは，その人と，その人の考えることや感じることを受容し，尊重していることを伝える手本としての能力である。カウンセラーはしばしばこの態度を「無条件の積極的な尊重」とよぶ。

　もし子どもたちが素直に道徳問題についてみずからの意見を述べ合うことができると感じるべきなら，良し悪しの判断をしない雰囲気は重要である。先生は，他の人の考えに対する子どもの態度と同様に，学習に対するクラスの態度についてもその基準を定めるモデルであり，当事者である。

　子どもに対して判断を含むメッセージを送らないようにするのは難しい。教師として，私たちはモラルジレンマに対する自分の感情反応を外に出さずにすますことはできない。そしてまた，それを避けたいとも思わない。賞賛や非難を伝えることば使いや語彙をなくすために，私たちが一生懸命努力しても，それでもなお，子どもが言うことに対して，ジェスチャーや表情，声のトーンなど幅広いレ

パートリーで私たちの個人的な反応を伝えてしまうのである。

　発問方略の考察のなかで提案したように，道徳教育の訓練は，対立意見についてどれがよい考えかの立場を明らかにしない。ただひとりの人間として受け入れられているのだと，それぞれの子どもが感じられる手本となる行動をし，そして同時に他の人々の考えに対して，より幅広い反応をするための手本となるよう，私たちは教師に要請している。つまり，私たちは，彼や彼女の"思考"を刺激している一方で，その"人"を受け入れる必要がある。教師の反応の範囲は，子どもの考えを支援したり同意したり子どもの考えを深めることを励ますことから，異議を唱えること，質問すること，反対者の立場（悪魔の代弁者）になることにまで及ぶ。

　しばしば，子どもは意見に異議が出される"前に"感情を受け入れてもらう必要がある。これは道徳価値が激しく感情を刺激するとき，とくに当てはまる。そのとき，子どもの反応を調べることが必要である。なぜならば，彼らは自分自身の視点にとらわれすぎて，他のだれかの視点を考えられないからである。以下の例は中学2年生の保健の授業において，この点を示している。教育課程の一部分として，子どもたちは地元の小児科医と医師の倫理について討論している。その医者は，尋ねた。「もしあなたの親友が白血病にかかっていて，あなたの両親が，その友達がそのことを知らないのだとあなたに伝えたら，あなたは彼に伝えるべきですか？」

　　アンジェラ：いいえ，絶対にしません。
　　サラ：いいえ，彼のそばに座って言わないでいるのはつらいでしょうから，私は個
　　　　人的にはしないでしょう。
　　アンジェラ：まず第一に，彼は私に教えてほしいと頼んでいません。彼の命があと
　　　　どのぐらいあるのかということを彼に言うのは，私たちの義務ではないわ。

　〔違った意見「はい」「わからない」を刺激してみる〕
　　先生：でも，あなたは彼の人生において，最も大事な人の一人ですよ。
　　アンジェラ：もし，だれかが彼にそのことを言うとしたら，それは彼の両親である
　　　　べきです。
　　（沈黙）

ピーター（感情的に）：ぼくは，彼に会うことさえできない。
ラモン：私も彼に会うことができない。私は彼に言ってしまうのがこわい……。
（いくつかの議論が騒々しくされる）

〔彼らの感情を受け入れる〕
先生：あなたはそれに直面したら悩むでしょうね。
マリア：私は悩むでしょう。彼に会ったら，ただ立ちすくんで泣き始めるでしょう。たぶんみんなも，もう泣くのを抑えることはできないわ。

〔彼らの感情を受け入れる〕
大人（あたたかく）：そう，あなたは，彼といると泣きだすでしょうね。そして彼はあなたが泣いているのを見るに違いないわ。ええ，それはつらいことよね[*23]。

　次の例においては，高校の教師は子どもに対して批判をしないという立場をとる手本であり，同時に彼の考えに異議を唱える手本である。教師はオープンエンドな発問者になったり，悪魔の代弁者（devil's advocate）や認知面の口うるさい人（cognitive gadfly）になったりする。この短い対話は，長編の『私はけっして父のために歌わなかった（"I never Sang for My Father"）[*24]』からの1シーン『両親が歳をとるとき（"When Parents Grow Old"）』についての高校の心理学クラスの討論状況である。映画中の成長した息子のジーン（Gene）は，年老いた父を養護施設に入れるかどうかを決心しようとしている。

〔環境の複雑化と道徳論点を強調する〕
先生：ジーンのお父さんの具合が悪くなって，何もできなくなって，ジーンに慈悲の行為として殺してくれと頼んだと考えてみてください。ジーンはそのようにすべきですか。
ボブ：僕は，僕のためにそうしてほしいなんて，ほかのだれかに頼んだりできないと思うから，僕は答えることができません。

〔「どうして？」の質問〕
先生：どうしてできないの。

ボブ：僕は，先生がそんなふうに聞くだろうなあと思っていました。だれかの肩の荷が重くなるようなことが頼めるのでしょうか。もしほかのだれかに殺してくれと頼むほど，十分に勇気があるのなら，自分自身でそれをするべきではないでしょうか。

〔役割取得の発問〕
先生：もし，お父さんが自分自身で死ぬなら，いいの？
ボブ：僕は，それがいいとは言っていません。僕は，ただ，ほかのだれかに殺すことを頼むなんてとんでもないと言っているのです。

〔モラルジレンマを個人の問題にする〕
先生：自分自身でそうすることはよいのですか？
ボブ：僕は，最後には彼の意志だと思います。でも，難しい質問なのは，こうするかどうかを決められるほど，彼の心が健康かどうかなんです。

〔結論を引きだすために第4段階の議論を提案する〕
先生：人間の命の価値が神聖なもの，だれもどんな場合でも人間の命をとるべきではないという議論についてどう思いますか。[25]

　ボブはこの発問における自分の立場について，ここにきて混乱した。教師は，この青年の混乱に忍耐強く応じ，混乱した状態だったが対話をつづける。それと同時に，教師はそのジレンマを個人の問題としたり，役割取得するようボブに求めることによって，ボブの思考を刺激する。この教師は，結局，第4段階の議論を提示し，彼の考える複雑さのレベルがボブの思考を広げるだろう。

■聞くことと伝えることのスキル

　4つ目に必要な教授スキルは，聞き，自分の子どもと効果的にコミュニケーションをとったりする能力と，子どもたちにもそれと同じスキルを育てる能力である。教師と子どもは効果的なコミュニケーションスキルを必要としている。なぜならば，どんな思慮深い討論においてでも，①人々は，話の流れについていくことができ，適切な貢献ができると感じられる必要がある。そしてそれは，コール

バーグの枠組みに最も密接な関係をもつ。②モラルディスカッションの参加者は，発達的に違いがあるため，さまざまな思考パターンが使われる論点を聞き，それらに反応する。

　もし教師がこれらの違いを子どもが聞けるように助けるつもりなら，教師は子どもが言うことを注意深く聞くという学習に対して第一に責任を負わなければならない。私たちが自分たち自身の判断理由づけの枠組みから聞きたいことを子どもから聞くのは，あまりにもよくあることである。つまり，私たちが"正しい答え"が何であるかを前もって予想することで，子どもたちが同じ状況を見る見方を本当に理解できなくなってしまう。聞くことを学習する場合のおもなステップは，少なくとも2つある。つまり，聞きながら伝えることを身につけることと，時間がたっても対話を覚えていることである。

聞いたことを伝えるということを学ぶ

　先生はクラスがモラルディスカッションを始めるとき，聞き手としての手本を示すことに積極的になる必要がある。ある人がほかの人が言ったことを正確に聞いたということを伝えるには，3つの形がある。それは，理解のためのチェックをすること，明確化のために質問すること，詳細に述べることをうながすことである。

1．理解のためにチェックすること
・あなたは……という意味で言ったのですか？　それとも……と言っているのですか？
・あなたがたった今言ったことを繰り返せるかどうか，私に言わせてください。
・ほかのだれか，……が言ってくれたことを自分のことばで説明してくれますか？

2．明確化のために尋ねること
・何人かの人が混乱しているように見えます（非言語的な手がかりに反応して）。何について混乱しているのか言ってくれませんか？
・私は，あなたの意見のはじめの部分は理解できたけれども，……と言い始めたとき，わからなくなってしまいました。ことばをかえて，もう一度それについ

て言ってもらえますか？
・私は，何と言われたのかはっきりわかりません。だれか私に教えてもらえませんか？

3．より詳細に述べることを励ます
・あなたが今説明したことの例を私たちに示してもらえませんか？
・私たちが話している状況が，あなたやあなたの知っているだれかに起こったときのことを考えられますか？
・あなたは，あなたが今言ったことについて，もっと何か言うことができますか？
・時々，人々はあなたの言っているようなことを述べるために……について話します。それとあなたの言ったこととの類似点（または違い）は何ですか？

　私たちは，異なる発達段階においては，道徳判断理由づけのことばが異なって使われると指摘した。「あなたの言っていることは，どのようなことを意味しているのですか？」「あなたは，困っていますか？」と尋ねる道徳の授業者は，純粋な発問を提起する。先生は"発問する"以外に，子どもが下記のどの考えを意味しているのか正確に知ることができない。

●**困ってしまうとは，どういう意味か……**

1. お父さんに見つかってしかられること〈第1段階の判断様式〉
2. 刑務所に行くこと〈第1段階の判断様式〉
3. あなたの友達が，あなたにされたことに対してあなたに仕返しをすること〈第2段階の判断様式〉
4. あなたの友達が，あなたに腹を立て，もう信用しなくなるだろうし，そしてあなたたちのよい関係を壊すこと〈第3段階の判断様式〉
5. ほかの子どもがあなたをいい子どもと思わないし，あなたをもう好きでなくなるような何かよくないことをすること〈第3段階の判断様式〉
6. 秩序を保ち混乱を防ぐために社会が作った法律に従わないこと〈第4段階の判断様式〉

子どもが使うことばについて明確にするのはほかにも理由がある。もし私たちが意味について不明確なら，当然私たちは，子どもが意図も理解もしていないことばを彼らに使わせたと非難される。どちらの場合でも，つまり，先生が"正しい答え"をもっていて，子どもたちの意見はあまり重大ではないのだというメッセージは子どもたちにすぐにわかってしまう。

　最後に，私たちは，道徳授業者は何が"よい"聞き手を構成するのかについて複雑な立場にいることに気づく必要がある。子どもたちの言うことを認めたり子どもにいい返すのみの役割を演じることは，時がたっても子どもをより高次の段階の道徳判断理由づけにふれさせることにはならないだろう。さらに，私たちが刺激しているのが何かをわかるくらい十分に聞いて初めて，私たちは子どもの思考を刺激することができる。聞くスキルやコミュニケーションスキルが身についていないのに，先生が認知的な働きかけをしても，正確に実行できない。このような意味で，聞くスキルやコミュニケーションスキルは，どんな特別の発問テクニックよりも必要な条件である。

長い期間対話を覚えていること

　教師が高めるべき2番目の聞くスキルは，子どもが言ったことを時間がたっても覚えていることである。教師は3つのおもな理由によりグループの歴史家としての責任がある。①子どもがある日またある週から次の日または次の週までに言ったことを正確に覚えている教師は，同じことをする子どもにとって手本となる。②教師は，クラスが学んでいることに価値ある貢献をした者として子どもに対する関心を示す。そしてそれはとくにコールバーグモデルで重要である。③子どもは，彼ら自身の思考のパターンを理解するため，またクラスの何種類かの判断理由づけを区別するために学習する。

・私はあなたがそれを言おうとしていることがわかりますよ，スーザン。私たちが，昨日万引きするべきかどうかについて話し合ったときに，あなたが言ってくれたのと同じ議論ですね。
・私は，私の考えをそれほど変えていないと思います。私はまだ法に逆らうことは悪いことだと思っています。
・ああ，私は，今自分が何を考えているのかわかりません。マイクが今まさに私

の考えを変える何かを言ったのです。

　この種の認知，すなわち，異なった判断理由づけのしかたを聞こうとする能力を高めることは，子どもの道徳性発達にとって重要である。子どもたちはほかの人が言ったことによって刺激されるお互いの議論のなかのくい違いを聞く必要がある。このような理由で，先生は個人やグループ全体について，前の関連あるコメントを覚えておくように励ます必要がある。したがって，先生がずっとクラスでノートをとっておくなら，助けになる。
　次にあげる中学校の授業の対話では，教師はグループの歴史家の役割を示している。子どもたちは，警察が酔っぱらい運転の自分の友達を逮捕するべきかどうかについてのロールプレイをはさんで討論している。

〔「どうして？」の質問をする〕
先生：ブライアン，彼を逮捕する最もよい理由は何だとあなたは考えますか？
ブライアン：上司が，酔っぱらい運転を逮捕しろと言うからです。〈第1段階の判断様式〉

〔詳細を言うよう励ます〕
先生：それで，もし捕まえなかったら？
ブライアン：彼らがあなたに捕まえろと言って，もしあなたが捕まえなかったら……。
（警察のサイレンが教室の外側で大きく聞こえる。何人もの説明「今，おまわりさんがいる！」「さあ，出動だ！」笑い声）

〔くり返して〕
先生：はいはい。捕まえなかったら何と言おうとしたの？
ブライアン：彼は面倒な事態に陥るでしょう。〈第1段階の判断様式〉
サラ：彼がもし車を追わないなら，問題にはならないでしょう。でも，それでももしあなたが警察官として仕事をしているなら，あなたは捕まえることを期待されているでしょう。〈第3段階の判断様式〉
メイリン：もし彼が事故か何かにあったら，ある意味で，彼を止めなかったという警察官の責任です。

〔明確化の質問〕
先生：どんな責任？
メイリン：ある人が酔っぱらっているときに，バーテンダーが飲み物をその人に与え続けたような。それはバーテンダーの責任なのです。〈第3段階の判断様式〉

〔メイリンと同じ発達段階にあるルーサーの以前に言ったコメントに言及しながら，そのグループの考えを記憶にとどめておくという"クラスの歴史家"の役割〕
先生：私たちがだれかから椅子を引くことについて話した，ルーサーの言ったコメントのことを私は考えています。それは先生とか，2人の敵対している子どもだけではなく，グループの責任であるという意見でしたね，メイリン，これってちょっと類似点がありますか？ 〈第3段階の判断様式〉
（沈黙。だれもがしっかりと聞く）
メイリン：ええと……。

〔段階の議論の違いを強調〕
先生：それは警察官の上司にしかられるのとは異なった種類の責任かな？ *26

子どもどうしの相互作用を促進すること

　5つ目の必須条件である教授スキルは，先の4つのスキルと結びついて，子どものお互いの話し合いを促進する相互作用スタイルを生みだすものである。私たちの討論のほとんどは，教室で手本となる積極的な人物としての教師の重要性を中心に展開している。それは，教師がまるで道徳教育のクラスを支配する力であるように聞こえるかもしれない。しかし，これらのすべての態度とスキルの見本となることのおもな目的は，「子どもがお互いに相互作用するのを助けること」である。本質的に，教師は子どものなかにこれらの同様のスキルを育てようとしているのである。

　教師が系統的に教室に子どもどうしの相互作用の経験をつくりだすとき，2つの結果が生じる。第1に，子どもは，仲間によって生じた認知的葛藤や異なる視点から，教師によって提供されたほどではないとしても，同じくらい，利益を得る。第2に，そのようにすることを助長されると，子どもは自分の力で学習プロセスを始動しようとする。つまり，彼らはお互いの考えに向かい合い，刺激することを学習する。

次の例は第1の点を描いている。この5年生のクラスでは，子どもたちはカールというクラスのメンバーがもってきた道徳的問題について小グループで討論をしているところである。

　誕生日にバスキン・ロビンス（ボストン地域のアイスクリームチェーン）からもらえる無料アイスクリームチケットを知っているでしょう。
　僕は1枚もらうために自分の名前を1度書いただけなのに，郵送で3枚もらいました。道徳問題というのは，僕はチケットを3枚を自分で持っておくべきか，2枚の余分のチケットを返すべきか，ということです。これは現実の問題です。僕の身に起こりました。僕は家にそれらのチケットを持っています[*27]。

一人の少年，デビッドは，そのジレンマへの，クラスメイトの一人の主張に心を揺り動かされ，グループを変えることを決めた。

　リーダー：なぜ変わるの？　少し前には自分の理由を気に入っていたのに。
　デビッド：僕は自分の理由をまだ気に入っているけど，彼女の理由の方がもっと気に入ったのです。
　リーダー：なぜ？
　デビッド：彼女の理由はもっと大きくて，それは僕の理由も含んでいるからです[*28]。

これはこの子どもが，自分よりもう1つ高い段階のクラスメイトの理由を聞いた結果，認知的な不均衡を経験したという劇的な例である。教師はこの種類の聞き方を奨励するために懸命に努力した。

第2の例は高校生の子どもどうしの相互作用の影響を示している。その対話は青少年心理学の授業の一部であるが，子どもがお互いの議論から得るものがあることと，自身のために教える役割を"取り入れる"のを学ぶことの両方で目立っている。教師の干渉はほとんどない。子どもは，『退船せよ（Abandon Ship）』という映画の一部について討論している。これは，ホームズ船長という，海に漂う定員超過の救命ボートの指揮官が，全員が沈むのを避けるために何人かにボートを離れるように命じるというものである[*29]。

〔道徳問題を強調〕
先生：その映画でホームズが言う最後のことばは，「あなたたちは生きている。それは正しかった」というものです。当然１つの質問はこういうもの，つまり，それは正しかったのでしょうか？　です。
ジョージ：僕はそう思いません。なぜなら彼は自分を神の立場に置いたからです。

〔ジョージの反対意見を刺激する〕
ジョアン：でもだれかがしなければならなかったのではないですか？

〔ジョアンへの道徳問題を強調する〕
ジム：彼は正しかったと思いますか，ジョアン？
ジョアン：私は自分の意見を言おうとは思いません。（笑）
　私は自分の意見を言うことに飽き飽きしているのです。私は最後まで自分の意見は言わないつもりです。なぜなら，授業のはじめから終わりまででそれはいつも変わるからです。だから私は今回は最後まで待つつもりです。（大笑）

その授業を思い起こし教師はこの対話についてコメントしている。

　ジョアンは討論授業の非常に積極的な参加者であり，この発言は彼女がその判断を述べ，他人に聞いてもらったときに，認知的葛藤を経験していたことを意味している。これはもちろん，モラルディスカッションの重要な目的の１つである。ジョアンは実際，この映画についての討論で積極的な役割を演じていた。一方で，討論が進むにつれ，ジョアンは自分の考えが変わったことに気づいた。彼女は，はじめは，だれかが権威を行使し，決定をしなければならないという理由でホームズを弁護していた。

ジョアンは，そうすることに反対している自分自身の抗議の声にもかかわらず，討論に参加し続ける。

　ジョアン：私は，彼のタイミングは悪かったけれど，だれかが問題解決の権威を引き受けなければならなかったと思います。権威は行使されなければならなかった。そして，それが正しくなかったと私が言える唯一の理由は，それほど重大な責任を負うことは胸が悪くなるようなものだということです。しかし，私は彼がその

責任を負わなくてはならなかったと言っているのです。

〔自分の思考を刺激する〕
ボブ：僕が映画を見たとき，僕は悩みました。それはハプニングであったけれど，同時に起こるべくして起こったのです。全員が死ぬか，12人か14人が生き残るか，彼がどちらに価値があるか決めなければならなかった。みんなが死ぬべきか，12人の人が生き残るべきか，とくにどの12人が生き残るとわかっている場合はどうか。彼はそうするべきではないと僕はずっと感じ続けていたけれど，僕を悩ませていたのは，その人々が自分たちでは何もしなかったことだと気づいてきました。彼は彼らのためにしなければならなかったのです。

〔自分の認知的葛藤をよく考える〕
ジョアン：全体として（間），思うのだけれど（間），また私の意見は変わってきているけれど，たぶん彼は実際それを神の手にゆだねることができたのにと思います。嵐が来て，ボートが沈んでしまうときは，しがみつくと思われる人はだれでもしがみつくし，そう思われない人はそうしないでしょう。でも，その船長がその責任をとって（間）いいのでしょうか（間）。それはつまり……。だからそれは私にとってこんなに難しいということです。彼が本当にそれをする権威を引き受けるなら，そしてみんなが認めるなら，ある意味で彼らは実際に彼にそうさせたのです。

もう一度その教師はその授業のあとの対話について述べている。

　　ジョアンは明らかにホームズの決定についての自分の判断をめぐって葛藤していた。はじめ，彼女はその状況について彼女の判断にはっきりと確信をもっていた。しかし，討論が進むにつれて多様な議論が生じた結果，彼女ははじめの判断に疑問をもち始めたのである。[30]

明らかにジョアンは，子どもたちが聞くことや伝えることを学ぶときに，他人の発言や質問によって影響を受けているという証拠を示している。
　要約すると，このセクションで述べた5つのスキルは，道徳性発達を起こす教

室の雰囲気の導入の部分を構成している。これらのスキルは，教師がモラルディスカッションを試みたり，あるいはその前であっても，そのことと独立して発達することはないということをくり返して述べるのは重要だろう。道徳的気づきの育成や効果的な質問の方略，そしてあらかじめ必要な教師のスキルなどはすべてが道徳教育者の教授行動に統合されることが必要である。

以下の2つの警告は真実である。第1に，教師は促進的な教室環境をつくりあげることに組織的に働きかける必要がある。信頼と受容の雰囲気は，子どもと教師がたんに長い時間いっしょにいるだけでは生じない。教師は，私たちが指摘してきたように，はじめに生じる教師と子どもの相互作用から，特定の行動の手本となることによって受容的雰囲気をつくりだす手段となる。子どもたちは，他人の意見を聞くことが中心であるような討論に参加することにはあまり慣れていない。子どもたちが互いに話し合いや互いの考えや感情に反応するのを学ぶことを助けるのが教師の役目である。計画の立案は，討論のスキルを教えるため，道徳教育のなかの核の一部としてクラスで管理されなければならない。

第2に，信頼，尊敬，共感，そして公平さのある環境をつくりあげるのには時間がかかる。子どもが道徳的水準の前慣習的なレベルにいるときはとくにそうである。これらの子どもはほかの人への義務を，権威のある人から強制されていると感じる。これは第1段階の判断の性質である。あるいは，協力することを通じて他人から"何かを得る"手段であると感じる。これは第2段階の思考である。子どもの道徳性発達段階の水準を理解している教師は，子どもたちが大人の"完璧に道理にかなった"論議に反応できなくても，より我慢強くできる傾向がある。道徳性の発達は時間がかかる。私たちは即席の信頼や共感が一晩で突然現われることを期待してはならない。

8節　実践の難しさ

この章を通じて，私たちは読者に，新しい方法における役割について考え，新たな相互作用の方略を発達させ，現在の教授スキルを新しい構造へ再統合するように求めてきた。そのなかで，私たちは教師には手品師の役割を求めていることに気づく。この新たな役割を始めるなかでの1つの問題は，何を期待すべきかという自覚の欠如である。このために，道徳教育における過程に特有なある仮説を

強調したい。もしそれに気づかなければ，実践は困難になるかもしれない。

仲間の圧力はしばしば開放的で正直なコミュニケーションを妨げる

仲間グループの規範に従うことは，効果的な道徳教育に必要な雰囲気に反する。道徳問題の討論には自己をさらけ出す要素を含むため，子どもは深く感じた信念を述べるときに危険を冒していることになる。子どもの道徳性発達に興味をもっている教師は，「この問題に自分自身の立場をとりなさい，あなたの意見を自分自身の判断理由で支持しなさい。そして，クラスのほかの人が思っていることに自由に反論しなさい」というふうに彼らに仲間の圧力が命じるのと反対の行動を子どもにとるよう奨励する。

仲間グループの規範は，とくに青年期の間では，彼らが教室に入るまででさえ，子どもの態度や行動に影響している。同年代の子どもは多人数でお互い向き合っていると，神経質になり，脅威を感じる。過度の圧力が高まり，期待される行動の規制に従うようになる。つまり，個人が仲間の前で"公衆のさらしもの（public display）"にされる可能性を減らすような行動規則である。青年は腫れ上がった親指のようにめだってしまうことを避けようとする。大人が誠実さと，"人気のない"ものも含むすべての意見を進んで受け入れようという態度を見せても，学生はしばしば仲間の審判を前にすると彼らの自己意識と自分をさらけだそうという気持ちをなくす。代わりに，彼らは名誉のための問題に興味をもつようになる。これは，友人との意見の不一致のリスクがあるときでも，本当に考えていることを話すように彼らを動機づける。彼らは自己意識の喪失によって判断理由づけの違いを聞き始めることができ，それによって利益を得始める。

付加的な変数として，小学校の高学年や中学校レベルで最もよく見られるのは，下位グループの影響である。クラスの階層のなかの派閥は，討論という媒体を通じて間接的にお互いに争わせる。1グループの全メンバーはライバルのグループへ反対を唱えることにプライドをもつ。意見が対立している場合は，最も経験のある教師によってさえも分け入りがたい。これらの状況にある教師は困難に直面し，できる限りすべての忍耐と根気強さが必要とされる。クラスを3，4人の小グループに分けることと同様，討論の前に子どもにその意見や理由を書かせることも有効である。

道徳的問題はしばしば権威の役割の検討と関連する

　何が正しく，公正なのかについての教室での討論は，必然的にクラスや学校，家庭の権威の関係を疑問視することへ向けられていく。これはなぜなら，権威的人物に対する私たちの信頼が私たちの道徳判断の重要な一部分だからである。

　教室において唯一の権威として作用することに慣れ，彼らの信念や信念の理由を率直に述べ合ってこなかった教師は，権威の役割と責任が試される雰囲気を受け入れるのが苦痛であることに気づくだろう。そのような教室が，教師が認める行動を志向する子どもや，過程においてクラスメイトの意見を気にする子どもにとっても脅威を与えるのは言うまでもない。

　権威の問題はまた，学校全体に関係している。学校が道徳的な意思決定の唯一の決定者として外的権威への忠誠を求めると，それは脱慣習的な道徳性発達への移行を妨げる[*31]。実際，教師や管理者は危険を冒すことを避けるという，まさにその目的のために頻繁にその権威に頼っている。そして，そのことが彼らの弱点と統制のなさを明らかにするのだ。私たちはみんな権威のこのような使用を経験してきている。

　教師は彼らやその学校環境がすすんで立ち向かっていく権威に関連した討論の程度や量を考慮する必要がある。探究の精神でなされたなら，これらの討論は子どもと教師の両方にとって有用である。なぜなら，それは教室の規則や指導基準の裏にある根拠をよりよく理解させるからである。社会的活動という精神で考えるなら，そのような討論は管理過程のより民主的な分担につながり，コールバーグのいわゆるジャストコミュニティ（just community）の構築を導いていくのである。

認知的葛藤は子どもにとって苦痛となることがある

　考えることが課せられるときの自己または他人との対話は，子どもがしばしば自分への疑念や混乱の時期を経験することを意味している。新しいパターンが発達するためには，古いパターンが疑われなければならない。人の習慣的な思考方法が疑われる経験は苦痛となり得る。以下の例のように，もし教師がこれらの感情を子どもたちに討論させるために時間をかけられるなら子どもにとっては助けになる。これは高校2年生がその個人的な道徳哲学に立ち向かうところである。

　　リサ：私が言えるただ1つのことは……私は本当に混乱しています。なぜなら，こ

の授業で私は今までにしたことがないくらいひどくたくさん考えなければならなかったからです。それから，私は何が本当に正しくて何が本当に間違っているのかまったく混乱してしまっています。言ってみれば，私は何が正しく，間違っているのかについてほとんどわかっていないような気がするので，ヒトラー（Hitler）が悪かったどうか，もしくは私たちがみんな自分自身の生活に対する権利をもっているということさえも本当に言えないのです。わかりません。

〔明確化〕
教師：１つ言えば，ヒトラーが悪かった（bad）のか，また彼が間違っていた（wrong）のか，私たちは区別をしていますよ。
リサ：彼が間違っていたかどうか本当にわかりません。なぜなら，ただ断定的なことを何も言いたくないからです。だれかが違う方法で私を間違っていると証明するのが怖いのです。
　　　もし私が利己的になれるなら，本当に自分がすべてについて利己的になれると思えるなら，私はヒトラーが間違っていたと言うのですが。私たちは，みんな自分自身の人生の権利をもっていると言えるでしょう。実のところ，先週先生が，私たちがどうやって考え，どうやって道徳的に正しいか間違っているか判断するかを尋ねたとき，私の頭に浮かんだ最初のことは，自分を満足させるものなら何でも，私自身にとって私がよいと考えたものは何でも，ということでした。それが，私が，何が正しくて何が間違っているかを決定した方法でした。それから私はもう少し考えて，こう思いました。「ああ，他の人たちもそれについてよいと感じなければ，私は自分もあまりよいとは思えない」。そして，私は次々と，本当にたくさんただ考え続けました。そしてそれから私は，本当にどうやってものを判断するのかがわからなくなりました。

〔聞きながら伝える〕
教師：言い換えればあなたは，何があなたにとってよいのか自己中心的に判断をしていたのですね。
リサ：そうです。それから私は，それも正しくないとただ決めてしまいました。でももっとましな方法は何もわかりませんでした。

〔聞いたことを伝える。彼女の発言をずっと覚えている〕
リッチ：そうしてあなたは自分自身を越えて，どんどんたくさんの人のことを考え

ていったのですね。
リサ：はい。だから私はどうしていいかわからなくなってきているのです。

〔これからのカリキュラムにつなげる〕
教師：あなたはきっと，私たちがずっと話し合ってきた，そして次のときにも話し合う公平という考えが，正しいことと間違っていることの決め方を発見する助けになるとわかるでしょう。
リサ：たぶん私たちはそのときにこれをもう少し話し合うべきですね。私はいまたくさん考えているところです。[*32]

リサの疑問は1つの段階からもう1つの段階へその思考が移行している人の特徴である。リサについて大事なのは，教師とそのクラスメイトが彼女の悩みを真剣に受け取って，そして教師が彼女の悩みに耳を傾けたことである。

道徳性の発達は，必ずしも言語的活動から生じない

積極的な思考は言語的活動量の多さとは等しくない。内的な対話が認知的不均衡を導く重大な要因である。もちろん子どもにとってその内的な葛藤を声に出してはっきりさせることは，助けになる。それにもかかわらず，いわゆる静かな子どもが，より活動的な子どもと同じように，道徳判断理由づけの発達を経験しているようであり，反対に，その意見をしばしば声に出す子どもは，時間がたっても判断のパターンをほとんど変化させようとしなかったりする。必ずしも話すこと自体が人の思考を変化させるわけではないのである[*33]。

次の短い場面は，子どもがその考えを声に出しても出さなくても，子どもたちの内的対話が重要であることを示している。カリキュラムの一部として，中学2年生の保健の授業の子どもが，地元の小児科医とともに医学倫理について話し合っている。授業が終わると，その医者は「全員のなかで一番積極的な参加者，すなわち討論の間じゅう，ひとことも語らなかった子ども」が最も彼の興味を引いたと述べた。医者は次のように続けている。

　　私は討論の間，彼の顔をずっと見ていた。彼の心は人の意見を聞くことにあまりに一生懸命だったので，声に出して何かを言って討論に貢献することはできなかった。彼は話している時間がなかった。彼は考えるのにあまりに忙しかったのだ。[*34]

モラルジレンマのなかには討論を引きだせないものもある

　ある道徳問題は時々，ある子どものグループに"作用"しないことがある。そのジレンマは彼らの発達段階に適切ではないのかもしれない。この章の最初に述べたように，教師は，ジレンマを示す前に，クラスの反応や判断を予測することが重要である。

　あるジレンマが討論の行き詰まりを導いてしまうもう1つの理由は，時々子どもたちがその問題についてのたった1つの解決策に数分で同意するということである。そこで教師は悪魔の代弁者の立場をとったり，不一致をもたらすために状況を変えたりしなければならないだろう。

　なぜあるジレンマが失敗するのかという3つ目の理由は，その内容がグループにとって感情的な負担になりすぎてしまうということで，それはあるジレンマが個人的でありすぎたり，年齢に適していなかったりするときにしばしば起きる。その場合教師は，子どもが聞いたりコミュニケーションをしたりする能力と，また進んで問題を深く推論することの両方において"退行（regress）"していることに気づくだろう。

　最後に，時々私たちは，教師にとっては最高の計画ですら"単調な（flat）"討論に終わることがあることを認識しなければならない。経験を積んだ道徳教師も心配がないわけではない。ポール・サリバン（Paul Sullivan）先生は博士論文のなかで，ある討論を思い起こして証言している。

　　　教師にとって，その討論が目の前でだめになっていくのを見るときほど困ってしまうことはない。討論者がそれを問題であるとわからない場合，その問題を話し合うことは非常に困難である……。教師は柔軟でなければならない。用意した教材も時には失敗する。教師はこれらの特定の刺激からほかの教材へ替えたり，葛藤や話し合いを生みだす質問に替えたりすることができなければならない。[*35]

　まとめると，教師は初めて道徳教育を実践する場合の困難なことをいくつか予期できるだろう。上記の5つの予測は道徳性発達を促進する過程において存在することを考慮する必要がある。加えて，各授業の評価と分析は，ほかにもあると思われる落とし穴を予測できるようになるので，教師にとって有益である。

9節　結論：教師にとっての認知的不均衡

この章を終わるにあたって，教師が道徳教育の実践を始めるときの経験にもどる。子どもや青年が認知的葛藤と新たな視点にふれなければならないのと同じく，教師もそうしなければならない。これらの新しい自覚と洞察の瞬間は，教師の成長にともない，教師が必要な，避けられない挫折を統合していくのを助けるのである。私たちは，対立する感情と揺れ動く経験が，道徳教育を含む何か新しいものを生みだすために必要な一部分であると考える。ニューヨークのスケネクタディのジョアン・リップス（Joan Ripps）先生は，彼女が初めてのモラルディスカッションを"思い切って（takes the plunge）"始めるときの気持ちを学級通信に書いている。

　　私は，思い切ってやらねばならないこと，私が学んだことを実戦し始めなければならないことはわかっていた。どこから始めようか？　これが本当に私を悩ませ，ぐずぐずさせたおもな原因となった問題であった。さて，"人間についての学習（Man：A Course of Study）"には優性理論や夫婦交換のような多くのジレンマがあった。そしてまた法律教育の分野もあった。それは，始めるには本当により安全で魅力的な分野であったと私は合理的に解釈していた。私たちは「すべての人にとっての正義が，裕福な人にはより多くの正義か」というジレンマを話し合うべきだろうか。「正義は目に見えないが，ぼんやりしたものではない」のジレンマはどうだろうか。冒険するべきジレンマはたくさんあったが，私はまだ実践することをを恐れていた。そして，自分の恐れの段階が経験不足によるものであると悟った。あまりに多くの理論や多くの刺激があったが，核心となるのに十分ではなかった。人がモラルジレンマを用いることが必要だと確信するために必要なものはすべてそろったが，実際の教室で用いるための実践的な経験がなかった。だから私は危険を冒さなかった。私はハインツのジレンマを使うことを決めた。それは私のカリキュラムには実際うまく合っていなかったが，法律と秩序の概念を教えているのだと言って，もし必要ならまたその判断を擁護することもできた。この面ではそれほど困らなかったので，私は授業の計画を描いた。このときまでには文献をさらに手に入れ，討論を行なうのに従うとよいヒントを準備のなかでいくつか見つけた。私はそれを本にならって行なった。はじめの5分はこれ，そして10分はあれというように，授業の最初の段階に満足していた。大きいグループでの作業も，小さいグループでの作業もうまくいき，そして反対するグループどうしがお互いにその意見を出し合い，「彼らを道徳判断理由づけの水準にふれさせる」時間

になった。私は熱心に，彼らを集め大きな輪にし，さぐりの質問に答えさせてそのグループの判断を求めた。そしてそれは，30秒後にすべてだめになった。叫ぶ子どもたち，また金切り声をあげる子どもたちなどで私の教室はまるでバベルの塔 (tower of Babel) のようであった。すぐに彼らにきちんとするよう呼びかけたが，彼らは自分の立場を話し合ってはいなかった。

　私は授業をやり直した。しかし，何をやっても道徳判断理由づけの話し合いのためのあたたかい信頼の雰囲気をつくることはできなかった。私は話し合いを"導くこと"，あるいは伝統的な教室でよく見られるように，話し合いを指図することに終始した。そして，私は教室の中心の的となった。私は自分が失敗したことを知った！　さらにその締めくくりに，子どもの一人が私に，そのジレンマで私だったらどうしたかについて質問をした。私はそれを予期していなかった。もし自分がそのようなジレンマにあったらどうするだろうかはわかっていたが，みんなの前で言うことを私は恐れた。私は薬を盗むことに賛成だということを公に述べるのを恐れたのだ。私はその授業計画を校長に知らせていなかったし，子どもが家に帰って両親に授業を"翻訳"し，学校の暗黙の規則に対する重大な違反行為である波紋を起こすようなやり方で状況を混乱させるのが想像できた。そして恥ずかしいことには，私は子どもに，私の道徳的選択とは反対のことを述べて，そのような選択の背後にある理由を捏造したのである！

　授業のあと，私は手のなかに頭を抱えて座っていた。試みた話し合いの間の騒音と興奮からひどい頭痛がしていた。また，私が子どもたちに正直でなかったという失敗の結果があった。どこがよくなかったのだろう。私は注意深く舞台をこしらえ，椅子をまるく並べ，ジレンマについてかなり均等になるように分けたし，グループの意見を記録するための大きい紙とペンもあったし，そして授業の各段階では考えていた制限時間のなかにうまくおさまっていた。そのときわかってきた。私は教室でオープンな話し合いをこれまで一度もやったことがなかったのだ。私のクラスの話し合いはすべて教師に先導されたもので，本当に議論の余地のあるテーマについては，少しはあってもほとんど自由討論を行なってこなかった。子どもたちは大きいグループでの話し合いの経験や，話すことと同様に聞くことのスキルをもっていなかった。しゃべることはできるが，クラスの子どもの意見を聞くことや，それに反応することのできる子どもはほとんどいなかったのだ。私は失敗したわけではなかった。私は自分の教育のおもな弱点を明らかにした。私はまた，子どもたちが私の立場がわからず，"正しい答え"が何なのか……知りたがっていることに気づいた。私には道徳教育についてのグループ討論のための授業方略が必要であり，子どもが自分の意見を私の賛成を必要としないで発言できるのに十分なくらい安心感をもつような教室の雰囲気をつくりだす必要があった。*36

ジョアンにとって，"ひどい頭痛"は「グループ討論のための方略」と，「子どもに十分に安心感を感じさせる教室の雰囲気をつくること」ができなかったことから生じていた。しかしながら，彼女の学級通信の次の文は，楽観的に始まっている。

> もし上記したことで，私が教室でモラルジレンマを活用することをやめた，または，私がその支持者ではないと思われるなら，それははっきりと違うと言える。[*37]

初心者の道徳教育者は，行きつ戻りつを味わっているのだが，ジョアンの信念は，道徳教育者になりたいと願う教師が共通にたどる道である。

少なくとも次の6つの要素がこの道徳教育に進んで取り組もうとする姿勢の根拠となる。①教育の道徳的な次元への真の関心をもつこと，②新たな考えを試すことへの熱意，③進んで自己内省的になること，④新たなアプローチに挑戦する柔軟さ，⑤進んで学習し，人前で失敗さえすること，⑥ずっと続ける信念。

教師たちは自分の個人的な要求，教育スタイル，哲学に応じて，学習する過程の異なる面に反応する。これはただ自然なことである。道徳教育の教授過程は，特定の1つの方法に適応させるために教師を"変える"ことを意図しているのではない。むしろ，私たちは教師に彼らの今の教育への興味と能力を，道徳的気づきと道徳性の発達を促進する教育的な理論的解釈に統合することを求めているのである。

シャロン・ウィルキンス（Sharon Wilkins）にとっては，この哲学的な検討は教室の雰囲気をつくったり新たな方略を試すことよりずっと重大であった。

> 研究会のワークショップで道徳教育理論に初めてふれたあと，私は自分自身を"即時の転向（instant convert）"と考えた。"即時の転向"は一般的に私に疑いをもたせ，私は自分自身の強い意気込みが苦痛であった。仲間のなかには，懐疑的で，教育での一時的な流行にすぎないかもしれないことに対してと，保守的な"成り行きを待つ（wait and see）"態度をとっている者もいた。内的対話，広い類語としては"自己分析（soul-search）"したあと，私は自分がまったく変わっていないことを悟った。私はいつも"信じる人（believer）"であったが，それを教室での教育に対する私の個人的な哲学として考えた。それは，今はさまざまなラベルがついている。私はこの哲学を支持する限り，それにともなう理論と教室においての技術を身につけた，道徳教育者，人間主義の教師，あるいは自

分を称するために選んだどんなものにでもなることができる。受け入れ，決断し，その後に続く教師としての私の個人的な取り組みへの道徳教育哲学の統合は，最も重要なステップであった。その個人的な対話と統合なしでは，研究会のワークショップはたんに3回金曜日に授業を休んだことと，3回土曜日に家族と離れたこと，という意味しかなさなかったであろう。私は一度ジレンマを多くの人がするのと同じように，内容の発表の代わりとして紹介できた。あるいは，私は授業のどの部分へも道徳的な自覚を組み込むことができた。選択の余地はまったくなかった。私はできの悪い"弟子（disciple）"（自分自身も知らないことだが）だったので，教室の雰囲気はもうすでにそこにあった。[*38]

それぞれの教師は道徳教育者になるために学習するなかで，興奮や欲求不満を感じる原因が異なる。重要なことは，個人，つまり教師や学生が，この経験に意味を見いだすことである。

この章の結論をするにあたって，ブルックリン，マサチューセッツの公立学校の3人の教師の個人的な経験を見てみよう。彼らは少なくとも3年間はコールバーグの理論の教室での適用にかかわってきた。[*39] 各教師は異なる年齢グループで実践しているが，2つの基本的な問題を記述している。①彼らの10年，あるいはそれ以上の教授経験にコールバーグの理論を統合する個人的な意味，②自身の要求を満足させるために一般的な道徳教育のモデルを適用する個人的なアプローチ，である。

1人目は小学校の美術教師のバーバラ・トライエッティ（Barbara Traietti）は道徳性発達に関する知識が，新しい方法で教育する役割を探求するのをどのように助けるかについて記述している。

> 私は道徳性発達のワークショップにかかわって以来，子どもと対応して多大な洞察力を得てきた。以前，私は状況がある行動のきまりに関係して生じるときに，自分が美術室において道徳あるいは法の唯一の提供者であるという義務を負っていると感じていた。今では私はクラスや子どものグループに，何が彼らが考える適切な行為や行動であるかについて質問することに，より快適さを感じる。
> 4年生が人物，例えば彼らが"恐ろしい状況で好きではない"人の絵を描くことをはじめる場合，私は彼らを討論に引き入れることができる。私が彼らにそのような絵を描いていて大丈夫なのかどうかを尋ねると，私は彼らが，彼らの世界と彼らがいる場所をどのように推論し，理解する傾向があるかについてよりよく把握できる。そこから私は，彼らが私に教えようとする美術の概念に対して何をしているかを関連づけることができる。

この言及のなかで、トライエッティ先生は基本的に、道徳性発達理論から派生した彼女の教育における2つの重要な変化を強調している。①教室の行動における大人の権威から、分担された責任制への移り変わり、②彼女の子どもの立場にたった見方の増加である。彼女はまた、それぞれの子どものなかの芸術家と世界の芸術家の道徳判断の間の具体的な関係を引き出すことで芸術や社会に向き合う、道徳問題に光を当てる方法を発達させた。

　　最近私の上級生の子どもたちは異なる時代からの芸術の実例を探していた。ウィリアム・デクーニング（William DeKooning）による抽象的な絵画を見たとき、彼らは笑いだし、どうしてそれが正当な芸術活動になりうるのか尋ねた。「私の3才の妹の方が上手だよ！」「考えてみて、あのくずにお金を払う間抜けな人がいるなんて」。私は彼らにその反応のもとにある理由を述べるように求めた。彼らは、よい芸術家はできるだけ現実的にものを描くことにたけているべきであると感じていた。これは自分の芸術活動でリアリズムを達成しようと苦心している地点にいる若い人たちからの反応として非常にわかりやすい。それから私はそのグループにさらに質問し、もし彼らが、すべての絵が"よい"芸術だと考えられるために現実的であるべきだと命令する法律を作ると、気分がよいかどうか尋ねた。彼らは、芸術家がみんなそのような法律や命令を満たすために、特定の方法で絵を描かねばならないことを公正であると考えただろうか。彼らのうちの一人は何でも非常にリアルに見せることがとても上手で、何でも描くことができる芸術家であるが、彼らはそのような絵には飽きてしまっている場合を仮定する。その人が、色や形などに他の方法を試みることができないのは公正だろうか。
　　私はこれらの質問をしていて、子どもが社会科の授業で法律や公正さ、また力の概念を扱っていたことに気づいた。これはとくにヒトラーの独裁者としての権力の台頭をとらえたものであった。その討論は何が正しくて何が悪いかについて、子どもの間で行きつ戻りつしていた。彼らはすぐに、個人的にある絵を好むか好まないかという問題は忘れてしまい、かわりに芸術的な自由と独裁的な命令について深く考えていた。
　　私は自分が教室をデクーニングのファンで一杯にしてきたとはまったく思わないが、彼らが、自由と芸術が彼らの人生のなかで演じることができる役割の意味を理解していると強く信じている。私は今や、さらに質問をすすめるための、つまり彼らがある状況での最初の評価に"行き詰まってしまう"ことのないように彼らにとって問題を複雑にするための手段がある。むしろ、私は彼らがそれを違う視点から見るのを助けようとする。以前は、私はおそらく彼らに対しデクーニングの絵を正当化しようとしただろう。これでは彼らが

活用できた，あるいは彼らが確認できたどんな問題へも達しなかっただろう。

　この例のなかで，その小学校の教師はまた私たちに1つの授業のカリキュラムがほかの授業のカリキュラムへつながるという信念を示してくれた。すなわち，子どもの社会学習カリキュラムに特有の道徳問題に気づくことが，彼女が美術の授業で意味のある刺激的な質問をつくっていくのを助けていたのである。そのような連続性は，子どもの道徳判断理由づけにおける成長の可能性を強める。

　2人目の教師である，マーゴット・ストロームは，中学校で教えているが，道徳性発達の知識が，彼女自身と彼女の子どもにとって彼女の授業がより刺激的になるために彼女の教育にどのように役立つのかについて論じている。

　　道徳性発達についての学習は，私の人生のなかで，教えることが決まりきった仕事となり，私の教育の実践が成功し，子どもは「先生の授業で多くのことを学びました。先生はよい教師です」と言って去って行ったころにやってきた。しかし私はそれを信用しなかった。私が道徳性発達と自我の発達……つまり，私は挑戦されていると感じ，教室で子どもと自分について新たな次元に気づき始めた。私は本能的に，何かが欠けていることがわかっていた。9年間，子どもたちはこう言った。「あなたはよい先生ですね」。しかし私は心のなかでは「あなたは間違っている」と感じていた。私はそのことばを信じていない。
　　私は理論と発達に本当に興味をもった。私は，この学習によって，人の言っていることが，私が考える正しく公正なことと非常に似ていることがわかった。この多くの知識は私の限界を広げ，私に教育（educating）が教授（teaching）以上のものであると気づくのを助けた。その年の終わりに子どもたちが，「私は蝿の王（Lord of the Flies）を習った」などと言ったことではなく，「私はこのような話し合いを楽しんだ，これは私にとって意味のあるものだった。おもしろかった」と話すのを聞くのは本当にうれしく感じる。私は，「すばらしい！」と言う。それは私にとってもまた興味深いものだ。その授業はまだ私にとって興味深いままだ。
　　道徳性発達に焦点を当てることは私に，スキルが関係していることを教えてきた。つまり，発達をうながすのはたんなるモラルジレンマのディスカッションではない。それはただ葛藤場面を提示するだけではない。それは，すべてのスキルを合わせて，そしてそれらを発達的な基礎……すなわち語彙力，書くこと，聞くこと，そしてすべてのグループ過程のスキルと称して教えているのが何年生なのか，何歳なのかを認識することである。これらもまた発達であり，ただモラルジレンマを討論するだけではない。
　　私が今や批判的であることに自信をもっていることがわかるだろう。新しい理論を初め

て学ぶときは，恐れるものだ。そして，「みんなこれをわかっている」と思う。しかし書くことは難しく，そのことばや語彙は，難しいのである。それは新しい教育理論で，哲学理論である。そしてついに，それに取り組み，同時に進み始める。それを少し使い始め，それに満足を感じる。そして最後にこう言えるようになる。「私は何がうまくいくのかわかった。つまり私は批判的になれる」。そして何かに対してより批判的であるなら，そこにあるものはより有効なものである。

　ここで私たちはマーゴット・ストロームが彼女自身の授業に批判的であり，彼女自身のクラスの要求に関係させてみると，コールバーグの理論に対して思慮的で探求する態度をとる能力をもっていることがわかる。この態度のおかげで彼女は既存の理論と実践から新しい教授の方向を創造することが可能になった。

　私はそれぞれの子どもがいっていることに関連づけるために，彼らが何をいっているのか聞く（hear）ために，また彼らを尊重するために，どのようにして本当に聞く（listen）のかを学ばなければならなかった。私の子どもは私といっしょに自分たちの仕事を評価すること，権力を分担する方法を学び始めた。私たちは公正さについて討論する。私は，教師はカリキュラムとは関係なくそれをする機会を見つけなければならないと考える。教師はいつも子どもと教師の間の関係は何を意味するかという疑問と戦わねばならない。クラスと学校に対する私の義務と責任とは何だろうか。
　私の気になることの1つは，モラルジレンマのディスカッションは子どもたちがお互いに聞き合う信頼感を築いているということを除けば，子どもにとって道徳的であること，公正であること，あるいは気遣うことを実践するまでにはいたらないことである。子どもは自分に誇りをもつ機会，よい気分になれる何かをマスターする機会を必要としている。1週間ジレンマのディスカッションを使って何をしてきたか。ただクラスでたくさん話しただけである。次のステップはこれらのジレンマをクラスで生かすことで，彼らがしゃべったり見つけたりすることを実践するための場面を子どもにもっと与えることである。それを教室の外で適用することができなかったら，類似物を利用することが非常に重要である。
　子どもは，私に今までもっていなかった，葛藤場面を認識するのを助けるスキルを身につけて卒業していくことを話してくれる。彼らはまた，葛藤状況は欲求不満に満ちていることも認識する。道徳教育は彼らに，学校の教室と同様に，人生に立ち向かう手段を与える。そして最後には，彼らが自分を評価して，こう述べる。「これは私にとって何か意味がある」。彼らは，人生の具体的なものから抽象的なものへと移行する地点にいるので，私が

彼らとともにすることはびっくりするようなことばかりである。この年齢では彼らに興味を失わせ，彼らを皮肉屋にする可能性がある。または彼らに質問をさせるのを助けひらめかせる機会もある。世界はおもしろく刺激的で葛藤に満ちているが，進むことができるということに気づかせるのである。

マーゴットは道徳教育をモラルジレンマのディスカッションによって決められると見なすことの限界を認識している。彼女の成長していく興味は，彼女の教室での管理の過程への道徳的な自覚の広がりと関係している。これは彼女の子どもたち自身の評価に彼女たちを参加させることや，教室で生じたような不公平を話し合うこと，そして子どもが道徳判断理由づけにのっとって活動する機会を見いだすのを助けたりすることに取り組むことによる。

さらにコールバーグの理論と教育方略を統合するほかの方法は，これもまたマサチューセッツのブルックリンの高校の社会科の教師であるトーマス・ラデンバーグ（Thomas Ladenburg）の仕事のなかに表わされている。彼は認知的な発達の枠組みのなかで書写と教育のカリキュラムをとおして，どのようにその20年のアメリカの歴史教育を強化してきたかを記述している。

> ブルックリンの一連の集中的な研究会のワークショップのなかでコールバーグの仕事を紹介されたあと，私は自分がいくらかぎこちなく，当てずっぽうのやり方ではあったが，道徳教育を実際に行なっていたのだということに気づいた。ほとんどの時間私は何か非常によい討論を私のクラスで行なっていたということに突然気づかされた。子どもたちはトルーマンが広島に原子爆弾を落とすべきであったかどうか，ルシタニア（Lusitania）の乗客と乗組員は十分に警告されていたかどうか，あるいは家主や借家人はその建物のなかの壊れた窓をなおしたり，ごみをきれいにしたりする責任があるかどうかといった道徳問題について話し合っていた。
>
> コールバーグは子どもというのはそれぞれに道徳哲学者であるとどこかでいっていた。その考えは本当に的を射ていた。私の子どもでさえ，私のどんな行動が公平でどのタイプの罰は公平ではないかというような非常にはっきりした考えをもっていた。次第に明確に私が気づいたことは，これらの概念は，実は違うレベルで論じられており，コールバーグが段階を設けていないがコールバーグが主張した不変で連続的な順序のなかに存在しているということである。それは，なぜ私の10歳の子どもが，私の整然としていることの美徳についての説教よりも，彼の部屋がきれいでなかったら小遣いが減らされるという脅威の

ほうへずっと早く反応するのかを理解するのに役に立った。

　私の生徒が，彼らの発達的レベル内の段階の理由づけで問題を理解し，参加し，話し合うことができることは私にはすぐにはっきりした。しかしその能力をはるかに超えてしまっている問題を引き出した質問にはすっかり退屈してしまうのだが。これはしかし，私たちが社会の性質と構造について意味深い質問をすることを控えるべきだという意味ではない。これは，本当は，私たちの歴史において，子どもの道徳判断理由づけの能力の範囲内で本質的な問題ともっと難しい発問を与えることは，教育とカリキュラムの記載のなかの私自身の個人的な信念であった。一度子どもがこのようにカリキュラムに"病みつきになる"と，私はその始めの地点以上で考える能力を刺激することを始められる。この視点で，私は5年生のクラスが連邦主義と反連邦主義の長所についての話し合いができることを学んだ。その違いは，青年と子どもが葛藤の性質を理解する方法にある。

　5年生は自分の直接的な経験と関連する具体的な参照点を必要とする。例えば脱退する権利は，私の5年生の息子のことばで言えば，「クラブを辞めて，クラブハウスをもっていってしまうよう」であるそうだ。一方でほとんどの高校2年生は脱退そのものの抽象的な観念から始めることができる。

　しかしながら私が，最も再確認した知識は，役割演技や模擬裁判（mock trials），小グループでの討論，シミュレーションなどの，子どもへ興味をもたせ関与させる方法と伝統的に考えられてきた練習のすべてが発達的に有益であることだ。教育者はいつも，子どもが考えるのを助けるのに，授業のあいまいな，はっきりしない目標の重要性を強調してきた。今や私たちは自分たちがしていることについてよりわかっていて，成功を測る方法をもっているだけでなく，どうやってもっとそれをうまくやるかについて十分に知っていることがわかっている。

　トーマスは彼の教授法を強調するために，コールバーグのアプローチを用いる重要性を2つの方法で見いだした。①生活を通じて直面しなければならない最も基本的な倫理的決定に関連して子どもの道徳的な気づきを高める，②彼らの現在の思考パターンを理解するために，彼らの判断理由づけをもっと洗練された理解へと刺激する目標で子どもの認知的な視点を取得する。

　この章において私たちは教師自身が道徳的哲学者として，子どもの道徳的成長の促進者としての自己の自覚から始まる道徳教育のモデルを記述した。この枠組みは，教師が認知的葛藤と視点取得能力を刺激するオープンエンドな話し合いの方略を発達させながら，子どもがその人生の道徳問題にもっと気づくようにな

るのを助ける重要性を描いている。この道徳教育の全過程を強調している主要な基礎は，信頼できる，礼儀正しい教室の雰囲気を発達させることである。

　加えて，実践する教師の声は，発達的な道徳教育の基礎としての好奇心，感受性，そして自己反省を伝えている。これらの質はその人自身の個人的な授業目標についての明確さとともに，教育者がカリキュラムの再構成へ次の一歩を踏み出すための自信を深めさせるのを助けるのである。

〈訳注〉

★1　議論を活発にするためにわざと反対の意見を述べること。

★2　約0.94リットル。

★3　視点を変えること。

第6章　道徳教育のためのカリキュラム構成

　本章の目的は，道徳性発達理論とカリキュラム構成の過程を統合する原理と，そのいくつかの例を示すことである。教師は特定の内容を教えることに関心をもつであろうから，本章では，どうすれば，内容への関心が，道徳判断理由づけを促進することへの関心を排除せずにすむのかについて説明する。

◆1節　教授目標としての内容と構造

　道徳性発達理論は，道徳的論点についての私たちの思考を構造化するやり方に焦点を合わせている。その構造のうちに具現化されている実体あるいは内容は，明らかに重要であり，また，教師たちにとって第一の関心事であり続けるべきであろう。モラルディスカッションをとおして段階的上昇を促進することにすべての力を注ぐために，私たちが教える事柄は無視されるべきだと述べるなら，それはコールバーグの研究の誤解である。非常に多くの研究が，モラルディスカッションとよばれる技法の結果を強調したので，そうした誤った考えが形成されたのかもしれない。こうしたディスカッションが内容をともなっているという事実もまた重要なのである。

　道徳的論点の分析は，3つのタイプのモラルジレンマ——仮説的である，内容が特殊な，そして，現実的の，あるいは実践上の関心がある——の検討につながっている。ハインツのジレンマのような仮説的ジレンマは，事実に基づくものではないが，しかし，信頼にたるものである。仮説的な論点のとくによいところは，そうした論点に対する生徒たちの個人的なかかわりが少ないということである。

したがって，彼らは，喜んで，その論点について公開討論を試み，それにかかわる原理を一般化しようとする。内容に基づいたジレンマは，例えばアメリカ史にでてくる，トルーマン大統領が第2次世界大戦で原子爆弾を落とすかどうかという決断をしたような，特定の教科のなかで見いだされる。内容に基づいたジレンマは，彼らが学んでいる人物の人生における道徳的な次元を，そして，道徳の論点が時間と場所を超越しているという事実を，彼らに示すことができる。「友人がテストでカンニングしているということを教師に告げるべきか」というような現実の，あるいは実践上のジレンマは，その話題に対する感情的な高揚を最大にし，したがってまた，個人的な関心も最大にする。

　いずれのタイプのモラルジレンマも，内容をともなっており，特定のデータ，概念，一般化，原理の使用とかかわっているのである。したがって，通常，"実体" "知識" "内容" "主題" あるいは "教材" として言及されているものは，道徳教育において重要な役割を演じている。本章で吟味するのは，道徳性の発達という教育目標を適正な内容をともないながら，いかに学校の要求に合致させるかということである。

◆ 2節　道徳性発達カリキュラムとは何か

　道徳性発達カリキュラムによって私たちが意味するのは，日常の道徳的次元に基づくカリキュラムであり，それは教えるということに共通する2つの情報源から生じる。その2つの情報源とは，①内容と②しばしば "潜在的カリキュラム" として言及される，教師と子どもたちとの相互作用である。紙幅の都合で，カリキュラム開発のすべての面を詳しく述べることはできない。しかし，道徳性発達理論は，内容の基礎にある現実のデータを用いると，どうすれば現存する学校カリキュラムの一部となるのかということを強調したいと思う。こうした統合は，仮説的な課題だけを用いるよりももっと困難である。しかし，それはまたよりいっそう信頼できるものとなる。

　この点は，法律と社会の授業ではじめて仮説的ジレンマを用いてモラルディスカッションを試みたジョアン・リップス（Joan Ripps）によって説明されている。彼女は，親友ジルの身分を警察官に明らかにすべきかどうかを決断しようとしている10代のシャロンを描いたジレンマを使った。ジルは万引きの疑いをかけられ

2節 道徳性発達カリキュラムとは何か

ていた。そのような仮説的ジレンマの使用は，ジョアン・リップスに道徳性発達の教授方略を実践する機会を与えはしたのだけれども，子どもたちには，あまりにも不自然なもののように思われた。

  道徳判断理由づけを教えるモラルジレンマアプローチは，カリキュラムに組み込まれるならばそのときにだけ活力あふれるものとなるだろうということが，すぐに明らかになった。シャロンのジレンマやそのほかのジレンマはまったくすばらしいエクササイズだったが，もしそれがあなたがたのカリキュラムの一部でなかったならば，それは意味を失う。それはわざとらしいものになってしまう[*1]。

リップスは彼女の法律のカリキュラムについて考え始めた。どんなやり方で，日常の内容が，道徳性発達への彼女の関心とかみ合うのかと考えた。そして外部資源が役立った。

  私は，それをカリキュラムから自然に派生するものとする方法を求めた。私は，家庭裁判所判事を教室にまねいた。生徒が彼に尋ねた質問の1つは，議論のための完璧な状況を生みだした。それは「未成年の公選弁護人は，経済的に余裕のある未成年者の親が雇った弁護士と同じくらいに有能であるか」というものである。

リップスは，とくに子どもたちに法律上の事実を調べさせたので，彼らの質問への意欲が高まったことに気づいた。郡刑務所への訪問のあとで，生徒たちは「刑務所は，あなた方に法律を破るなと教えるのか」と尋ねた。ジョアンはここでも，道徳的疑問を引きだす感受性ならびに質問能力を高めたのである。

  私は議論を進めることのできる多くの領域を見いだした。「あなたは，犯罪が起こっているのを見たなら，それをいいつけるだろうか」「陪審員となるということが何をともなっているのかを知っているなら，あなたは，法的に陪審員となる義務を避けることができる場合でも，それを受け入れるだろうか」

現実をカリキュラムに統合する1つの利点は，子どもたちがカリキュラムを自分たちの生活と関連させて見始めるということである。それはもはや，授業が中

に我慢を強いるものとはならない。リップスは次のように結論づけた。

> 私は，子どもたちをモラルディスカッションへと巻き込むために，授業計画とカリキュラム，生徒が教室へ持ち込んでくることがらを使用した。そしてそれは成功した。とてもうまくいったのである。とりわけ，それがわざとらしいものではなく，彼らにかかわるものであったときには。議論はすばらしく，そしてたいていは，組織的で，生産的であった。重要な副次的効果の1つは，議論を始め，それを授業時間を超えて，そして放課後その日の終わりまで続ける子どもの熱心さである。

3節　カリキュラム開発

　私たちは，教師たちが道徳性発達理論を組み入れたカリキュラムを開発する際に用いる過程を記述するために，いっしょに仕事をしている教師たちに尋ねた。そして彼らの返答から，1つのパターンを探り出した。私たちは，彼らが論理的順序性の点で最も有益だと考えた諸活動をリストアップするけれども，それを石に刻まれたものであるかのように読んでもらいたいとは思っていない。論理学はしばしば，カリキュラムを立案する心理学においては最も関連性の小さい変数であるということを，私たちは十分に気づいているということである。

　下にあげた最初の5つの立案手続きは，どのようにしてカリキュラムを構造化するのかを学び，生徒たちが道徳的課題について考える際に取り組む教材をどのように選ぶのかを学ぶことにかかわっている。6から10までの活動は，教師たちが自らの道徳教育力（competence）を開発する努力を支援する条件にかかわっている。こうした手続きが示唆するのは，教師たちが，カリキュラム開発の際により多くの助けを求めており，生徒たちが理由づけを考える機会を広げたいと願っているということである。

❖道徳性発達カリキュラムの立案
1. 原理を開発する

　本書の最初の4章のうちに具体化されている理論体系を理解することが，道徳性発達カリキュラムを作成することには欠かせない。最初の実践には不満が残るであろうから，カリキュラムの目標について明らかにする必要がある。原理は，

理論の個人的翻訳であり，カリキュラム作成過程の明せきさを増大するために必要なのである。

2．カリキュラムにおける道徳的論点を確認する

道徳的論点は，（例えば文学や歴史や芸術における）人間どうしの関係や人間と制度との関係のためのカリキュラムの材料を吟味することによって見つけだすことができる。あるいは，こうした論点は，家庭や学級，学校，社会の出来事に集中しているかもしれない。人はこうした論点を，生徒に求められる理由づけの水準と社会的役割取得視点の水準に関連して査定しなければならない。

3．道徳的論点を生徒の人生と結びつける

生徒は次のような問いに答えられるのでなければならない。すなわち，あなた方のだれかが，こうした葛藤に直面したことがあるのか。あなたはどうするだろうか（どうすることができただろうか，どうしたか，どうすべきだろうか）。あなた自身の経験のなかから，こうした葛藤のどんな別の例を，私たちに話すことができるか。あなたは，他の領域で——映画やほかの学級やあなた自身の人生——で，類似のジレンマに出会ったことがあるか。

4．役割取得を促進する教材を使う

役割取得とは，他者の視点を取るということを意味する。視点取得は，葛藤する論点を明せき化する手助けをし，道徳的な問いをもっと現実的なものとする。道徳性発達のために必要とされるのは，態度や思考，能力，感情，視点の点で人は異なるということを理解することである。役割取得によって，生徒たちは，自己中心的な世界観を離れ，外部の視点から自分自身を見ることのできる地点にまで到達できる。役割取得は発達にとって重要である。というのも，それは，各人に，自分たちの道徳的視点と葛藤する道徳的視点を経験させるからである。認知的葛藤が，道徳判断理由づけの発達を促進するのである。

5．生徒をより適切な理由づけの構造にさらす

カリキュラムで用意されている理由づけの構造は，生徒の理由づけの水準よりもわずかばかり高次のものでなければならない。たいていの人にとって，自分の現在の段階よりも一段階上の理由づけは，認知的不均衡を作り出し，新しい理由づけ構造の発達をうながす。この構造を作るのが，登場人物の対話を読んだり，ディベート，ロール・プレイ，面接，劇，映画作成のいずれにせよ，それは心を広げるものでなければならない。

6. 子どもたちをカリキュラム開発者となるように励ます

子どもたちにとって，内容の中に道徳的論点を探し出す機会は欠くことができない。子どもたちがいったん道徳的論点に気づくと，すばやくそうした論点を指摘するだろう。また，子どもたちは，何がうまくいくのか，何が失敗するのかについての明敏な評価者であるし，また，カリキュラム変革を進めるにあたって自分たちの認知を教師たちと共有しようとするだろう。

7. 仲間と協同する

しばしば私たちは，仲間が考え事を口に出していることが，私たち自身の思考を揺さぶることに気づくだろう。その結果は，二人の個人の思考の合計よりも大きい。これにはちょっとした会話の時間が必要かもしれない。しかし，教師にも，子どもたちと同様に，支持と対話が必要なのである。道徳教育は，危険をともなう企てなのである。同僚と，疑問や成功を共有できるということが，支持的な環境を作る助けとなるだろう。

8. 教材の先行的吟味を行なう

小さなユニットを使うことが，最初の努力のよい吟味になるかもしれない。同僚に観察することを頼み，子どもたちに反応を求めれば，そうした変革は，より小さなディスカッショングループを利用することとして，あるいは，より適切な一群の論点を見いだすこととしてなされうる。論点は仮説的すぎたのか。それとも現実的すぎたのか。問いを探ることが，不均衡を引き起こすのに十分だっただろうか。子どもたちが答えについて考えるのに十分な時間が与えられていただろうか。物理的な配置は，ディスカッションにとって生産的だっただろうか。

9. 教科書のデータを超えて教材を吟味する

教師たちは，映画（商業映画を含む），テレビ，レコード，小説，詩，芸術，新聞を利用できる。一度道徳的な気づきが高められると，彼らはいたるところで道徳的論点を認識するだろう。例はいたるところにある。この点で，教師と生徒は，利用可能な教材のいくつかを捨てなければならないだろう。

10. 子どもが自らの理由づけに基づいて行動できるような経験を開発する

実践の機会は，理由づけの吟味を与える。学校生活におけるそのほかの活動——クラブ，運動競技，児童会・生徒会——は，道徳判断理由づけを道徳的行為へと移す機会を与える。この行動を促進すること，そして，そうした出来事について議論する時間を与えることは重要である。生徒たちに，彼らの理由づけに基

づいて行動させることは，道徳の理由づけから道徳的行動への移行を支援することの重要な要素なのである。

● **生徒の視点をとるということ**

適切な道徳的論点を選択することに含まれる重要な要素は，子どもの視点を取るという教師の能力である。教師が，子どもの道徳的視点をより理解できればできるほど，カリキュラム開発の仕事はよりたやすくなる。さきに議論したように，教師の道徳性発達の水準が，彼らに，子どもの推論構造を理解させるのかもしれない。

カリキュラムをデザインする際に，教師は次のようなことを問うだろう。すなわち，子どもたちは，このジレンマに直面したなら，どのように感じるだろうか。これらは，論点を理解でき信じるのに十分な事実だろうか。情報が多すぎて混乱を引き起こさないか。○○の視点を子どもたちに理解させるのに，私はどんなことを問えばよいだろうか。どんなしかたで，この教材は，以前の主題また未来の主題と結びつくのか。子どもたちは，こうした出来事を自らの人生と関係づけることができるだろうか。もし私が彼らの立場にいるなら，私はどのように反応するだろうか。

こうした問いは簡単には答えられない。問うことの目的は，子どもの理由づけに対する感受性を高めることである。こうした感受性は，子どもを観察するときに役立つ。思考の証拠は，言語的なものだけでなく，しかめ面や，眉毛をあげた驚きの表情や，天井を見つめることや，髪の毛に手をつけることのような，非言語的な手がかりからも推し量ることができる。子どもたちの反応に注意深く耳を傾けることは，補助的な手がかりを気づかせる。相互作用の型は，何人かの子どもの間で発展するが，ほかの子どもたちはずっと沈黙したままである。自伝，うち解けたおしゃべり，レポート課題，子どもの対話への注意深い傾聴は，子どもたちが何を評価し，どのように考えるかについての多くの手がかりを与えてくれる。こうしたデータを考慮することは，道徳的論点を議論するための脈絡を与えることになる。

● **カリキュラム開発の実践**

唯一の道徳性発達カリキュラムがあるわけではないし，「どんな教師にでも使

える」パッケージがあるわけでもない。教師たちは，内容を再構成しなければならず，道徳性発達を促進するためにその基礎として学校生活を利用しなければならない。こうした考え方に対する私たちの信念は，小学校や中学校の教師についての観察や，ワークショップ，大学のコースで教師たちによって開発された教材についての解釈から発したものである。以下は，こうした教師たちの何人かの例である。これらの例は，カリキュラム教材を完璧に描写したものとして示すものではない。むしろ，それらは，カリキュラム構成の本質を表わしていると私たちが考えるところの，教師たちの思考と行動を例示している。

　2種類の例を以下にあげる。1種類目は，どのようにして人が，道徳的論点の源泉としての文学，歴史，読み物から内容を取りだせるかを説明する。2種類目のものは，どのようにすれば，学級の現実（"潜在的カリキュラム"）の内容と過程が道徳教育の手段として使えるようになるのかを証示する。この2種類の例が示すのは，カリキュラム作成の過程である。そのようなものとして，それらの例は，カリキュラム開発のための最初の5つの指示に焦点を当てる。すなわち，①原理を開発し，②道徳的論点を確認し，③道徳的論点を生徒たちの人生と関連づけ，④役割取得を促進する教材を使い，⑤子どもたちをより適切な推論構造にさらす。

◆ 4節　文学作品の使用

　文学作品は，伝統的な学校カリキュラムの一部として，道徳性発達を促進させる潜在力を豊かに秘めている。本節では，私たちがよく知っている二人の教師から例を引こう。彼らのカリキュラムが書かれたマサチューセッツで教えていたガイ・ブランブル（Guy Bramble）と，オンタリオのニューブランズウィックで教えていたアンドリュー・ギャロッド（Andrew Garrod）である。大学院生として，彼らは，道徳性発達の諸概念を用いた文学コースを開発した。ここでは，彼らのカリキュラムから『ハックルベリィ・フィンの冒険（*Huckleberry Finn*）』の例を選んだ。

● 原理を開発すること

　ブランブルとギャロッドは，文学を教えることに熱心であった。そして，その

努力のなかで，物語のなかの登場人物と高校1年と高校2年生の子どもの道徳的視点を考慮することによって，選ばれた作品の分析を豊かにする機会を見いだした。この教師たちの原理は，自らの道徳教育者としての責任の認知を示している。[*2]

　以下のカリキュラムは，文学作品が，高校の学級におけるモラルディスカッションのための豊かでほとんど掘り尽くせないほどの源泉であるという私たちの共有された確信から進化したものである。私たち自身の学問的な訓練と興味は，文学の分野にあるので，私たちは，道徳性発達を刺激する手段として文学作品を使おうとするカリキュラムを生み出した。この方略は，道徳学習は──人間的成長の点で──学級で生じうる最も有意義な種類の学習であるという私たちの信念を反映している。しかし，私たちの文学に対する熱愛のゆえに，道徳学習が，他の種類の学習との関連よりはむしろそれらを犠牲にして生じるならば，心より残念に思うだろう。道徳性は，結局真空のうちで学ばれる抽象的な観念の体系ではない。それは人生についての視点──つまり，所与の環境に適用され，人の行為を導く手助けとなる一群の原理──なのである。人生と学習とを排除することとはまったく異なって，道徳性は，少なくとも暗黙的には，私たちが行ない，語り，読むほとんどのものに絶対必要な部分なのである。

ブランブルとギャロッドは，多重的な教授目標によって作り出される緊張を認識している。彼らは，融合の必要性をくり返し，もっと拡張したやり方で教師の役割を定義する。

　このカリキュラムは標準的な英語のカリキュラムと取り替えることを意図されてはいないということを，私たちははっきりさせるべきである。私たちは英語の教師であり，そして，私たちがよい作文スキル（文法，構文，綴り方など）を教えようとするのと同様に，感受性豊かで洗練された読者を育てることの重要性を信じている。それにもかかわらず，これらのスキルと態度は生徒に対する私たちの責務の全範囲を表わしているだろうかと訝ってしまうのである。この問いと格闘しながら，私たちは教育哲学の核心へといたり，私たちが出した結論──それはこのカリキュラムにおいて明らかである──は，私たちの責務は，読み書きと文学を教えることをはるかに越えているということである。私たちが，悲しみと偽善と憎しみとそして生命そのものを破壊しようとする力とにあふれた，今日あるような世界を考察するとき，あまりにもはっきりと理解するのは，あらゆる場所で──国家の指導者たちと，とりわけ普通の市民の間で──人間のうちなる道徳性の高められた感覚を発達させる緊急の必要性である。

このように，これらの教師は，理論によって啓発された原理を創った。しかしながら，内容を選択することは，内容のうちに埋め込まれた道徳的論点のいずれが分析にとって適切なのかを決定するときに，本格的に始まるのである。

●道徳的論点を確認するということ
　コールバーグの研究が示唆するのは，慣習的思考から脱慣習的思考への発達が青年後期前にはめったに起こらないということである。したがって，ブランブルとギャロッドは，高校2年の生徒たちを慣習的思考へと成長するように手助けするという関心でもってカリキュラムを構成した。この過程を進めるために，彼らの仕事は，前慣習的思考から慣習的思考への発達にかかわるような論点に光を当てる文学作品を確認することであった。彼らは，トウェインの『ハックルベリィ・フィンの冒険』を選んだ。

> 　私たちは『ハックルベリィ・フィンの冒険』を選んだ。というのも，それは，友情にかかわる課題に満ちた書物として，ほとんどの英語教師たちになじみのものだからである。ハックのジムとの関係が花開き始めるとき，私たちは，少年が自分のことを犠牲にしてジムの幸せにだんだんと関心を寄せ始めるのを理解する。この関心の明白に見てとれる理由の一部は，道徳原理としての自己利益（第2段階）を拒否して信頼，尊敬，忠誠，感謝という第3段階の道徳判断理由づけに特徴的に埋め込まれている諸価値を支持するようになるためである。

　青年期の関心そのものが重要であるばかりでなく，それらに関する理由づけの水準もまた重要である。友情の意味は，こうした若い青年にはとくに突出した課題である。そして，それは，『ハックルベリィ・フィンの冒険』においてそうであるように，まったくもってよく人を動かすものである。というのも，登場人物によって示された理由づけの水準が，子どもたちの道徳的理解の水準に適切だからである。

●道徳的論点の内容を子どもたちの人生に関係づけること
　一部分は道徳判断理由づけのさまざまな水準のゆえに，個々の文学作品は，ある子どもたちには興味を惹くものであるが，別な子どもたちにはそうではない。

ガイ・ブランブルとアンドリュー・ギャロッドは，道徳性発達のための『ハックルベリィ・フィンの冒険』の可能な使用法を分析する際に，適切性は理由づけの構造によってある程度は定義されるという理解を示した。教師として彼らは，このように，子どもたちの人生と関係づけることを試みているのである。

　　しばしば語られてきたことだが，『ハックルベリィ・フィンの冒険』のようないくつかの小説は，読むたびごとにその意味が豊かになっていくように思われる。つまり，10歳のときは冒険談としてのみ理解するであろうが，15歳では加えて友情の物語を認める。しかし，25歳では，このすべてを理解し，さらに，南北戦争前の南部における"上品ぶった伝統"の価値と習慣に対するトウェインの戯画を特徴づける風刺的なユーモアを探し始める。だが，数年ごとに変化するのは，明らかに書物ではない——それは読者なのだ。だから，高校2年生が『ハックルベリィ・フィンの冒険』を（必然的に読まねばならなかったので）すでに読んだと主張するとき，私たちは彼らに，その物語と登場人物を，彼らが高校2年生として到達したより成熟した視点から，読み直すように励まそう。

　文学のなかの，可能で適切な道徳的論点を確認するに際して，ブランブルとギャロッドは子どもたちの年齢と経験を考慮する。

　　2年生の聴衆にねらいを定めて，私たちは，ハックとジムの物語を主として友情の物語であると理解する読者のためのカリキュラムを設計した。このことは，もちろん，高校2年生は他のすべての論点には気づかないということを示唆しはしない。しかし，15歳から16歳の者は，第2段階から第3段階への移行の真っただなかにあるので，友情の考察に対してとくに敏感であるという私たち自身の学級での観察を，コールバーグの研究は支持している。生徒たちのどのグループも同じ進度で発達することはない。だから，飛び出る者もいれば，遅れる者もいるだろうということを期待できる。しかし，友情は，典型的に，た高校2年生たちにとって深い関心のある問題であろうし，たいていは友情問題（つまり，信頼，尊敬，忠誠，感謝）を探求する議論は受け入れられる。これが，『ハックルベリィ・フィンの冒険』をカリキュラムに含めた理由であり，また，トウェインの最も偉大な作品が，青年の読者の関心をとらえ——そして考えることを刺激する——ことにめったに失敗しない理由である。

　道徳性発達理論は，子どもたちが選択された現実に向き合うことを要求する。

新しい思考様式を構築することによってのみ，成長は促進される。それに見合った内容を探すことは，適切な論点を確認する以上のことを含んでいる。それは，また違った現実を思い描くことができるということを必要とするのである。

●役割取得の機会とより適切な理由づけにふれること

　内容と理由づけ水準が子どもの人生と関係しているということを保証するだけでは，道徳判断理由づけの成長を促進するという仕事にとって十分ではない。生徒に役割取得させ，わずかでももっと適切な理由づけの様式に彼らをふれさせることが，成長のための追加触媒となる。他者の視点をとることで，人はみずからの理由づけの不十分さに気づくようになる。より適切な理由づけの段階に直面することが，思考の新しい均衡の探求を始めることとなる。文学は，ブランブルとギャロッドが説明するように，この過程を刺激する強力な手段として役立つかもしれない。

　　　通常は，道徳判断理由づけにおける生徒の役割取得は，直接的なグループの成員に限定される。しかし，私たちのカリキュラムは，生徒たちに，仲間の視点だけでなく，小説の登場人物の視点を仮定することをもすすめる。私たちは，道徳判断理由づけと同様に価値確認を引き出すように設計された問いを提示することによって，こうした種類の役割取得を促進しようと試みてきた。価値確認によって私たちが言及するのは，他者によって主張されると生徒たちが考えるところの特別な態度と価値を彼らが取り出して確認しようとする際の役割取得の過程である。議論グループの成員がこの過程の主体であるとき，検証はいつでも，その主体からの"フィードバック"を求めることで得ることができる。しかし，その過程が小説の登場人物に向かっているとき，直接のフィードバックはもはや可能ではない。議論の参加者は，登場人物の価値を，それぞれの生徒が小説の登場人物についての印象と彼の仲間についての印象とを比較する際の集団的な役割取得の過程によって確認しなければならない。

　ブランブルとギャロッドは，役割取得過程の機能に新しい次元を加えた。彼らは，道徳性発達の促進のためにその過程を奨励するだけでなく，登場人物の人生に役割取得することが文学的経験を豊かにする手段なのだということを見いだしたのである。

小説の登場人物の価値と態度にこの役割取得の過程を適用すること（多くの経験豊かな英語教師が当然のこととしてやっているようなこと）は，議論の参加者の共感能力に最もらしい要求を突きつけるかもしれない。しかし，このやり方でこそ，これらの登場人物は生徒たちの人生へともたらされるのである。こうしてこそ，創造的な文学的想像の亡霊は，仮説的なハインツの二次元的世界から抜け出して，現実の三次元の人物となるのである。

　加えて，小説の登場人物それ自体は，生徒たちにとって役割取得過程のモデルとなるかもしれない。トウェインは，しばしば，認知的，道徳的葛藤状態にあるハックを描いている。役割取得過程のそのような1つの例は，小説それ自体から引用できる。ハックは，板ばさみの状況で次のように考える。

　　良心は私にいう。「気の毒なミス・ワトソンがお前に何をしたというのだ。彼女の黒人奴隷がお前の目の前を逃げていくのに，一言も言わないなんて。お前が彼女にそんなにひどい仕打ちをするなんて，あのかわいそうな年寄りがお前にいったい何をしたというのだ……。彼女は，自分が知っているあらゆるやり方でお前に親切にしようとしたではないか。それが彼女のやったことなのだ*3。」

　ハックは別な人の視点をとることができたので，葛藤する個人的な忠誠心──ミス・ワトソンとジムへの忠誠心──の間にはさまれた。友情にかかわるそうしたジレンマに直面して，人は何をなすべきだろうか。物語のなかでは，ハックは，友人ジムへの関心と彼の個人的な要求と欲望との間で揺らいでいる。このことがよりはっきりと見てとれる箇所は，ハックがすべての将来のモラルジレンマを解くための原理をはっきりと口に出した場面以外にはない。

　　彼らは行ってしまった。そして僕は最悪の沈んだ気持ちで筏に乗った。自分が間違ったことをしでかしたとよくわかっていたからだ。僕がよいことをしよう，学ぼうと思っても駄目だったということはわかっている……。それから僕はしばらく考え，そして自分に言い聞かせた。待てよ，正しいことをして，ジムを引き渡したなら，お前は今よりももっとよい感じがするだろうか。いや，嫌な気持ちだろうと僕はいう。──僕は，今とまったく同じ気持ちだろう。そうすると，正しいことをするのに骨が折れ，悪いことをするのに骨が折れず，その報いがまったく同じだとすると，正しいことをすることを学ぼうとすることにどんな意味があるのだろうか。僕は困ってしまった。そんなこと答えられないじゃな

いか。だからそのことについてはもう悩まないことにしようと思う。これからは，そのときに最もやりやすい方をやることにしよう[*4]。

　それでハックの道徳原理は，"正しい"ことを定義することが，なんであれ最もたやすく彼の直接的な個人的欲求に合致するものだということになるようである。これは，もちろん，第2段階の思考の中心にあるものである。
　この本の最も引き込まれる局面の1つは，主人公が，一部は役割取得能力の展開によるのだが，第2段階と第3段階の思考の間を揺れているということである。それゆえその小説は，子どもたちに認知的葛藤を理解させ，ハックの変化する道徳哲学のうちに反映している2つの視点を議論させるように支援する手段となるのである。

　　しかし，ハックは，私たちの目の前で正しいことを展開した。彼のジムとのりっぱな友情は，第15章の終わりで起こった，二人が霧のなかで離ればなれになったことをハックが戯れに否定したことが裏目に出たときの感動的な出来事を引き起こす。つまり，ジムの威厳に満ちた非難が彼みずからの感受性と人間性を強調し，そして，ハックの心からのお詫びが彼の社会的な視点の広がりを特色づけた。自己と自己の欲求との間に区別をつけることを学ぶことで，ハックは，役割を逆転させる能力を発達させた。その能力は，彼が最もあわれみ深い若者であることを明らかにするものである。酔っぱらったサーカスの馬乗りの安全に関する彼の関心（「僕には面白くもなんともなかった。酔っぱらいの危険なありさまを見てまったくブルブルとふるえていた[*5]」）と，タールを塗られて鳥の羽根をべったりとつけられた王様と公爵に対する彼の同情（「さて，それを見て僕は気分が悪くなった。僕はこの哀れな悪漢たちがかわいそうになった。どうしても彼らに無情な気持ちになれなかった。それは見るのも恐ろしいことだった。人間は互いに対してこうもひどく恐ろしいことができるのだ[*6]」）。これらの例は，彼の道徳判断理由づけにおける初期の対人的社会的視点を示している。

　ハックの苦悩する良心は，彼のジムに対する尊敬と忠誠と感謝が彼自身の個人的な欲求を凌駕するまで"変革"し続ける。ジムを奴隷状態から再び"連れだす"ことへのハックの揺れ動く，結果として起こってくる偶発的な関与は，また，ミス・ワトソンへの真心からの裏切りは，ついには基礎となる原理の変化にまでいたる。そしてここには，子どもたちにとって，子ども自身の思考に本来備わって

いる，別の道徳判断理由づけの構造への移行に取り組む"自然な"機会がある。教師が提示できる問いは，ハックの瞬間的な決断の深さを探り，そして，子どもたちがハックの立場にみずからを置くときハックの新しい関与についての子どもたちの理由づけを探る問いである。役割取得，認知的葛藤，理由づけのより適切なやり方にふれること，これらすべては小説の核心の近くにとどまることで1つのものとなる。

　ギャロッドとブランブルは，トウェインがハックルベリ・フィンを青年道徳哲学者として描くことの的確さを評価している。

　　もちろん，トウェインは，年齢としつけに合致したやり方で確実に行動する登場人物を創造するために，ピアジェとコールバーグの認識論的，道徳性理論化を要求していたのではない。彼はけっして，ハックに，奴隷制度の悪あるいは人間の絶対的権利を主張させるという過ちを犯さなかった。段階と構造についてほとんど知識もなしに，トウェインは，それでもなお，この種のまぎれもない不調和を避けるのに十分なほどに人間本性を見抜いていた。そして，ハックの道徳判断理由づけの水準はたえず第2，第3段階の範囲を漂っていた。この範囲は，私たちがちょうどハックと同じ年齢の少年に見いだせると期待するはずのものである。『ハックルベリ・フィンの冒険』は，文体論的な，物語論的な欠点を有するかもしれない。しかし，若い主人公を用いることで，トウェインは，道徳性発達への近道もエスカレーターも存在しない実物大の登場人物を提示したのである。他の者と同様に，ハックは，コールバーグの「不変の順序をもつ階層的段階」を構成する——モラルジレンマをまき散らされた——複雑な道を歩まねばならないのである。

●道徳性発達への関与

　もし，子どもたちをより適切な理由づけ水準にふれるようにすることが成長を促進するならば，それはまた骨の折れることだ。人が，たやすくあるいはすぐに置き換えることのできない古い意味の世界から解放されるとき，欲求不満が起こってくる。この過程に気づき，それが自分の子どもたちのなかで起こるのを見る教師は，それが骨の折れることだと理解し，しばしば通常のカリキュラムにもどろうとする。しかし，理論が要求するのは，私たちが，発達の過程と意味は，究極的には子どもたちによって定義されるという信念とを尊重することなのである。ブランブルとギャロッドは，その過程を，次のようにうまく要約する。

小説の冒頭で，ハックの道徳性発達が，未亡人の母のような救済と父親の暴力，トムの優位性との息が詰まるほどの影響によって確認される。しかし，ジムは，人間への配慮が彼らを解放するのにしばしば必要とされる――個人の尊厳への尊重を示すことが，自律的決意をする彼の権利を尊敬することを意味する――と直感しているように思われる。これは，おそらく，コールバーグ理論をトウェインの小説に適用することから少しずつ集められる，最も価値のある教訓である。すなわち，青年――そして一般の人びと――は，抑圧的ではなく支持的な環境において最もよく発達する。子どもたちは，世間のうちで生活することによって世間に処することを学ぶのである。このようにして，私たちは，子どもたちを苦痛と危害から守ろうとする際に，無差別的に子どもたちを経験から隔離するほどに，過度に防衛的になることはない。当然，私たちは，自分たちの愛する人が困窮のうちにあるのを見ることを嫌うが，しかし，たとえ彼らを隔離させたくても，うまくできない。事実はこうである。愛に満ちた支持的な環境のなかにあっては，ストレスは実際には肯定的な影響を有するということであるが，それは，道徳性発達が，直面する明らかな矛盾から意味を読み取ろうとする青年期の葛藤として突然に引きだされるからである。こうして，私たちは，子どもたちが外の世界と自由に相互作用できるように，順次彼らを解放することを学ばなければならない。私たちは，彼らが人生の不条理と取り組むのを許容しなければならないし，彼らがみずからの意味を見いだすと信頼しなければならない。

　文学のこうした使用が例証するのは，内容に道徳性発達の関心を浸透させる概念過程である。すべての内容領域がたやすく改作可能なものというわけではないのだが，その概念過程は，すべての内容領域に共通する。歴史内容の使用についての以下の節が例示するのは，教師がある特別なコースのなかで，いかにして一連の作業ユニットを創造し始めることができたかということである。

◆ 5節　歴史教材の使用

　歴史を教えることは，文学を教えるのと同じように，教師に対して，道徳性発達の関心と内容を統合するための同様の機会を与える。歴史についてどの学年でも，人は，道徳問題の点で豊かな内容に出会う。すなわち，教会の権威を拒否するガリレオ，北軍に参加すべきか南軍に参加すべきかを決めなければならない父と息子，植民地支配に抵抗したガンジー，奴隷を5分の3の人格とみなす決心をした憲法制定時代の農夫。すべてが，しばしば歴史的な事件，名称，日付，出来

事，場所にすぎないものとして扱われる道徳的論点の例である。

ブルックリンのマサチューセッツ高校の社会科教師であるトーマス・ラーデンバーグ（Thomas Ladenburg）は，伝統的な内容を教える関心と，そうした教示が道徳性発達のために与える機会との間のつながりを知っている。歴史研究の主要な目的としての決断の分析は，そうした統合のための機会を与える。

> 人は，時間枠あるいは時間的脈絡のうちで仕事をする。彼は問題を知覚し，自分に開かれた選択肢のなかから決断する。将来のある瞬間に，彼は振り返り，決断の理由をよりはっきりと分析するかもしれない。時間の脈絡のうちで仕事をする決断者としての人間のモデルと，決断から離れてそれについて反省している人間のモデルは，歴史家の多くの多様な活動と，その学問と歴史家が答えようとする4つの種類の問いとを理解する助けとなる。その問いとは次のものである。すなわち，ジレンマが生じた歴史的脈絡とは何であったか。どんな一連の出来事が決断の前に起こったのか。達成された決断は正しいものであったのか。なぜこの特定の決断がそのときになされたのか[*7]。

答えの探求を歴史家の問いと結びつけることによって，また，そうした探求から生じる道徳的な議論へと子どもたちを巻き込むことによって，子どもは，実際の出来事を把握しなければならないだけでなく，決断者の理由づけ過程を再構築することで決断者のジレンマを解く手助けをもしなければならない。思い出してほしい。第1章の第2のエピソードにあるヘイク先生のクラスの事例がそのようなものであった。発達的には，子どもは，歴史的な事実と，特定の社会的役割視点と，彼と他者との道徳的判断理由づけの水準とを統合する必要に直面する。そうすることは，子どもの関心に火をつける。

> "何が"と"なぜ"の問いを結びつけることのほかにも，モラルジレンマにはまた"子どもに火をつける"という独特の性質がある。○○は何をすべきか，○○は正当化されたのか，あるいは，だれが正しかったのか，という問いは，そのいずれかが印紙条例や茶会事件やレキシントンの戦いの脈絡で問われたのだが，いつでも，私の経験では，最も興味深い議論と討論を引き出した問いであった[*8]。

トーマス・ラーデンバーグは，コールバーグ理論でこの現象を説明している。

反応を引き出すその力の理由は，部分的には思索の問題なのだが，しかし，ピアジェ理論，コールバーグ理論と密接に結びついているように思われる。すべての子どもはそれぞれ，正義や公平や正邪の論点に関する彼自身の心の構成体を独自に形成している。反対の意見，あるいは，この構成体に衝突したり理由づけの構造を攻撃したりするのに役立つ，より高い段階で主張される意見は，それと戦う知的に妥当な根拠があるかぎり反論される。異質な考えに反対する自分たちの見解を擁護して，子どもたちは，自らの資源を深く掘り下げ，究極的には彼ら自身の道徳的思考の構造を修正することを余儀なくされる。事実は，自らの考えを補強するための，あるいは，結局は彼らのよりどころをたたき壊すための武器となる。心は，それがより複雑なあるいはより完全なものとして認識する理由づけにさらされると，これらのより新しくてより適切な諸概念を取り入れて，自らの見解を変化あるいは修正する。このようにして，モラルディスカッションは，私たちが子どもたちに，新しい考えを使うように励まし，彼ら自身の思考パターンを修正させるための手段である。モラルジレンマは，因果関係についての抽象的なディスカッションよりも，こうした変化を形あるものとする力を有している。というのも，ジレンマは，いつも私たちとともにある正邪についての直接的な感覚を呼び起こすからである*9。

ラーデンバーグが示した要点は，モラルジレンマを定義する際の歴史的内容の使用である。彼は文学教師の見解に同意するが，その見解とは，仮説的ジレンマが限定した価値でできているというものである。歴史に関連していうと，仮説的ジレンマには歴史的な時間や場所が欠けている。そのようなものとしてジレンマは，カリキュラムの付属物として機能するのであって，たやすく，道徳性発達と歴史の教授という二重の目的に貢献するわけではない。したがって，ラーデンバーグは，カリキュラム構築と議論のための手段として歴史的ジレンマを用いることを選ぶのである。

　　……歴史的出来事が与える豊かさとともに，ジレンマは仮説的であるよりは現実的であるべきだと要求するにたる十分な理由がある。奴隷である母親が，ほかに3人の奴隷がいるという理由で奴隷の子を売ろうとする主人を許すよりは，その子を殺すという事例は1つの例である。圧倒的な英国軍に対峙してレキシントン民兵とともに立ち上がるかどうかを決断するとき，家族に対する忠誠，友人と革命への忠義との間で選択しなければならなかったジョナサン・ハリントン（Johnathan Harrington）の事例もそうである。どちらのジレンマも現実的であり，彼らを取り巻く条件の本性についてなにごとかを明らかにする。

　　さらに複雑な歴史的ジレンマは，他者の命に影響する重大な決断と直面した現実の決断

者の事例から引かれる。数個の事例が思い浮かぶ。例えば，解放宣言に関して悩んだアブラハム・リンカーン（Abraham Lincoln），広島に原爆を落とすべきかどうかを議論したハリー・トルーマン（Harry Truman），ボストン大虐殺に巻き込まれた兵士たちの裁判の陪審員。こうしたジレンマに取り組む際に必要とされる理由づけは，必然的に，その決定に際してある役割を演じた歴史的な要因についての考察と織り交ぜられねばならない。[*10]

●カリキュラム開発の連続体

　内容と過程とを統合する手段として歴史的ジレンマを用いながら，ラーデンバーグは，いかにして教師が，ボストン大虐殺の兵士の裁判のような単一の歴史的なジレンマから始まり，ついには歴史的な脈絡のなかで道徳的な諸々の問いを整合的に統合する完全な歴史のコースへといたるカリキュラムを開発できるのかについていくつかの例を提示している。

　ミニユニットは，単一のジレンマよりも幅広い。ミニユニットの例として，ラーデンバーグは，ボストン大虐殺とケント州立大学事件との対比を使う。だれが責任を問われるべき人々なのか，英国兵士なのか，州兵なのか。そのような議論は，まだ知られていない史料からの推量によってレキシントンの戦いを含むまでに拡張できると，彼は示唆する。これら3つの例を用いることは，小さなユニットを与えることになるが，そのユニットから，子どもたちは，異議と抗議に関する一般原理を形成し始め，同時に個別の歴史的出来事について学ぶであろう。

　ラーデンバーグは，教師たちがカリキュラム開発をミニユニットで終わらせずに，幅広い作業ユニットを考えることを望んでいる。彼は，例えば，米国憲法の草案作成をめぐる主要な作業ユニットを開発した。このユニットで，子どもたちは，憲法制定会議前の5つの主要な論点を解決しながら，シミュレーションに取り組み，米国憲法制定者の役割を仮定する。そのあとで，子どもたちは憲法を読み，こうした問題が現実にどのように解決されたかを理解する。

　　憲法を起草するという課題は，じつは，社会契約に達する経験である。生徒たちは，単純な法律遵守を超えることを要求される。彼らは，私たちの政治制度を統御する根本的な取り決めが何であるべきかを決定しなければならない。このことは明らかに，コールバーグ教授が第5段階の理由づけと名付けたもの，すなわち"アメリカ政府の公式な道徳性"の適用を要求するだろう。しかしながら，この段階に到達するには，多くのより低い段階

の議論が用いられるのである^{*11}。

　憲法制定会議のシミュレーションは，ラーデンバーグの生徒たちに，役割取得の機会，すなわち，歴史的な道徳的論点の現実に慣れ親しみ，多様な水準の理由づけと接する機会を与える。以下はその模擬会議からの抄録である。

　　ルーサー・マーチン（Luther Martin）：こうした州の連合の目的は，私たちがより大きな力から州政府を守る必要があるからです。各州は，合衆国となる前に，英国の力から守られねばなりません。そして今やあなた方は，各州に国家統治の権力をまさに与えたいと思っているのです。マサチューセッツ州は，どんな法律も大切にする権利を当然有するはずです……。

　　ガバニール・モリス（Gouverneur Morris）：あなたは，もしシェイの暴動が別の州で起こっていたなら何が生じたかわかりますか。それは，完全に違ったやり方で処せられたことでしょう。彼らは全員が処刑されたかもしれません——おそらく彼らは身体一面にタールを塗られて鳥の羽根をべったりとつけられて担ぎ回られたでしょう。私にはわからない。私たちはこの種の無秩序を放っておくことはできません。私たちは，すべての州のすべての人に適用される単一化された種類の法律，すなわち，暴動がどこの州で起ころうとも彼らが同じ罰則を受けるというような法律を持たねばなりません。

　　ジョン・ランシング（John Lansing）：私はそのことばにはまったく賛成できません。それは，それぞれの人の感情と考えが国全体で同じだと述べることなのですよ。例えば，ニューハンプシャーの人々は，およそ900マイル離れたジョージアの人々とは違った問題を抱えるでしょうし，ものごとについても違ったふうに感じるでしょう。——だから，あなたは，1つの国のなかで，それぞれの人は，同じように感じるだろうし，同じように反応したいだろうとは言えないのです。だから，あなたはこれらすべての人を統治する1つの法律を持つことはできないのです。

　　チャールズ・ピンクニー（Charles Pinckney）：考えとして述べられてきたことは，すべての人間が平等だということです。もしすべての人間が平等なら，人間は同一の権利，自分たちを統治する1つの法律を持つに値します……。

　　ジョン・ランシング：あなたはすべての人間はロボットだと言っている——それがあなたの言っていることですよ。

チャールズ・ピンクニー：私はそんなことは言っていない。私が言っているのは，人間は平等の権利をもつに値するということです。人間は，平等に扱われるに値する。そのことが意味するのは，人間は平等な法律をもたねばならないということです[*12]。

ラーデンバーグは，そのようなシミュレーションを，国の政治的，歴史的文化の再創造に参加しながら役割取得するためのすばらしい好機であるとみなす。

会議のなかで彼らに割り当てられた役割を演じることによって，生徒たちは国の政治的，歴史的文化に参加するだけではない。彼らは別な視点から状況を理解する能力を獲得するのであるが，それは認知発達にとって不可欠な要因である。責任ある大人の視点から問題をとらえることはまた，青年に，心理学的発達にとってとても重要な，信頼，自尊感情，熟達の感覚を促進する諸条件を与える。こうして，国家統治に対して，その権力が過度になるかもしれないという基準に基づいて反論する若者は，みずから権威と自由の関係について何ごとかを学ぶのである。ガバニール・モリスのように，制定会議に対して，シェイの暴動のゆえに「私たちには，明らかに，より強い連邦政府が必要なのだ」と言う若い女性もそうなのである[*13]。

最後に，人は，カリキュラムのそのユニットから歴史の全コースへの論理的拡張を理解できる。ラーデンバーグは，例えば，アメリカ史の道徳的次元を推定して，連邦主義時代，全米銀行の設立，ウィスキー暴動の鎮圧，外国人法と治安法，ドレッド・スコット判決，さらに私たちの歴史上で起こること，もっと最近の人種平等と性的平等への関心——憲法制定会議で以前に議論したような論点——を含むとしている。

歴史カリキュラムの創造は，このように，議論のための道徳的論点を見つけることだけでない。それは，歴史的なデータの脈絡のうちでの道徳的な問いとディスカッションの統合なのである。歴史的な内容を教えることに費やされる時間を犠牲にするというよりもむしろ，この方略は，先に論証したように，そうした勉強を，より大きな歴史的な意味で豊かにし，そして，道徳性発達を促進するよう試みるのである。この過程は，高校の教師に独特のものだというわけではない。カリフォルニアの第 4 学年の教師であるゲイル・マッキンタイア（Gail

McIntyre）は，いかにして小学校における社会科の内容が道徳性発達の出発点として役立つかということの例を提供している。

　マッキンタイアは，節約の概念を教えるために"道徳教育"の授業を計画した。前もって彼女は，欠乏に焦点化した授業を行なった。その授業でゲイルは，価値と，どのようにして私たちの価値が欠乏の条件に寄与しうるのかについての議論を始めた。魚や水牛，木材，水，石油のようなある種のものの不足はすべて，児童たちによって，社会が大切にしているものがいかにしてだんだんと欠乏していくのかという例として言及された。

　節約の授業では，マッキンタイアは，先に行なわれた価値議論を拡張し，子どもたちに，人々が欠乏の問題を抱えて生活する理由と，こうしたことを解決するやり方とを考えさせるように計画した。彼女は，学級文庫に本がほんの少ししかない，クラスの楽団に十分な楽器がない，卓球台にラケットが２つしかないというような，子どもたちに直接かかわる例を議論するように注意深く計画した。彼女は，子どもたちが先の議論からさらに気づくと思っていた例，学校外の例へと関心を広げることを望んでいた。以下はその授業からの抄録である。

　学級内での欠乏問題の解決は，その教材を使うときに分け合ったり，順番を決めたりすることで適切に解決されたことを，子どもたちはすぐに理解した。マッキンタイアは，学級のみんなに，どのようにして卓球のラケット問題を解決したのかと問うた。ヴァンスが，学級歴史博士のようにかん高い声を響かせて，「男子が数人，私たちが遊びたいときにほかの人たちを押しのけて入ってきた」と意見をいった。学級のみんなは，ヴァンスが最大の違反者であることを思い出して，笑った。

　「では，私たちはその問題を解決するために何をしましたか」とマッキンタイアは尋ねた。一人の少女が，「最初の週に，私たちは帽子のなかからくじを引くことに賛成し，みんなも順番を守ったんです」と答えた。別の少女が，「それから，二人以上が一度に遊べるゲームを考えました」と加えた。

　しばらく後に，ディスカッションは，水の節約，すなわち，カリフォルニアの子どもたちがみずからの生活のうちで経験してきているものへと移った。マッキンタイアは，水を節約する最も公平なやり方は何かと問うた。誰かが軽率にも「順番に使えばいいんだ」と声をあげた。笑い声が静まったときに，ベンジャミンは，「その答えは面白いとは思わない，だってお母さんが，まだ赤ん坊の弟を

洗ったのと同じお風呂のお湯を自分に使わせたからだ」と言った。ジェシカは，「もうシャワーを順番に使うことはできない——今では，お母さんといっしょに使わなければならないんだから」と言った。

　議論は続いた。次の日，マッキンタイアが子どもに求めたのは，同じ共同体のなかで生活している一部の人が，他の人が実際に犠牲になっているのに水を節約しようとしないという問題について話し合うことであった。明らかに懲罰的な子どももいた。彼らは「刑務所に入れよう」「彼らの水を出ないようにしよう」と言う。また今やっている実践の現実を反映した者もいた。「彼らをよくしよう」と言うのである。ロニーが提案したのは，そうした人々は，水を使い果たすという問題を彼らが理解できるようなやり方で罰せられるべきだということであった。すなわち「もし私たちが水を節約しなかったら全員がどれほどのどが渇くかということを彼らが理解できるまでしばらくの間，彼らになにも飲ませないようにしよう」と言う。

　ゲイル・マッキンタイアの授業は，内容と道徳性発達にかかわることへの，十分に指導の行き届いた統合であった。実質的なそして重要な概念をめぐる授業を構築しながら，彼女は，節約という社会的な問題の道徳的次元について考察することへと，子どもをかかわらせることができた。

　道徳性発達の関心に便宜を図る単一の授業や，ミニユニットや，コースの開発は，初等の読書指導によく見いだされる内容のように，ほかの領域にも等しく適用可能である。多くの教師たちは，読書指導への関心を，読書の過程へと集中させているけれども，だからといってその道徳的次元のために内容が無視されることはない。カナダの小学校の教室からの以下の例が，この点を説明する。

◆ 6節　囲いの穴[*14]

　『囲いの穴（The Hole in the Fence）』は，価値教育の読み物として，カナダ健康省によって準備された教材セットである。著者たちは，コールバーグの道徳性発達理論を思い描いてはいなかった。その読み物のなかで野菜は，それぞれがある特別な価値（あるいはマイナスの価値）の属性をもつ人々として描かれている。"自信のない人"であるニンジンは，レースのなかで，庭園のなかで最高の走者であるダイコンを欺く必要を感じている。太っていてのろまなカボチャは，

やせたアスパラガスをうらやみ，友人が彼を"ずんぐりむっくり"とよぶので気を悪くしている。ナスは，紫色で，その色のゆえに偏見を被っている。ハクサイは，そのふるまい方が違うので，この庭園ではよそ者である。小さなグリーントマトは，若さと未成熟さのゆえにほかの者から軽んじられる。庭園にはまたほかの野菜もおり，潜在的共同体として彼らはいっしょに生活することを学ばねばならない。必然的に葛藤が起こり，公平の問題が物語全体に充満している。この物語についての子どもたちの討論は，しばしば，友情がもつ責任，正直の価値，欺くことの影響，違って見えたり聞こえる他者の権利に集中する。

　野菜の使用は，読書の初心者の関心を引き，同時に，ナスの問題の場合のように，道徳的論点と直面させる。ナスは庭園のパーティに到着する。彼が入ろうとしたとき，カリフラワーが叫ぶ。「でも彼は紫なんだぜ」

　「彼は紫なんだ」。残りの者も叫ぶ。「それがどうしたの」とサトウダイコンが，馬鹿な質問をしたなと思いながら尋ねる。「彼といっしょにやっていけるようなものは何も共有してないということなんだ」とカリフラワーが言う。「彼が紫色だということだけでそうなの，カリフラワー」とコーンが尋ねる。「もちろんそうだよ」

　この物語を読む子どもたちは，役割取得の機会を与えられる。「ナスのように扱われるということは，どのようでなければならないのでしょうか」と教師は尋ねる。

　「私はそれが気に入らない」と一人の小さな少女が教室のうしろで答える。

　「なぜなの」と教師が尋ねる。

　「人がそんなふうに扱われるというのはいいことじゃないもの」と少女は答える。

　こうして対話が始まる。ほかの子どもが相づちを打つ。結局，議論と探索が，彼ら自身の現実とさまざまな価値論点とに関係づけられる。子どもたちは，役割取得し，問い，声に出して理由づけを述べ，さまざまな視点を聞き，彼らの読書をみずからの感情と思考の生活と関係づける。そして彼らはしっかり楽しんだ。子どもたちはよく聞き話すことができた。彼らはモラルディスカッションにかかわったのである。

　これは，読書指導が道徳性発達という目的に統合できる潜在的な力を有しているただ1つの例にすぎない。児童文学は，社会的な役割取得を要求する物語と，

主張され競合している価値の解決と，教材としての文字通りの読みから引き出される内容や技能をはるかに超えてディスカッションを促進する刺激とで満ちている。

7節　道徳性発達のための内容と学級生活

　道徳性発達カリキュラムに通常の学問的な内容を用いることに加えて，教師はまた日々の学級生活によって引き起こされる道徳的論点にも焦点を当てるかもしれない。どの授業日でも，どの水準の学校でも，子どもたちは道徳的論点——だますこと，嘘をつくこと，盗むこと，友情，権威に従うこと——に直面する。学校という社会環境のなかで生活する過程は，道徳性発達カリキュラムにおいて使えるもう1つ別な種類の内容を与えてくれる[*15]。

● ブルドーザー事件

　ある小学校で道徳的な問題が起こった。その学校では，児童が創造的な遊び場を作るという計画を立てていた。この事例で，教師は，遊び場の設計を，測定技能と，設計と図面の引き方の技術と，エコロジーの概念とを教えるための出発点として用いていた。同時に彼女は，子どもたちに，学級と学校全体にとって確実で実用的な益のあるプロジェクトに協力するしかたを学ばせようとした。

　子どもは，新しい遊び場のために古タイヤや廃材のような教材を集め始めた。がしかし，彼らが遊び場として選んだ地面は地ならしする必要があるということがわかった。彼らはこの課題に関してグループで問題解決のための話し合いを始めた。教師は，子どもにモラルディスカッションにかかわらせる機会と考えて，概略形式で現実のジレンマを書いた。

> 　6年の学級は，自分たちの創造的な遊び場をつくる計画していたのだが，土地をならすために外部の手助けが必要だった。子どもたちは，地域の父親たちの一人が週末に彼の時間を使って彼らの遊び場の準備のために奉仕してくれるという約束を取り付けることができた。
> 　土曜日に，その人は，子どもたちが大きな期待で見守るなか，ブルドーザーで土地をならし始めた。正午になると，その人は，子どもたちに，昼ご飯を食べに行くが，だれもブ

ルドーザーに近づいたり，乗ったりしないことが重要だ，そうすることは危険だし，また契約していないのでこれは保険付きの工事でもないのだから，と言った。

彼は子どもたちに，もしだれかが約束を破ってブルドーザーに乗ったなら，彼は地ならしをやめなければならないし，彼が始めた仕事を完成させることはできないだろうと説明した。

彼が行ってしまうと，2人の少年がブルドーザーに乗り，エンジンをかけた。それからエンジンを切り，地面に降りた。

残りの子どもたちは，ブルドーザーの運転手に何が起こったかを語るべきだろうか。

学級は，6人の子どもたちからなる5つのグループに分けられ，2つの主要な課題を遂行するように求められた。第1の課題は，どんな可能な代替行動がありうるかを議論し，そうした代替案をリストアップすることであった。第2の課題は，そのグループが，ジレンマ状態にある子どもたちがなすべきことだと感じた1つの代替案を選び，そして，彼らが選択した理由を示すということであった。下記が1つのグループのリストである。

児童がなしうること
① ブルドーザーの運転手に正直に語る。
② 何もなかったかのように立ち去る。
③ 運転手に何もなかったと語る。
④ 運転手が彼らをブルドーザーに乗せてくれたあとで，運転手に語る。
⑤ ブラブラしていた何人かの10代の若者が乗ったと運転手に語る。
⑥ 2人の少年が告白し，わびる。

私たちはどれを選ぶか，その理由は何か

私たちのうちの一人は立ち去りたかった。残りの者は，正直になることを選ぶだろう。なぜなら，おそらく彼（運転手）は子どもたちを許してくれるだろうから，そして，彼らが正直になり，ほんとうのことを語れば，彼は仕事をやってくれるだろうから。

それぞれのグループがそのリストを完成し，選択肢から1つの解決策を選んだあとで，リストは壁に張り出され，児童たちは，その課題についての学級全体での議論に取り組んだ。彼らはある程度まで互いの理由を探究したが，しかし，最

も整合的な方略は"逃避手段"，すなわち，ジレンマをジレンマでなくすることによっての解決であった。これは上のグループのリストにも見ることができる。彼らは，正直であることが，結局は運転手が仕事を完遂するという哀み深い運転手の応答となると信じたのである。

子どもたちが，彼らの個人的な遊び場の喪失と学校全体の損失の均衡をとろうと試みたとき，議論は熱気を帯びた。この議論において強力なリーダーであった一人の少年は，巧妙な逃避手段を想像し続けた。「もしブルドーザーの運転手が仕事をやってくれないんなら，僕たちは，学校のなかでそれをやってくれる別のお父さんを見つけだせばいいんだ」。他の者が同意してうなずいた。教師は，悪魔の代弁者を演じて言った。「ごらんなさい。私はブルドーザーの運転手だ。そして約束を守る人間だ。もし君たちが私に，だれかがブルドーザーに乗ったと言ったなら，私は絶対にこのプロジェクトをやめる」

論点はいまや明らかである。真実を語ってブルドーザーの運転手の善意を失うか，嘘をついてプロジェクトを完成させるかである。2つの選択肢が与えられたならば，この子どもたちはどうするだろうか。子どもたちは，このような事態に直面して混乱し，しばらく考え込み，学級の沈黙のなかで立ち上がり，叫んだ。「さて，これはジレンマだ」。このことは，認知的不均衡の始まりを示している。

そういうわけで，これは，普通の学問的な内容を教えるためだけでなく，道徳的論点についての子どもたちの思考を探索するためにも，教師は学級プロジェクトを使うのだという例である。彼女が積極的に耳を傾けようとすることと，適切な小グループの設置を用いることは，子どもたちが，結末に到達する前にブレインストーミングする助けとなる。ジレンマの意味についての，教師の探索と帰結する子どもたちの気づきとは，道徳的論点についての対話に取りかかるという困難な課題を子どもたちが扱うのを手助けする際に要求されるものの例である。

この教授活動のエピソードは，計画された道徳性発達の授業である。しかしながら，ときどき，教師は，自発的な道徳教育に役立つ学級での出来事を認めるかもしれない。次の中学校の例はそのような事例である。

●少女と車

中学校教師のペギー・ギャストン（Peggy Gaston）は，自分の学級の美術の授業を計画する際，子どもたちに未来の車のスケッチを3枚描くようにと指示す

ることを決めた。この特別な授業で，ペギーは，以前に行なったプロジェクトから，子どもたちの何人かは車に対してすごく興味を持っているけれども，多くの子どもたちはそうでないことを知っていた。そこで，デザインのアイデアを与えるために多くの自動車雑誌を準備しようと決めた。彼女の唯一の警告は，どのスケッチも雑誌の絵の写しであってはならないということであった。

ペギーは，部屋の中央のテーブルの上に10冊の雑誌を積み上げた。彼女は，27人の子どもたちに対して，いつからでもスケッチを始めてよいと示した。「私はあなた方のほとんどがすばらしいアイデアをすでにもっていると思います。だからあなた方はどんな助けもいらないでしょう。アイデアがでてこない人は雑誌を見たいと思うかもしれません」。すぐに少年たちが机と椅子を飛び越えて雑誌テーブルにかたまりとなって殺到した。猛襲によって3冊の本が破けた状態で残った。そして学級の少女たちには何も残らなかった。少年たちは小グループで集まり，雑誌をめくって車の話をした。少女たちは座ったまま見ていた。

ペギーは，ショックと愚直さから立ち直り，計画した授業をあきらめて子どもたちに学級会議に参加するように求めた。彼女は，グループに対して，起こったことに対する彼女の驚きと関心をしっかり表わし，そして，彼らがやったことをわかっているかどうかを尋ねた。しばらくの沈黙のあとで，一人の少年が言った。「僕たちは何も間違ったことはしていない」。これが氷のような沈黙を砕いた。他の者も，「分け合っていない」「黙っている女の子たちに対して公平ではない」，「いずれにしてもばかげた課題だ」「僕たちは，もっと雑誌を家から持ってくることができる」と言った。

ペギーは子どもたちに，もっと一般的な論点，すなわち，あるものが平等に分けるほど十分ではないとき，どのようにして何が公平かを決めるのかという問題について考えるように求めた。一人の少女が，もし状況が逆だったら，つまり，少女たちがすべての雑誌を持っていったならば（役割取得），彼らはどのように感じただろうかと少年たちに問うた。一人の少年は，少女たちをぶつだろうと答えた。別の少女が言い返す。「でも考えてもみてよ，私たちはギャストン先生に雑誌を与えてもらったのよ。それは公平といえるのかしら」。議論は，今後の美術のプロジェクトでは教材を分かち合うための規則を制定するという最終的な学級合意に達するまで続いた。

上の例は，伝統的な学校の教育内容と道徳性発達の目標とを統合することがま

ったく可能だということの証拠を提供している。学級内での学習と相互作用の過程を，道徳判断理由づけの成長をさらに進めるための"内容"として利用することもまた可能である。前述の例は，より大きな共同体としての学校のほんの小宇宙にすぎない特定の学級と関連している。コールバーグは，学級は孤立した実体ではなくて，学校とよばれる制度のなかで社会的空間を共有していると認識している。こうして彼は，学校という枠組みのなかで道徳性発達を最大化する社会的手段としての"ジャスト・コミュニティ（正義の共同社会）"の創造を提案するのである。学校は，ある意味で，このようにしてカリキュラムの一部ともなる。理論と実践のこの次元は，次章において説明され具体的に示される。

第7章 正義の共同社会の試み

　これまでの章で，私たちは発達的な道徳教育の方法を提示してきた。私たちは道徳性が広く行き渡った教室の雰囲気を計画すべきであり，きちんと理解させた上で道徳的な問題を取り上げ，学級のディスカッションで考えさせるべきなのである。個々のディスカッションがカリキュラムに組み込まれ，葛藤を解決する手段として用いられなければならない。教室でこういったことすべてを達成するのは難しいことかもしれないけれども，可能であるし価値のあることだと私たちは信じている。

　しかしながら，道徳問題は学級の外に出れば終わるというものではない。それらは，しばしば学校全体あるいは学校内のより広い部分と関係している。もし人種や社会階級の緊迫した状況があるとしよう。そうすると，学校の方針あるいは食堂の運営方法に不満をいだいている人々による窃盗や破壊行為といった事件は，個々の学級に問題の源泉があるのではなく，学校そのものにあるのである。学級と同様に，学校も道徳的な雰囲気を持っている。学校全体の雰囲気を変えることは大変難しいことだが，いくつかの問題は学校全体のレベルにおいてのみ扱うことができるものである。

　1974年以降，コールバーグ理論をより大きな学校単位に応用するために多くの努力がなされてきた。コールバーグがマサチューセッツ州ケンブリッジの公立のオルタナティブ・ハイスクール（alternative high school；選択学習高校）でできたクラスタースクール（Cluster School）の設立にかかわるようになったとき，彼はこの取り組みに着手した。クラスタースクールとのかかわりを通じて，彼は道徳教育における「ジャスト・コミュニティアプローチ（正義の共同社会方式）」

——集団に基づいた道徳的雰囲気の形成を通じて個人の発達を促進することに焦点を当てたもの——を開発し始めたのである。続いてプログラムがいくつもつくられ，拡張され，多彩なものとなり，ジャスト・コミュニティアプローチは構築された。クラスタースクールの記述から始めながら，私たちは発達的な道徳教育の最新の歩みの特色を読者に知ってもらうために，これらのプログラムのいくつかを手短に述べていこう。

1節　ケンブリッジのクラスタースクール[*1]

　マサチューセッツ州のケンブリッジといえば，さまざまな大学と人口10万を超える都市としてよく知られているけれども，ケンブリッジは異なった民族背景からなる労働者階級の人々によって構成されている。町の高校は大学教授の子どもたちで占められているのではなく，労働者階級の子どもたちで占められている。
　コールバーグは，ケンブリッジ高校内にオルタナティブスクールを開校するための顧問としてそのメンバーに加わる機会を得たとき，彼は数年間同僚とともに，刑務所の収容者用の道徳性発達プロジェクトの研究を進めていたところであった。クラスタースクールを始める親，教師，そして子どもたちが，学校でのジャスト・コミュニティアプローチの実行を望んだとき，コールバーグはクラスタースクールで機能するジャスト・コミュニティモデルの開発のために，より密接に彼らにかかわるようになった。まず，ジャスト・コミュニティアプローチは以下のことを必要とした。①学校は民主的に運営され，スタッフと子どもたちは学校の決定をするにあたってそれぞれ一票を持つこと。②学校は，すべてのメンバーが週に一度のコミュニティーミーティングで顔を合わせることができるために，適度に小規模であること。③スタッフと子どもたちは，学校内にコミュニティの精神を築くために，ともに努力すること。④スタッフメンバーは，道徳性発達理論を学級やコミュニティミーティングに適用するために，その理論について学習すること。
　1974年9月に，60人の子どもと，このプログラムに参加するために自発的に集まった8人のスタッフで学校は開始された。学校はケンブリッジ高校内の2つの隣接した教室を与えられた。クラスターの子どもたちは毎日2時間英語と社会科のコア・コースを履修しなければならなかった。また選択コースも設けられてい

たが，子どもたちはレギュラースクール（ケンブリッジハイスクール）で多くのコースを履修していた。スタッフもまた，教える時間をオルタナティブスクールとレギュラースクールに分けていた。このように，スタッフも子どもたちも，それぞれの学校のメンバーとして，二重の身分をもっていた。

● 民主的な管理

　ジャスト・コミュニティアプローチの核心には民主的な管理がある。伝統的な権威様式を乗り越えようとする子どもや教師は，意思決定に際しての責任を民主的に分担することを学ばなければならないのである。

　伝統的には，教師や理事が学校の決定を行なう。彼らは自分たちのために権力を主張し，決定や規則を守らせるために責任をもち続ける。教師たちは，子どもにこういった諸規則についての根本的な理由を説明するために時間を作るかもしれないし，そんな時間を作らないかもしれない。しかし，いずれの場合においても，子どもが規則の根本的な原理について理解する，あるいは合意する，しないにかかわらず，教師たちは子どもたちが規則に黙従することを期待しているのである。たとえこの伝統的な権威様式が，管理の視点から効果的であることが証明されたとしても，道徳性発達理論の視点からはまずすすめられない。子どもの道徳性発達は，無条件の受容あるいは消極的拒否によってはうながされない。子どもが意思決定過程の外にいるかぎり，生徒は規則がどのような意味をもつかについてきちんと理解しそうにないし，規則の実行に対して大きく責任をもつこともないだろう。子どもは自分たちを規則を支持するための道徳的な結びつきとして見るのではなく，従ったりあるいは罰を避けるといった現実的な結びつきとして見るだろう。

　クラスタースクールは直接参加民主主義として運営される。すべての人は，週に一度2時間開かれるコミュニティミーティング（community meeting）に集まる。そこで，学校の運営のしかたについての基本的な決定がなされる。実際には大きな学校の規則があるけれども，コミュニティはこういった規則の解釈を行なったり独自の方法でそれらを実行するために，権利の訓練を行なった。それゆえ，授業をさぼったり薬物を使用することは大きな学校では禁止される一方，オルタナティブスクールでは，こういった規則は徹底的な討論，つまり大部分のメンバーがその必然性に同意したあとにのみ，コミュニティによって採択された。

クラスターでは，ディスカッションと合理的な同意が規則の採用に優先するのである。

　毎週のコミュニティーミーティングは学校の中心的なイベントであり，参加民主主義の中核となっている。しかし，この大きさのミーティングを効果的に運営するためには，以下のようないくつかの条件が求められた。①子どもの興味が保たれなければならないこと，②明確で固定された手続き上の順序があること，③具体的な提案の賛成反対が論じられるように，問題は明確に提示されなければならないこと，④子どもとスタッフは，自分たちの立場からの理由を発言することによって，問題を論じなければならないこと。その際には個人的な根拠に立ってお互いを攻撃しないようにすること。⑤コミュニティの決定が実行されるということ，そしてそれが高い権威あるいは反対する少数派によって覆されないということを，すべてのメンバーは自覚しなければならないということ。

　1974年の秋の時点では，クラスタースクールにはこういった条件が何もなかった。手続き上の順序は確立されていなかったし，スタッフがミーティングを運営していたのだ。子どもはスタッフに比べるとはるかに発言しなかったし，たとえ発言したとしても，それはすでに述べられた理由によって支持されない見解をことばに表わすことだった。問題が徹底的に論じられる前に投票は行なわれた。生徒は教員に対して懐疑的であったし，彼らの大部分は浅はかな決定（例えば学校を早く終わらせること）のために投票を行なった。1年を終えようとするころから次第に先に示したような民主的状況が現れ始め，それ以降はこの状況を保持するためにかなりの努力を要した。

　時に著しく，子どもの興味を保持することは難しかった。青年（そして大人）は，とりわけディスカッションが細部にわたって泥沼に入ってしまったときは，自治の仕事にすぐうんざりしてしまった。この傾向をなんとかするために，クラスターのスタッフはモラルディスカッションを導く理論からストラテジーを考えた。モラルディスカッションにおける関心は，容易には解決できないジレンマを提示することによって，ディスカッション参加者の社会的な道徳判断理由づけをうながそうとするものである。同様に，コミュニティミーティングの予定表にそって週に一度会うスタッフも，目下の"ホットな"話題を取り上げようとし，道徳あるいは公平さの問題が含まれるように焦点化されたディスカッションができるストラテジーを計画した。例えば，薬物使用に関するディスカッションでは，

真剣に授業に取り組もうとしている人がいるとき，何人かが学校に"ハイ"になってやってくることは公平かどうかに問題をしぼった。

コミュニティミーティングの前日，それぞれのスタッフは小さなグループ（small group）でその１週間の出来事について子どもとディスカッションする。それぞれのグループの各子どもには，意見を述べる機会や，グループとしての見解を得るために他の人と協力する機会が設けられている。スタッフは議論の司会を行ない，公平性についての出来事を強調したり，意見や理由づけに対して助言を与える。翌日，通常のミーティングが行なわれ，グループの代表者が各グループからの報告を持ち寄る。

各週ごとに，それぞれのグループの子どもがコミュニティーミーティングの司会をする責任があり，グループの一人がミーティングの議長に選ばれる。司会者は，議事日程の第１項目を告知することでミーティングを開始し，それから小さなグループの報告を求める。通常一人ないしは数人のグループの代表者が，行動についての提案を行ない，議論が開始される。参加者が手をあげたとき，メンバーの一人が参加者の名前を板書し，参加者は名前の当てられた順に発言を行なう。最も効果的なミーティングでは，子どもたちとスタッフとの発言回数が同じくらいの旺盛なディベートが行なわれる。子どもたちはお互いに話を聴き，他の人が提案した意見や理由づけへの支持あるいは反対の意見を表わす。

最初の議論が終わりに近づいたとき，司会者は仮投票を求める。この投票の後さらなる議論が行なわれ，少数派は自分たちサイドの票を獲得するチャンスを得る。賛成反対の意見を聞いた後，メンバー（少なくとも意見を聞いた多数派）は最終の投票を行なう準備ができており，コミュニティとしての決定を行なうのである。

この過程では，ディスカッションそのものにかなりの強調点がおかれている。すでに述べたように，なにより子どもたちはディスカッションすることに慣れていなかったし，たんに自分たちの意見を述べるにとどまり，すぐに投票に頼っていた。スタッフはディスカッション技術のモデルとなるよう懸命だった。スタッフは子どもたちが提案した意見について，なぜその意見をいったのか尋ね，また公平性の問題を取り上げ，どうすればグループの幸福といった観点から提案が行なわれるかについて聞いた。スタッフは意見の違いを積極的に認めていたし，みんなには意見に反対する権利があることを強調した。そして，反対する人たちに

よる私的な攻撃から個人を守った。スタッフは問題についての双方の理由を聞き，何らかの一致や折衷案が展開されるまで，投票を先送りした。スタッフはたとえ多数派の決定がスタッフの意見と異なったとしても，多数派の決定を受け入れた。時がたつにつれて，子どもたちもそれに従っていった。

　ひとたびコミュニティが意思決定を下し，規則を採用し始めたら，スタッフと子どもたちの双方はそういったことを忠実に支持するように期待された。しかしながら，忠実な支持が常に得られるとは限らなかった。規則違反を取り扱うために，コミュニティは各グループの子どもたちの代表者1名とスタッフ2名からなる交代制の規律委員会（discipline committee）を設けた。例えば，もし子どもが薬物使用で捕まったなら，あるいは，もし教師が子どもへの虐待的な行動を非難されたならば，その事例は毎週の委員会で審議されるのである。もし違反の経歴があるのなら，委員会はコミュニティへ罰の要請を行なう。コミュニティは事例を聞き，それぞれのグループに立場を表わしてもらい，問題について議論し決定を下す。違反者には，行ないを改めるチャンスが与えられているが，すべての方法が出尽くしてしまったときは両親が呼ばれ，ついにはコミュニティによって学校から退学させられるのである。

　コールバーグは学校をこの方法で運営していくことを"正義"と考えた。つまり，それは学校が直接民主主義で運営されているという理由だけでなく，コミュニティの決定がメンバーの最も高い道徳判断理由づけの水準で行なわれていると考えたからである。これは原理的な水準のことをいっているのではない。というのも，この学校では第4段階を超えた子どもはいなかったし，ほとんどの子どもは第3段階の水準で理由づけを行なっていたからである。そのような子どもによって構成されているクラスターは，ジャスト・コミュニティを慣習的に運営したし，またそうしなければならなかった。しかし，こういった発達の水準にいる子どもにコミュニティについてケア（care）することや，公平な規則を作ること，そしてその規則に従って行動したり守らせたりすることを教えるのは，コールバーグの見解からすれば，この種の道徳教育プログラムにふさわしい目的になるのである。[*2]

●クラスタースクールの活動

　クラスタースクールの活動について，より具体的な効果を示すために，設立か

ら2年の間，コミュニティがどのように盗難の問題を扱ったかについて考えていこう。*3

　他の高校と同じように，子どもが他の子どもから金品を盗むことはケンブリッジハイスクールでも共通した問題だった。初年度の12月，学校で働いている実習生が，ろうそくを作るために生徒たちを自分の家に招いた。翌日，実習生のルームメイトが5つのイヤリングがなくなっていることを告げた。彼女たちは子どもがイヤリングをとっていったのではないかと疑った。しかし，実習生が学校でこの問題を提起したとき，だれも自発的に情報を申し出た者はいなかった。

　1か月後，子どもがシルバーの指輪の入った箱を学校に持ってきて周りに見せていた。授業の間，指輪の1つが"消えた"。窓の外に落ちたのだとだれもがいった。

　こういった出来事の結果，盗難の問題はコミュニティミーティングで取り上げられた。ミーティングは「盗んだ人たちは規律委員会に行くべきであり，金品は返すかその代金を支払うべきである」というあるグループからの提案で始まった。どのように罰するのかについての議論はあったが，スタッフが議論の中に入るまではそれ以上の議論に発展しなかった。

　これらのミーティングに定期的に参加していたコールバーグが次のように尋ねた。「おそらくこのなかの何人かはなぜ盗みが続いているのかについて説明できるでしょう。盗みが悪いことで，コミュニティに対する侵害であると思う人はいないのですか？」

　子どもの反応は抑制されたものだった。ある子どもが次のように反応した。「あなたが盗難について心配するべきだとは思いません。盗難が起こってしまったのは事実だし，なぜそれが起こったのかについて考えるなんて価値のないことだと思います」

　コールバーグは続けた。「盗みは個人的なことではありません。それはコミュニティにかかわる問題だと私は思うのです。規律委員会の問題でもありません。それよりコミュニティ内でだれかがだれかのものを盗むということがおかしいことであるという信頼の水準をみんながもたなければならないということをコミュニティが感じるという問題です」

　信頼の水準という事柄を取り上げたのはたった一人の子どもだけだった。大多数の気持ちは，正直に発言した一人の女の子の意見に代表されていた。「そんな

のみんなでたらめだ。あなたは（盗みに関する規則を）作ることができるかもしれないけど、みんなは混乱する必要はないんだ。……この学校ではいつもだれかが打ちのめされているんだ」

　ディスカッションは盗難に関する規則を作るという問いにもどっていった。だれもそのような規則が機能するとは思っていなかったけれども、彼らは規則を作り、違反に対して罰を明記することが最初のステップであるということに賛成した。その同意をもってミーティングは閉会したが、問題は消えなかった。盗難は初年度から次年度の途中にかけて続いたのである。

　2 年目の10月、合計 9 ドルが一人の女子生徒の財布から盗まれた。コミュニティの子どもがお金を持ち去ったと彼女は思っていたが、だれもそれを認めなかった。この事件について話し合うためにコミュニティミーティングが開かれた。

　ミーティングを始めるにあたって小さいグループから報告された意見は、盗難といった行動がコミュニティの感覚を崩壊させるという子どもたちの関心を反映していた。「全員から15セントずつ集めればよいと思います。なぜなら、15セントぐらいならだれも痛いと思わないでしょう」つまり、もしすべてのメンバーから15セント集めたならば、盗まれた子どもに 9 ドル返せると彼らは提案したのだ。

　ある子どもから提案された全員でお金を集めて返済するという合理的な意見は、興味深かった。「みんな、だいたいここにいる50人ぐらいの人が、彼女にお金を返すために15セントずつお金を払うべきだよ。なぜならお金が盗まれたのは彼女に非があった訳じゃないからね。だれもコミュニティのことに関心をもたなかったから、これはみんなの過失なんだ。みんなはそれぞれ個人であって、コミュニティに組み込まれる必要はないと思っています。でもみんなは、彼女がお金を盗まれたということに対して関心をもつべきなんだ」

　この発言のすばらしいところは、この問題にかかわっていくことがたんに 9 ドル盗まれたということだけでなく、個々のメンバーに対するコミュニティ全体の姿勢であるということへの理解にかかわっていくところにある。もしメンバーがお互いから盗みをするならば、それはコミュニティにおいてなんらかの不都合があるということになり、コミュニティは盗難そのものに対して責任をとることによってのみ、それを修正することができるのである。

　この提案に対する反応は混沌としていた。ある子どもは、お金を盗ませてしまった女子生徒か、あるいはお金を盗んでしまった個人か、そのどちらかに盗難の

責任があると感じていた。それにもかかわらず，メンバーの大多数は，もしある期日までにお金が返ってこなかったならば，そのお金を立て替えるためにすべてのメンバーで15セントずつ出し合おうという折衷案に同意した。

この決定——クラスターの歴史では初のこと——は，1週間の沈黙の後に，数名の子どもがお金を盗んだ生徒を知っていることを認め，お金を返すように個人的にその人物に話してくれることに同意した，という効果をもたらした。それがうまくいかなかった場合，彼らはコミュニティに盗んだ人物の個人名を公表し，私たちがすでに述べてきた手順に従って，盗んだ人物を罰する。こういった手順を踏んでいくことが，コミュニティに深い影響を与えていったようである。というのも，その後数年間はクラスターではそれ以上の盗難事件は起こらなかったのである。このときの子どもは，盗難に関する規則を作るだけでなく，盗みは自分たちのコミュニティにおいて許されることではないという規範的な合意を彼らの間で発達させていた。盗難は完全にはなくならなかったが，ある子どものことば「もしあなたが盗みをしたいのであれば，自分個人の時間に盗みをしなさい。学校ではするな」ということばにコミュニティは同意したのだ。

●コミュニティの要素

クラスターで発展したジャスト・コミュニティアプローチを最も特徴づけるのは，それが自治の手段としての民主主義を強調しているだけではなく，ジャスト・コミュニティが道徳教育におけるコミュニティの役割を強調しているということである。コールバーグのコミュニティに対する見方は，エミール・デュルケム（Emile Durkheim）[*4][★1]の著作とイスラエルのキブツの集団主義教育システム[*5]についての知見に深く影響を受けている。コールバーグは青年を道徳的に教育するには，たんに個人の道徳判断を促進するだけでなく，判断が刺激されること，そして判断と行為の一貫性が支持され奨励されるといった2つによって，社会的状況を創り出すことにより広く焦点化していくことが重要だと思うにいたった。こういった彼の視点から，小さなコミュニティを設定することは，このような状況を創り出すためには理想である。というのも，ひとたび青年が（民主的な）コミュニティに愛着を持って成長すると，彼らはコミュニティのための公平な規則を創ること，そして可能な限りこういった規則に矛盾しないように生活しようと努力するであろう。この年代では，判断と行為の一貫性は簡単には現われてこない。

コミュニティにおけるケアと規則への尊重を育成することは、青年たちが何を行なうことが正しいことなのかという脈絡において、彼らに行動するためのいっそう強い動機となるのである。

教育目標として、コミュニティを構築することが、すでに述べてきたクラスターでの盗難の事件の中核をなすものであった。初年度のミーティングにおいて、コールバーグは生徒たちが盗みを悪いことと思っているかどうか尋ねるだけでなく、盗みが「コミュニティに対する侵害」であるかどうかについて尋ねた。彼は「盗みは個人的なことではない、それはコミュニティの問題だ」という意見を明確に述べた。盗難はコミュニティの出来事として扱われなければならない。というのも、個人的な事柄として見れば、たとえその人が二度と盗みをしないとしても、それが他人の盗みをやめさせる動機づけになるという理由はどこにもないからである。持ち物や他の貴重品をコミュニティの責任と結びつけるものとして見なされたときのみ、人々は学校のみんなの持ち物について配慮するようになる。そのときに、――クラスターでは次年度に起こり始めた――盗みをしない、持ち物を守るという規範は、共有された現実となり、学校の新しい道徳的雰囲気の一般的な特徴となるのである。

◆ 2節　キブツを通じてデュルケムを考え直す

コミュニティと共同的責任（communal responsibility）を強調することは、それを取り入れようとするコールバーグにとって、論議の的となるステップであった。彼の同僚の何人かは、コールバーグの初期の教育的な著作とこのステップとの一貫性について問いを発した。彼らがとくに関心をいだいたのは、コールバーグが慣習的な段階水準における特定の内容を教えるために、段階から段階へ道徳性発達を促進していくという主張を捨て去るかどうかということであった[*6]。

コールバーグは、ジャスト・コミュニティアプローチがまさに彼の初期の立場の修正を表わしたものであると認めている[*7]。近年のコールバーグの考え方を理解するために、私たちはイスラエルのキブツにおける集団主義教育システムと、フランスの社会学者エミール・デュルケムが道徳教育の概念について述べている著作からの二重の影響を考察する必要がある。

1969年、コールバーグはイスラエルのキブツ（集団的に所有された農業居住地）

を訪問した。そこでは，キブツ生まれの青年と街生まれの労働者階級の青年の双方のための寄宿制の高等学校プログラムを，非常に上手に発展させていた。コールバーグは短期間の研究を行なった結果，キブツが労働者階級の若者の道徳性発達を促進するという強い影響力をもっていることを見いだした[*8]。同様に重要なのが，キブツの高等学校の労働者階級の若者の観察から，コールバーグが合衆国で行なってきた道徳教育プログラムに欠けている付加要素を発見した。つまり，コミュニティの生活に若者を積極的にかかわらせるということである。こういったかかわりは，たんにコミュニティのために，あるいはコミュニティとともに活動するというだけでなく，コミュニティの集団的な行動に責任をもつということを学ぶことにある。キブツにおいて，人はコミュニティの集団で励む行動に十分に貢献するために，個人的な努力のいくつかの要素を犠牲にすることを教えられている[*9]。

　コールバーグはキブツで見たことが，以前に読んだデュルケムの『道徳教育論 (*Moral Education*)』と似ていることに気がついた。たとえデュルケムの著作が中産階級のイデオロギー的な信念を前提として述べられていたり，またキブツのシステムがマルクス主義の教育原理を基盤としていたとしても，デュルケムやキブツは道徳教育における以下の諸要素を強調しているとまとめられる。

①個人よりも集団が優位にあること。
②規則の尊重を通じてグループの規律を強調すること。
③自己よりも大きな社会集団としてグループへの愛着を発達させること。
④グループのそれぞれのメンバーの活動に対して，グループにおける集団的な責任を養うこと。
⑤教育者はグループに対してより大きな社会を表わす代弁者となること。

　こういった要素は発達的な道徳教育にどのような影響をもたらすのであろうか？　デュルケムは，ピアジェが道徳判断についての著作[*10][★2]において熱心に述べていることに対立した立場であり，コールバーグも一度は「合理的な倫理やアメリカの憲法の伝統に一致しない，集団的国家規律の促進という道徳教育の定義を導く」[*11]としてデュルケムの研究を拒絶した。コールバーグはかつて拒絶した考えを受け入れるようになったのであろうか？　もしそうならば，コールバーグはどのように一貫して自分の立場を守るのであろうか？

コールバーグは最近の著作において，整合性の問題についてとくに論じているわけではない。しかし，ジャスト・コミュニティアプローチについてコールバーグと話してみると，彼は修正したけれども，間違いなく初期の立場を捨て去ってはいないとわかる。そして彼は，発達的な道徳教育と共同主義的な道徳教育との間には本来不整合がないと感じたところに，デュルケム-キブツの影響を民主化という手法を用いることによって組み入れているのである。

　とくにコールバーグがデュルケム-キブツモデルにおいて訴えたことは，それが引き起こす集団的な力である。というのも，たとえコールバーグが道徳的関心の頂点に，個人の権利を尊重するという個人の道徳性発達理論を表わしているとしても，彼は自らの理論が（そう思われる可能性があるにもかかわらず）本質的に個人性を賞賛するものであると意図してはいない。最も高い段階は社会の慣習と義務に不一致（non-conformity）をもたらすのではなく，社会的慣習の制限から哲学的に自律した（philosophically autonomous）道徳推論と行為をもたらすものと描かれている。コールバーグにおける道徳の偉人は，ソクラテスやキング牧師のような人々であり，彼らは社会に対して自分たちがより所とする道徳原理の正当性を教えることに，自分たちの命を捧げた人物である。コールバーグの理想は，社会との結びつきから個人を解き放つことではなく，究極的な犠牲を払ってでさえも社会の道徳の改善に対して十分ケアするように，個人がかかわることである。

　1960年代後半においてコールバーグを混乱させたのは，すべての人々が1番をめざすという，彼のいう私生活中心主義（privatism）に向かうアメリカ社会の傾向である。コールバーグは，高い段階，とりわけ第5段階の概念の内にいる人がほとんどないということを暗に認めていた。つまり第5段階というのは，個人が自分自身の権利を守り他人の権利を侵さないという道徳行為を，簡単には制限しないのである。ジャスト・コミュニティアプローチは，このような不均衡を是正しようとするコールバーグの試みを表わしている。公平な社会では，個人の権利を守るという原理以上のものが必要とされている。そこでは，他人の福祉やコミュニティ全体としての福祉に代わる道理に合った自己犠牲が一般に共有されたかかわり合い（commitment）となることが必要とされる。そういったかかわり合いは，道徳教育におけるデュルケムやキブツのモデルの一部として明確になされており，ジャスト・コミュニティアプローチにコールバーグが組み込もうとし

ていることなのである。

3節　ジャスト・コミュニティと発達的教育の統合

　ジャスト・コミュニティアプローチは，"正義"と"コミュニティ"とのバランスを保とうとするコールバーグの努力，つまり個々の生徒の権利を守り，その道徳的成長をうながすとともに，強力な集団の影響力をも導入しようとする努力を表わしている。しかしながら，こういったバランスを保つことは，発達的道徳教育の一部としてコールバーグが論じてきたいくつかの根本的な事柄についての再考を必然的にともなっている。とくに，以下の4つの点について再検討する必要があろう。

1. 慣習的な道徳判断 対 原理的な道徳判断の役割
2. 形式 対 内容の区別
3. 道徳教育における認知と感情の次元
4. 道徳教育における教化 対 非教化的なアプローチ [*12]

1. 慣習的な道徳判断 対 原理的な道徳判断

　コールバーグの道徳性発達理論において表わされている道徳判断の3つの水準のうち，第Ⅰと第Ⅲの水準は第Ⅱの慣習的な水準よりも注目されている。最初の水準，つまり前慣習的な水準を扱うことによって，読者は子どもの道徳的な世界観に導かれていく。時にこういった世界観は多くの大人たちと明らかに異なっているので，読者は子どもの発達を理解する上で大変重要視している。同様に，第Ⅲの脱慣習的な水準はごく少数の人しかたどり着かないが，社会で一般的に用いられている判断の様式よりも適切に判断を下すという原理化された道徳性の段階を表わした魅力ある仮説という理由で注目されている。その上，発達的教育についてのコールバーグの初期の論文では，慣習的な水準よりも脱慣習的な水準に焦点を当てる傾向が強かった。最も高い水準は，クライマックスがやってくるところ，つまり，"もっとも聡明な"判断と"もっともよい"道徳行為が見られるところである。明記されてはいないが，慣習的な道徳教育でのアプローチよりも発達的なアプローチのおもな利点は，発達的なアプローチのみが原理化された道徳性の水準へと生徒たちを導いていくことができるということを示しているところ

にある。

　しかしながら，第4章で見てきたように，道徳判断の発達における最近の研究のほとんどは，以下のことを示している。すなわち，青年は慣習的な水準を超えて発達する傾向がほとんど見られず，大人でさえも第4段階と第5段階の道徳理由づけの境界線がはっきりしていないということである。むしろ，こういった2つの段階は高い水準で共存しており，相互に支え合い互いに情報を与えあっているようである。これは，教育的に，慣習的な第4段階の判断と行為の一貫性を保とうと努力することが，青年集団を扱う道徳教育プログラムに適切であり，より現実的な目標となりうるということを意味するのかもしれない。これは，より高い目標として脱慣習的な道徳判断理由づけや行為を促進するという希望を捨て去ることではなく，そのような目標を特定の大学や成人教育プログラムのために延期された予定として考えるということを意味している。

2．形式と内容の区別

　道徳性の慣習的な水準についての教育を真剣に取り上げることは，コールバーグが初期の著作の中で強調していた道徳性の形式と内容における堅固な図式を再考察することを導く。発達的教育では，道徳性の内容よりもむしろ形式あるいは構造に焦点を当てるという立場をとるとコールバーグは主張してきた。つまり「子どもが段階から段階へと自然に移行していく際の経験は，……内容を教えられたり内面化する経験ではなく，……（認知的葛藤の意味での）モラルジレンマや自分の思考とは異なる他者の高い思考の様式にふれるという経験」なのである。道徳判断理由づけにおける形式や構造を強調することが，発達的道徳教育の証として常に存在するけれども，道徳的内容の教授を捨て去るということを犠牲にしてまで（形式や構造を）強調する（embrace）必要も価値ももはやないように思われる。というのも，コールバーグ理論について解釈を行なっている哲学者のピーターズ（R. S. Peters）の論じるところによれば，若者が道徳様式の内容として受け入れている特定の規則や価値を伝えることなしに，彼らに慣習的な道徳性を伝える方法はないのである。

　ある意味では，ひとたび発達的な道徳教育がモラルディスカッションを超えていくと，この強調点のバランスをとることは避けられなくなってくる。モラルディスカッションでは，教師は子どもの判断理由づけの形式により焦点を当てる。

というのも，特定の価値を支持する内容は，ディスカッションの結果にすぐには関連しないからである。しかし，ひとたび学級や学校の現実生活を取り上げると，教師にはもはや道徳の内容と距離を置く余裕はない。なぜなら，何が（what）決定されたかということが，なぜ（why）決定されたのかということと同じくらい重要だからである。もし子どもが，退屈と感じたときはいつでも教室から出て行くことができるべきであると決定したならば，たとえそれが民主的に決められたとしても，おそらく教師は子どもの道徳判断の水準を引き上げるために，忍耐や他者への思いやりという徳目を教えることに多分関心をいだくようになるであろう。2つの目標が矛盾しているというわけではない。生徒は自分たちの個人的な行動の否定的な結果についてより十分に理解するために，社会システムという視点から見ることを学ばなければならない。しかし，片方の目標を達成することなく，もう1つの目標を達成することは，教育的に不適当であろう。徳だけを教えることでは，理解力のない子どもに役割を押しつけることになるだろう。行動の変化を期待することなく道徳的理由づけを刺激することは，社会における個人の義務を十分真剣に受け止めないといった，一方に偏った発達を促進することになるであろう。

3. 認知と感情の次元

　道徳性の構造を強調することは，道徳判断理由づけの認知的な基盤を重視することである。構造と内容における強調点のバランスをとるということは，道徳的動機づけの感情的な基盤についての新たな問いを提起することである。

　ピアジェ主義者として，長い間コールバーグは，認知と感情は分離できない，平行に発達するものと仮定してきた。[*15] モラルジレンマは，道徳性発達を促進するために"作用する"。なぜならば，ジレンマは人々に認知的葛藤だけでなく感情的な不均衡をもたらすからである。ある人が簡単に解決はできないが，解決することがその人にとって非常に大きな意味があるといったモラルジレンマに直面したとき，当事者はジレンマを解決したいと強く感情的に動機づけられる。感情的な動機づけは，より適切な道徳判断の様式を形成するための原動力となる。

　教育的プログラムによって青年期の生活に取り入れられたモラルジレンマは，現実生活のジレンマと同じような感情的な変化を必ずしも引き起こさない。ジレンマが興味深いという限りでは，ジレンマは新しい考え方を刺激するであろう。

しかし，第二に動機づけの問題に関して同様に重要なこと，つまり道徳判断に基づいて行為するという動機づけの問題がある。この場合には，興味だけでは十分証明できないかもしれない。

この点において，コールバーグは青年がより高い段階の理由づけの様式で行為するためのサポートシステムを提供するために，集団の力，つまりグループの道徳的権威を導入した。もし第2段階あるいは第3段階で行動をする子どもが，正しいと判断したことに基づいて行為する一貫した内的動機づけを欠いているのならば，そのときにはグループやコミュニティがそのような行為のために外的な動機づけを与えることができるのである。そのような動機づけはデュルケムのいう"集団への愛着"の形式，すなわち，個人がグループの規範的な期待に恥じない行為をするように導くといった個人と仲間との感情的な結びつきの形式に由来している。

この点は，次の動機づけの例によって明らかになる。キブツの青年の調査において，ライマー（J. Reimer）はキブツ生まれの青年に面接を行ない，なぜ信用している女の子を性的に口説き落とさないのかを説明を受けた。

> 僕たちの何人かで泊まりがけのハイキングに行って，僕が一人の女の子と抱き合ってキスをしたかったときの話をするよ。できなかったけどね。なぜかというと，そんなことをしたらこれから僕は友達といっしょにいることができなくなるからさ。別のグループではどうなるかわからないけれど，ここだと当たり前の行動からずれてしまうことになるし，友達を怒らせてしまうことになってしまう。友達の意見だと，女の子がそんなことに興味がなかったり乗る気がなかったなら，そういったことをするのは不道徳なことなんだ[*16]。

この青年は，どうやって自分の性的な欲求を扱ったらいいのかわかっていないようである。しかし，グループの関係では，衝動的に行動するといった道がないということを彼は知っている。グループに所属すること，グループの基準を生活の指針とすることを受け入れることはとても重要なので，たとえ衝動が強いときであっても，危険を冒すことはない。グループの規範やグループへの感情的な愛着は，グループで共有された道徳判断，つまり，「女の子にそんなことをするのは不道徳である」という道徳判断に一致して彼が行動するように機能しているのである。コールバーグの最近の見解では，慣習的な段階の青年がいかにして自分

の道徳判断と一貫した行動するかということを学ぶために必要なことは，グループへの愛着によって得られるこの特別なサポートなのである。

4. 教化 対 非教化のアプローチ

　コールバーグは初期の論文において，道徳の教化の問題について強硬な態度をとっていた。彼は"正しい"，あるいは"アメリカの生活様式"として定義されている特定の価値を子どもにしみ込ませようとするといった，意図的，無意図的な価値教育双方に対して非難していた。よく考えてみると，こういった価値のほとんどは中産階級の価値であることがわかるし，そういった価値そのものに合理的な正当性はないのである（例えば「清潔は神を敬うことに次ぐ美徳である」など）。それゆえに，体系的に諸価値をしみ込ませていくことは，子どもにそれらを独断的に押しつけることになるし，子どもの権利や親の権利を侵すことにもなるのである。

　対照的にコールバーグは，道徳発達の自然な連続性を刺激するようにデザインされたプログラムが，「子どもの自律性を尊重する教育的な過程であると定義する」ということを主張していた。というのも，「段階から段階へと自然に移行するといった子どもの経験は，非教化的である。つまり，それらは特定の内容を教えるといった経験ではないのである[*17]」。しかし，ジャスト・コミュニティアプローチは，道徳発達の自然な連続性を刺激するようにデザインされている一方で，コミュニティの価値や集団的責任といった特定の内容を教えることをも含んでいる。このことに関して，ジャスト・コミュニティアプローチはコールバーグによる非教化的な道徳教育の基準を侵すことになるのであろうか。

　もしコールバーグが，非教化的な道徳教育を構成している基準を明確に修正したり広げたりしないのであれば，矛盾があるであろう。最近の彼の考えは，哲学者ピーターズの考えにより近くなってきている。ピーターズは教化的なアプローチにについて次のように考察している。「特別な教授のタイプは，……規則に対する批判的な態度を子どもから奪うといった方法で，確固とした規則体系を子どもに受け入れさせるように構成されている[*18]」。それゆえに，おもな相違は何が教えられたかではなく，どのように教えられたかということに基づいている。モラルディスカッションのプログラムが非教化的であるとされるのは，それが道徳の内容を教えていないというのが主たる理由ではなく，ディスカッションへの参加

者が批判的に考え，仮定を論じ，必要とあれば教師の提案に異議を唱えることを奨励されているからである。教化的なプログラムではこのようなことは許されておらず，生徒が疑うことなく受け入れるべき道徳的知識を教師はもっているということになっている。

　デュルケム派が規則の尊重やグループへの愛着を強調することに関して，ジャスト・コミュニティアプローチは，そこでの規則が教育者によってあらかじめ決められたものであり，画一的なグループの構造によって規則に従うことが強制されるという点において，教化的になる危険性をはらんでいる。しかし，このモデルを立ち上げるにあたり，コールバーグは発達的な基盤と民主的な基盤の双方を強調することによって，教化的にならないように試みたのである。

　発達的な視点から見ると，ジャスト・コミュニティアプローチは第2段階，第3段階の水準の子どもが，授業に参加する，学校の作業をやり遂げる，約束は守る，金品を盗まない，そして公平さを侵さないといった慣習的な道徳秩序を一貫して守るということを学ぶことが望ましいとされている。しかしながら，そういった秩序が守られるのは，約束事だからという理由ではなく，発達的な理由からである。特定の社会秩序や権威が，権利や正義を規定しているということを子どもたちに教えるのではなく，権利や正義が社会秩序や権威を要求しているということを子どもに教えるのである。子どもは自分自身の道徳判断理由づけ能力を用いて，請け負うべき秩序や権威を形成しているのは何か，そして思慮ある秩序や権威の遵守に寄与するために，グループとしてどのように責任をとるのかということについて，慎重に検討することを教えられる。プログラムが秩序から推論というよりむしろ，推論から秩序へと動いているので，道徳判断理由づけの練習を増やしたり，今後子どもたちを拘束することになる権威を形成するときに，子どもたちに実際に発言権を与えるといったことを同時に行なうことを意味しているのである。

　この発達的な視点は民主的な自治の手続きを導く。民主主義は，参加者の道徳判断理由づけの自由な練習を促進するために，理想的な社会の構造を提供してくれる。民主的な統治はまた，ジャスト・コミュニティアプローチにおいて，以下のことを保証するためにも必要である。つまり，子どもたちが理解できる理由に基づいて，教育者は権威に対する教師の訴えの基礎としなければならないということと，個々の子どもが不利な処分を受けることなく，自由に教師やグループの

意見に反対する権利を子どもが保持するということを保証するためである。

　ジャスト・コミュニティにおいてコールバーグが構想していたことは，子どもと教師のグループがモラルディスカッションを通じて自分たちの価値の立場を展開し，民主的な意思決定過程を通じて彼らの立場がグループの規則や規範を作り出していくといったことである。教育者は生徒たちのディスカッションを活性化させるだけでなく，グループにとり最大の関心事になると思われる特定の価値に立って主張することによって意思決定へと導いていく。しかしながら，教師は主張することと教え込んでいくことの違いを意識している。つまり，彼らは立場が批判的ということを明らかにするし，子どもたちが問題に対して自分たち自身の視点を形成できるように促進する。そしてグループの多数派によって下された民主的な判断を，拘束力のあるものとして受け入れるのである。教育者は明らかに教師という立場ゆえに特別な権威を持っているが，民主的なグループの形式上平等なメンバーとして行動しようとしているし，彼らの立場や威圧的な態度によって権威を行使するというよりむしろ，彼らの経験や同意によって権威を行使するのである。コールバーグは道徳教育者に綱渡りをするような危険をはらんだことを求めており，度を超えた支持の側面（教化のアプローチ），あるいは度を超えた民主主義の側面（自由放任のアプローチ）のどちらにでも簡単に陥りかねないのである。しかし，ジャスト・コミュニティのデザインはまさにこのバランスをとるように求めており，成功するかどうかはその繊細な手法に依拠しているのである。

◆4節　クラスターの終わりとジャスト・コミュニティの継続

　私たちはこれまで，コールバーグやスタッフが巧みに導き発展させてきたクラスタースクールでのジャスト・コミュニティアプローチについて論じてきた。クラスタースクールはどちらかといえば成功的な4年間を送り，その間にジャスト・コミュニティアプローチの多くの目標が達成された。コミュニティの感覚は確立され，参加型民主主義は適切に維持され，規則や規範への同意は提案され受け入れられ，そして修正されてきた。露骨な非行に対する罰は共同に負わされ，また用いられた道徳判断の水準と判断行為の一貫性は，ともに上昇し続けた。[*19] 5年目を迎えるころに達成されたことが揺らぎ始め，その年の終わりにクラスター

は閉校したのである。

　閉校は複雑な出来事であり，明確な原因を突き止めるのは困難なことである。それでもやはり，クラスターの組織における多くの構造的な欠点が，明らかにクラスターの閉校に関係している。ここには発達的な道徳教育を教師が行なうための正規の訓練が欠如していたことや，常日ごろ学校を経営するための管理的な構造が欠如していたこと，より大きな学校への"私たち-彼ら"関係に対して相反する意見があったこと，新入生を入学させるにあたっての貧相な体制，そして学習障害をともなった生徒の増加に上手く対処できなかったことなどが含まれている。さらに，こういった欠点はスタッフ間の対立，最終的にはコールバーグとスタッフ間の対立を増加させた。これらはジャスト・コミュニティアプローチによって直接的に引き起こされた問題ではないけれども，それらはオルタナティブスクールが機能し，生き残っていく力に直接的に関係していた。クラスターの場合，試みは上手くいったが，学校は死んでしまった。このことから，道徳教育の目的と学校生活のさまざまな現実との関係について，教訓を学ぶことができる。つまり，道徳教育のプログラムをより大きな学校システムの運営にどのように統合していくかという現実的で柔軟な計画がなければ，どの学校であっても道徳教育のアプローチは長続きしないのである。

　クラスター以降，ジャスト・コミュニティアプローチは2つの方向に広がっていった。ケンブリッジでは，クラスターの経験から得た構成要素が，先のクラスターの教師によってより大きなケンブリッジハイスクールへと移された。そのなかでも顕著な構成要素は公正委員会（fairness committee）であり，これはエルサ・ワッサーマン（Elsa Wasserman）によって開発されたプログラムである。そのプログラムはジャスト・コミュニティアプローチの正義のイデオロギーと規律委員会を参考にしている。子どもと教師から構成される公正委員会は，学校のだれでも不公平な扱いに対して苦情を申し出ることができる裁判の組織である。しばしば子どもは教師に対して不平をいうが，それは逆もまたしかりであり，仲間どうしでも不満は起こりうる。委員会は事情を聞き，言い争っている双方がお互いの立場に立てるように，そして公正な問題が含まれるように試みるのである。委員会はまた，どのようにして不平が改善されるのかについて判断を下す。しかし，その主たる機能は学校において公認の民主的な団体になることであり，公正に関する問いが提出されることにある。

ジャスト・コミュニティアプローチが広げていったもう1つの方向は，他のオルタナティブスクール，つまり，マサチューセッツ州のブルックリンにある学校内学校（School-Within-a-School）と，ニューヨーク州のスカースデールにあるスカースデールオルタナティブスクールである。どちらの学校においても，ジャスト・コミュニティアプローチが導入される前から，すでにオルタナティブスクールは十分に学校システムのなかに組み込まれていた。どちらの学校も，もっぱら白人の中産階級の子どもたちによって成り立っており，有能で比較的安定したスタッフがいた。しかし，通常の高等学校プログラムに代わっていくには明確な教育上の目的が欠けていた。それぞれの学校の採用方法は異なるけれども，ジャスト・コミュニティアプローチはこれらの学校に新しい方向性と目的を与えた。教師が訓練され，コールバーグが助言を行なったスカースデールでは，クラスターで発展したモデルが続けられ，より効果的に機能するよう改善された[20]。ボストン大学のラルフ・モッシャー（Ralph Mosher）を顧問にしたブルックリンでは，ジャスト・コミュニティのモデルは，共同参加−集団主義的な要素を重要視せずに，民主的な要素を強調するよう改善された。モッシャーは，発達的な諸能力の主要な部分を刺激する民主的な統治の力を強く信じていた。しかしながら，彼はコールバーグの考えたデュルケム−キブツの要素を支持しておらず，道徳性発達が民主的教育の主要な目的として選り抜かれることにも同意していない[21]。けれども，ブルックリンの学校内学校は，週に一度のコミュニティミーティング，あるいはタウンミーティング（town meeting）の概念を取り入れ，独自の方法で，コミュニティ全体の福祉に個々人の生徒がかかわっていく必要性をより強調するようになった。こういった点において，ジャスト・コミュニティアプローチからの示唆を取り出し続けている。

●オルタナティブスクールを超えて

教育行政とダンフォース財団（Danforth Foundation）の何年にもわたる多大な支援によって，発達的教育と民主主義を展開したブルックリンでは，ジャスト・コミュニティアプローチは大きな足跡を残した。共同体的な要素よりも民主的な要素が強調されたけれども，ジャスト・コミュニティアプローチは小学校や高校全体にも広げられた。先に述べたように，ラルフ・モッシャーはこの過程において重要なつながりを持っていた。

小学校レベルでは，学校システムのいたる所で民主的な学級を経営する訓練を組織的に行なってきた。*22 また，高校の校長であるロバート・マキャーシー（Robert McCarthy）は，ハーバードで練達されたクラーク・パワー（Clark Power）の援助を受け，高校全体に民主的な自治を導入し始めた。この過程は，生徒集団と教員から選ばれた代表者がタウンミーティングに参加し，関心のある人は公平委員会に参加するということを含んでいる。クラスターやほかのオルタナティブスクールでもそうであったように，タウンミーティングは学校の諸規則を作成するための民主的な権力をもっていた。もっともそれは，管理的な決定やカリキュラムに関する決定は行なわなかったけれども。タウンミーティングは，盗難や学校における暴力，休暇中の課題，学校におけるラジカセの使用といった事柄を扱った。教師あるいは子どもたちはその権威を問題にしなかったが，最初の段階として，大きな高等学校を民主化することから始められた。次の段階が，民主的なミーティングを学校の小さな単位（ホームルームを含む）に取り入れていき，学校における論争の採決を行なう通常の方法として，公平委員会を形成するということであった。

5節　終わりに

共同体主義的志向，あるいは民主的志向のいずれかにおけるジャスト・コミュニティアプローチは，近年発達的道徳教育の最前線にある。ジャスト・コミュニティは依然として大胆な試みであり希望に満ちたプロジェクトであるが，今後10年間にわたり注意深く調査することによって，ジャスト・コミュニティの価値を確立していく必要があるだろう。私たちの視点では，その機会を迎え入れる理由は数しれずあるけれども，私たちが望んでいるのは，より伝統的な発達的教育の諸要素と同様に，このアプローチのいろいろな要素が１つの教室において用いられるために統合されるということである。なぜ私たちはコミュニティを構築すること，あるいは民主的な意思決定過程が，小学校レベルで始まらないのかわからない。

おそらく最も重要であると私たちが考えているのは以下のことである。つまり，第二の状況に移行しつつある発達的道徳教育が，モラルディスカッションをほかの教育的目標と統合するように提起することである。これらは活性化したカリキ

ュラムを通じて教科の学習をすることになるかもしれないし，民主的な市民として責任を負うことを学習することになるかもしれない。このような統合において，最も約束された未来があると私たちは信じている。しかしながら，その運命は，学校の管理者や教師が正義の学校を創っていこうという要求に基づいて，これらのアプローチを積極的に受け入れるかどうかにかかっているのである。

〈訳注〉

★1　日本語訳は，麻生誠，山村健（訳）1964『道徳教育論』明治図書出版

★2　日本語訳は，大伴茂（訳）1977『臨床児童心理学Ⅲ：児童道徳判断の発達』同文書院

★3　日本語訳は，岩佐信道（訳）1987『道徳性の発達と道徳教育：コールバーグ理論の展開と実践』広池学園出版部

エピローグ　終わりよければすべてよし

　本書の終わりは，読者の道徳教育の実際の始まりでもある。道徳教育の理論と実践に関する本質は明らかに難解なところがみられたので，おそらく"本当に私に道徳教育ができるの？"といった問いがごく自然に出てくるように思われる。本書を通して私たちはこの問いにずっと答え続けてきたし，また質問への回答は，実践してみたいという意欲的な"はい"であり，それは私たちの希望でもある。それにもかかわらず，私たちは読者に，単純なことであるが，しかしとても大事な事実，つまり，理論と経験をうまく統合させるためには，自己と他者とが時間を共有し，かかわり，苦しむことが必要であることも伝えたい。道徳教育の実践者は常に複雑なことに挑戦していかなければならない。

　私たちは，コールバーグ理論がもつ複雑な哲学と，心理学と，教育学のかかわりをうまく伝えるために，読者の立場に立つ必要があると確信して本書を書き始めた。私たちはこのことを心に留め，読者との仮説的な対話に心掛けてきた。当然もち上がってくる１つの問題は，教師が何をどのように学んでいるかということに関心を向け，議論したのに，子どもたちについて同様の影響力の議論を私たちが無視したことである。手短にこの重大な問題を取り上げよう。

◆ 1節　子どもたちは何を学んでいるか？

　長い目で見て子どもたちの学びを促進するために，教師に期待されている方法には，おもに次の３つ，①道徳的な気づき（awearness）を高める，②道徳的な理由づけをより適切なものに発達させる，③道徳的な行動に影響を与える，があ

る。

　子どもたちの道徳的気づきを高めるとは，他者の権利と要求を認めることであり，同様にそれらに対する個人の責任と義務を認めることである。何が公正かをめぐる葛藤の確認は，教師が与えるカリキュラムの内容をもって始まる。道徳的気づきを高めるとは，結果的には教室の規範や他者とのかかわりの拡大であり，学校，家庭，友達どうし，共同体，広くは社会のなかでの道徳的な問題に対する気づきを広げていくことである。他者への共感が高まるとは道徳的気づきの範囲が広がることであり，それはまた他者の視点を熟慮する必要性がわかることでもある。

　子どもたちに及ぼす第二の道徳教育の効果は，道徳的理由づけをより適切なものに発達させるということである。もっと広い意味では，効果的にモラルディスカッションを進める技能やより批判的に思考する能力などを含んでいる。とりわけ，集団でのモラルディスカッションでは自己表現と他者のいうことに耳を傾ける訓練の両方を要求している。理由づけに焦点化するとは，個としての思考を練り上げ，明確化し，修正し，分化するという重要な思考法を加えることである。このような機会は結果として，子どもたちの道徳判断における成長をもたらす。また道徳的な意思決定の過程というのは，興味をもって取り組んだり，難題に直面したり，説得したり，説得されたりすることをいうのであって，子どもたちみずからが確かに意思決定者，道徳実行者となる学習をすることを意味する。

　子どもたちに及ぼす第三の道徳教育の効果は，道徳行動への影響であり，最も問題のある分野であるが，しかし教師の興味を最も引きつける分野でもある。同じ行為であってもその道徳判断理由づけが大きく違っていることを何度も繰り返し押さえることが重要である。私たちはより道徳的だとする行為を，"しつけ方がよいからだ"，とか，あるいはコールバーグが批判する品性教育（virtuous-deeds approach）によるというように決めてかかることがないように注意しなければならない。

　実際，私たちが考える――公正，他者への関心，協調，共感，責任を分かつこと，相互的な扶助，民主的な参加といった証拠を，私たちは行動の道徳的な構成要素のなかに見つけなければならない。道徳教育をとおして道徳行為の変容をめざすという目的はまた，子どもの思考力の枠内で最も高いと考えられる発達段階の道徳判断理由づけが何かという視点から注意深く検討する必要がある。子ども

が，ほかの子どもたちの視点，教師の視点，小集団の視点，クラス全体の視点，制度としての学校の視点に立つということはどのような能力であろうか？　子どもたちの視点取得能力を理解するということは，彼らの行動の背景にある意味を私たちがとらえることができるということである。

2節　私たちはどこから始めたらいいのでしょうか？

　この本のおもな課題は道徳教育者の役割を理解していくために私たちが必要だと考える順序を段階的に明示することである。もう一度私たちの立場を述べておこう。私たちは3つの主要テーマで各章の骨組みを作って1冊の本に仕上げる努力をしてきた。確かに最も基本なことといえば，道徳的な課題はあらゆる教育的な経験の一部分，つまり内容と過程であり，社会的な制度下の生活そのものにある。それは私たちがこれらの課題に向き合うことを選ぶ，選ばないにかかわらず，である。

　第二の密接に関係するテーマは，私たちが学級で起きた問題の探究を道徳の領域に取り込もうと一度決心すると，私たち自身の道徳的な気づきがいっそう高められるということである。道徳性発達理論と実践について詳しく述べ，子どもたちと青年たちの道徳的成長をうながす過程のなかで私たちは発達の諸段階を強調したのである。同様に重要なことは，この発達段階は，本書の章立ての順序に反映し，また道徳教育者としての教師の内的な発達における順序性とも対応している。道徳的な課題における探究のこの過程はソクラテスの対話法と発達原理の重要性が理解できてから始めることができる。こういった理由から，本書のはじまりの部分で理論的な課題に関する詳しいディスカッションの様子を示した。教師の探究は，次第に討論技能の習得に，道徳的な課題を具体化できるカリキュラムの再編に，そして最終的には，よりよい正義の共同体建設で責任と権威を分かち合うという示唆を認める方向に進展を見せた。この進展は，コールバーグ自身の心理学者として，教育学者としての考え方の時代による変化を反映している。この研究の主要部分は，コールバーグが序文で言及したように，依然と練り直されている。

　ジャストコミュニティーの研究を扱った章を読み終わって，コールバーグの教育実践への取り組みのなかでも，また道徳性発達段階説のなかでも，より平等性

を高めたり，また責任を分かち合うという固有の方向性があることに，読者は気づかれたかも知れない。モラルジレンマを使った授業を導入することによって道徳教育者になることを決断した教師は"パンドラの箱"を開けることと似ているように私は思える。これはどの哲学的探究にも内在する固有のリスクである。しかしそれにもかかわらず道徳教育にこのような側面を含めたいとする教師の独自の選択は残しておきたい。教師がそれぞれにもっている誠実さや創造性に対して敬意を表わすことはとても大切なことである。

　このような点が本書の第三の主たるテーマに私たちを導くのである。私たちは流行を追うことには疑いの目をもってこの仕事を始めた。私たちはこの構えを再び述べることで書くのを終わりにしたい。読者は今やこの懐疑主義に関する知識をもって私たちに加わってくれるだろう。私たちの強い信念とは当該の教師の教室で進んでいる問題をコールバーグの教育方法に追加しない限り成功できないということである。私たちは道徳教育者となる過程を統合的な人物として描いた。その場合に教師自身の教育目標と教育学的なスタイル，それにコンピテンス（有能性）が教育実践に関するコールバーグ哲学の原理と独自に絡み合うことである。

　実際，道徳教育に対するコールバーグ理論は固定されたものではない。この理論は変化し，成長をとげ，研究者や実践者の批判的な態度によって育てられているのである。そのような批判はリスクを含むものである。私たちは読者が理論から実践へと移っていく場合にリスクを分かち合ってほしいと思っているが，それはクラスの子どもたちに対話の中でリスクを負うように求めているのと同じ精神でということである。私たちはこの本がそのような努力の始まりであることを希望している。

引用文献

数字は本文中の＊と対応している

◆第1章

1　Louis E. Raths, Merrill Harmin, Sidney Simon, *Values and Teaching* (Columbus: Charles E. Merrill, 1966); Sidney Simon, Leland W. Howe and Howard Kerschenbaum, *Values Clarification: A Handbook of Practical Strategies for Teachers and Students* (New York: Hart, 1972) 参照。
2　価値の明確化を批評したものには以下のものがある。John S. Stewart, "Clarifying Values Clarification: A Critique," *Phi Delta Kappan* 56 (1975): 684-88 ; Ann Colby's critique of values clarification in *Harvard Educational Review*, February 1975, pp.134-43; Alan Lockwood, "A Critical View of Values Clarification," in *Moral Education.......It Comes with the Territory*, ed. David Purpel and Kevin Ryan (Berkeley: McCutchan, 1976).
3　Raths, Harmin, and Simon, *Values and Teaching*.
4　William K. Frankena, *Ethics* (Englewood Cliffs, N. j.: Prentice-Hall, 1963), p.47.
5　Raths, Harmin, and Simon, *Values and Teaching*, pp.114, 115.
6　Richard E. Hersh, John P. Miller, and Glen D. Fielding, *Models of Moral Education: An Appraisal* (New York: Longman Inc., 1980) 参照。

◆第2章

1　Jerome Bruner, *The Process of Education* (New York: Vintage Books, 1963).
2　例えば，以下を参照のこと。Herbert Ginsburg and Sylvia Opper, *Piaget's Theory of Intellectual Development* (Englewood Cliffs, N.J.: Prentice-Hall, 1969); Barry J. Wadsworth, *Piaget's Theory of Cognitive Development* (New York: David McKay, 1971).
3　Ginsburg and Opper, *Piaget's Theory of Intellectual Development*, p.3.
4　次の2つのセクションは，大部分をハーバート・ギンスバーグ (Herbert Ginsburg) とシルビア・オッパー (Sylvia Opper) の考えによるものである。
5　Sidra Ezrahi, "The Yom Kippur War——A Personal Diary," *World View* 17 (1974): 13.
6　私たちの社会で，各発達段階にある子どものおおよその年齢を理解することは読者にとって助けになるかもしれないが，その年齢には個人差があり，また社会やその下位集団によっても異なることを注意しなければならない。
7　Jean Piaget, *The Origins of Intelligence in Children* (New York: International Universities Press, 1952).
8　Jerome Bruner, *Beyond the Information Given* (New York: W. W. Norton, 1973).
9　Jean Piaget, *The Child's Conception of the World* (Paterson, N.J.: Littlefield, Adams, 1963).
10　Barbel Inhelder and Jean Piaget, *The Growth of Logical Thinking from Childhood to*

Adolescence（New York: Basic Books, 1958）．

11 Anne Colby and Lawrence Kohlberg, "The Relation between Logical and Moral Development," in *Cognitive Development and Social Development: Relationships and Implications* (New York: Lawrence Erlbaum Associates, in press).
12 Deanna Kuhn et al., "The Development of Formal Operations in Logical and Moral Judgment," *Genetic Psychology Monographs* 95（1977）: 115.
13 Jean Piaget, *Six Psychological Studies*（New York: Vintage Books, 1967）, pp.33-38.
14 Kohlberg and Gilligan, "The Adolescent as a Philosopher," *Daedalus* 100（1971）: 1062.
15 Jean Piaget, *The Moral Judgment of the Child*（New York: Free Press, 1965）．[Originally published in 1932.]
16 Emile Durkheim, *Moral Education*（New York: Free Press, 1961）．[Originally published in 1925.]
17 ピアジェはマーブル遊びを用いている。私たちは彼の観察を野球に応用した。

◆第3章

1 Lawrence Kohlberg, "Stages of Moral Development as a Basis for Moral Education," in *Moral Education*, ed. C. M. Beck, B. S. Crittenden, and E. V. Sullivan（New York: Newman Press, 1971）, p.42.
2 ピアジェの研究を検証した心理学者たちについてのレビューは，Thomas Lickona, "Research on Piaget's Theory of Moral Development," in Lickona, *Moral Development and Behavior*（New York: Holt, Rinehart and Winston, 1976）, pp.219-40. 参照。
3 David Riesman, *The Lonely Crowd*（New Haven: Yale University Press, 1950）.
4 Erik H. Erikson, *Identity: Youth and Crisis*（New York: W. W. Norton 1955）.
5 Erich Fromm, Man for Himself（New York: Rinehart, 1955）．
6 実際の中絶という事態での，女性の道徳的な理由づけについての論じ方は，Carol Gilligan, "In a Different Voice: Women's Conceptions of the Self and of Morality," *Harvard Educational Review* 49（1977）: 481-517. 参照。また，第4章のギリガンの研究に関する議論も参照のこと。
7 Lawrence Kohlberg, "Stage and Sequence: The Cognitive-Developmental Approach to Socialization," in *Handbook of Socialization Theory and Research*, ed. David A. Goslin（Chicago: Rand McNally, 1969）, p. 39- 8.
8 Robert L. Selman, "Social-Cognitive Understanding: A Guide to Educational and Clinical Practice," in Lickona, *Moral Development and Behavior*, pp.299-316. 参照。
9 最近のセルマンが"社会的視点取得（social perspective taking）"とよぶものの発達に関する総論は，Robert L. Selman, *The Growth of Interpersonal Understanding: Developmental and Clinical Analysis*（New York: Academic Press, 1980）参照。
10 Kohlberg, "Stage and Sequence," pp.352-53.
11 通常は9歳以下の子どもには，ジレンマ資料は用いない。より年少の子については，注16のWilliam Damonを参照のこと。
12 道徳判断の段階が発達する年齢についてのより精密なデータは，第4章参照。
13 この章での認知段階と道徳段階の比較のすべては，Anne Colby and Lawrence Kohlberg, "The Relation between Logical and Moral Development," in *Cognitive Development and Social Development: Relationships and Implications*（New York: Lawrence Erlbaum

Associates, in press) に基づいている。

14　Lawrence Kohlberg, "The Development of Modes of Moral Thinking and Choice in the Years Ten to Sixteen" (Ph.D. dissertation, University of Chicago, 1958).
15　Robert L. Selman, "Taking Another's Perspective: Role-Taking Development in Early Childhood," *Child Development* 42 (1971): 1721-34.
16　William Damon, *The Social World of the Child* (San Francisco: Jossey-Bass, 1977).
17　役割取得の段階の発達についての、この章の残りすべての引用文は、セルマンの"Social-Cognitive Understanding"に基づいている。
18　どんな法律をやぶることも社会の崩壊につながるという理由づけをする、ステレオタイプ的な"法と秩序"の議論は、最近3Aという段階の判断であると分析されている。Lawrence Kohlberg, "Moral Stages and Moralization, The Cognitive and Developmental Approach," in *Moral Development and Behavior: Theory, Research and Social Issues*, ed. Thomas Lickona (New York: Holt, Rinehart and Winston, 1976), p.41.参照。また、AおよびBという道徳発達の下位段階についての第4章での議論も参照のこと。
19　第4段階に現在はコーディングされる幅広い回答のうち、4Bの段階のなかに、地上の法と神の崇高な法あるいは意志を区別する回答がある。そのような回答は、なぜ、そしてどのようなときに地上の法がやぶられるべきなのかという議論を含んでいる。しかしながら、より高次の法の概念そのものは脱慣習的なものとは考えられない。なぜならば、それは、第5段階に関連するより形式的でありながら柔軟な概念というよりもむしろ、神の意志についての静的な概念を表象しているからである。
20　Lawrence Kohlberg, "Development of Moral Character and Moral Ideology," in *Review of Child Development Research*, ed. M. L. Hoffman and L. W. Hoffman (New York: Russell Sage Foundation, 1964), p.403.
21　Lawrence Kohlberg, "From Is to Ought: How to Commit the Naturalistic Fallacy and Get Away with It," in *The Philosophy of Moral Development* (New York: Harper & Row, 1981), pp.101-89.
22　Lawrence Kohlberg, "Continuities in Childhood and Adult Moral Development Revisited," in *Lifespan Developmental Psychology*, ed. P. B. Baltes and L. R. Goulet (2nd ed.; New York: Academic Press, 1973).
23　同上。女性を原理的な道徳判断に向かわせる際の、人生の役割における危機 (role-of-life crisis) についての議論は、Carol Gilligan and Mary F. Belenry, "A Naturalistic Study of Abortion Decisions" in *New Directions For Child Development*, No.7, ed. R. Selman and R. Yando (San Francisco, Jossey-Bass, 1981) も参照のこと。
24　Lawrence Kohlberg, "The Claim to Moral Adequacy of a Highest Stage of Moral Judgment," *Journal of Philosophy* 40 (1973): 639.
25　John Rawls, *A Theory of Justice* (Cambridge, Mass.: Harvard University Press, 1971).
26　Kohlberg, "The Claim to Moral Adequacy of a Highest Stage of Moral Judgment," pp.641-45.

◆第4章

1　Lawrence Kohlberg, "Stages of Moral Development as a Basis for Moral Education," in *Moral Education*, ed. C. M. Beck, B. S. Crittenden, and E. V. Sullivan (New York: Newman Press, 1971), pp.30-41.

2 Lawrence Kohlberg, "Stages and Sequence: The Cognitive Developmental Approach to Socialization," in *Handbook of Socialization Theory and Research*, ed. David A. Goslin (Chicago: Rand McNally, 1969), pp.397-401.
3 Kohlberg, "Stages of Moral Development as a Basis for Moral Education, p.55.
4 2つの主張については，同上pp.46-54.参照。
5 同上p.55.
6 これは，中絶についての道義的な立場のいくつかの可能な公式の1つを除いてである。
7 Richard S. Peters, "A Reply to Kohlberg," *Phi Delta Kappan* 56（1975): 78. 参照。
8 Kohlberg, "Stages of Moral Development as a Basis for Moral Education," p.54.
9 この批評の詳しい説明については，Elizabeth L. Simpson, "Moral Development Research: A Case of Scientific Cultural Bias," *Human Development* 17（1974): 81-106. 参照。
10 Carolyn Pope Edwards, "The Comparative Study of Moral Judgment and Reasoning," in *Handbook of Cross-Cultural Human Development*, ed. R. H. Munroe, R. L. Monroe, B. Whiting（New York: Garland Press, 1981), pp.510-28.
11 John Snarey, "The Moral Development of Kibbutz Founders and Sabras: A Cross-Cultural Study"（Doctoral of Ed. D. dissertation, Harvard University, 1982).
12 例えば，以下を参照のこと。William Kurtines and Esther B. Greif, "The Development of Moral Thought: Review and Evaluation of Kohlberg's Approach," *Psychological Bulletin* 81（1974): 453-70.
13 Anne Colby, Lawrence Kohlberg, John Gibbs, Marcus Lieberman, "A Longitudinal Study of Moral Judgment," *A Monograph for the Society of Research in Child Development*（Chicago: University' of Chicago Press, in press).
14 L. Kohlberg and R. Kramer, "Continuities and Discontinuities in Childhood and Adult Moral Development," *Human Development* 12（1969): 93-120.
15 道徳段階の記述は第3章に書かれており，私たちのモデルについてはこの2番目の得点化システムを使用した。
16 例えば，以下を参照のこと。Connie Holstein, "Irreversible, Stepwise Sequence in the Development of Moral Judgment: A Longitudinal Study of Males and Females," *Child Development* 47（1976): 51-61.
17 社会経済性，ソシオメトリーおよび知能指数が，このサンプルの最初の検査のときにのみ得られたことに注意してほしい。
18 John Gibbs, "Kohlberg's Stages of Moral Judgement: A Constructive Critique," *Harvard Educational Review* 47（1977): 50.
19 Mordechai Nisan and Lawrence Kohlberg, "Universality and Variation in Moral Judgement: A Longitudinal Study in Turkey," *Child Development* 53（1982).
20 Betsy Speicher-Dubin, "Relationships Between Parent Moral Judgment, Child Moral Judgment and Family Interaction: A Correlation Study"（Doctoral of Ed. D. dissertation, Harvard University, 1982).
21 Lawrence Kohlberg, "A Cognitive-Developmental Analysis of Sex-Role Concepts and Attitudes," in *The Development of Sex Differences*, ed. E. Maccoby（Stanford: Stanford University Press, 1966).
22 これらは，1969年の初期の道徳判断面接で記述されたオークランドの発達研究に参加した家族であった。
23 これらは，1940年代後半のアメリカ出身である革新派のキブツの創立者たちであった。彼ら

のインタビューは1978年に行なわれた。その"子どもたち"のすべて，あるいはほとんどは生物学的に創立者の子どもたちではなく，キブツの高校に通う生徒たちであり，イスラエルの都市出身であった。

24　Carol Gilligan, *A Different Voice: Psychological Theory and Woman's Development*, (Cambridge, Mass.: Harvard University Press, 1982).
25　Kohlberg, "Stage and Sequence," pp.362-68.
26　Stanley Milgram, *Obedience to Authority: An Experimental View* (New York: Harper & Row, 1924).
27　Lawrence Kohlberg and Daniel Candee, "The Relationship of Moral Judgment to Moral Action" (paper presented at Florida International University Conference on Moral Development, December 1981).
28　Norma Haan, Brewster Smith, and Jean Block, "Moral Reasoning of Young Adults," *Journal of Personality and Social Psychology* 10 (1968): 183-201. または，この論文をレビューした Roger Brown and Richard J. Herrnstein, *Psychology* (Boston: Little Brown, 1975), pp. 326-38. も参照のこと。
29　Augusto Blasi, "Bridging Moral Cognition and Moral Action: A Critical Review of the Literature," *Psychological Bulletin* 88 (1980): 1-45.
30　Lawrence Kohlberg, "The Moral Atmosphere of the School," in *Unstudied Curriculum*, ed. N. Overley (Washington, D.C.: Association for Supervision and Curriculum Department, 1970).
31　Lawrence Kohlberg and Rochelle Mayer, "Development as the Aim of Education," *Harvard Educational Review* 42 (1972): 449-96.
32　Moshe Blatt and Lawrence Kohlberg, "Effects of Classroom Discussion on Children's Levels of Moral Judgement," *Journal of Moral Education* 4 (1975): 133.
33　James R. Rest, "The Research Base of the Cognitive Developmental Approach to Moral Education," in *Values and Moral Development*, ed. Thomas Hennessey (New York: Paulist Press, 1976), p.118.
34　Blatt and Kohlberg, "Effects of Classroom Discussion on Children's Levels of Moral Judgement," p.153.
35　Ralph L. Mosher, *Moral Education: A First Generation of Research and Development* (New York: Praeger, 1980).
36　Philip Jackson, *Life in the Classroom* (New York: Holt, Rinehart and Winston, 1968).
37　Lawrence Kohlberg, Peter Scharf, and Joseph Hickey, "The Just Community Approach to Corrections: The Niantic Experiment," in *Collected Papers on Moral Development and Moral Education*, ed. L. Kohlberg, (Cambridge, Mass.: Center for Moral Education, Harvard University, 1975).
38　第7章参照。

◆第5章

1　Thomas Lickona, "Creating the Just Community with Children," *Theory Into Practice* 16 (April 1977): 97-98.
2　この未編集の筆記録は，1974年10月の社会科学習の授業から，マーゴット・スターン・ストローム（Margot Stern Strom）の許可を得て使用した。ミルクジレンマの出典は，"The

Teacher's Guide," *Comparative Political Systems: An Inquiry Approach*, ed. Edwin Fenton (New York: Holt, Rinehart and Winston, 1973). からのものである。

3　Margot Stern Strom の記録と，その後の数ページの記録は，1978年1月の著者へのインタビューから引用したものである。

4　P. M. Grimes, "Teaching Moral Reasoning to Eleven Year Olds and Their Mothers: A Means of Promoting Moral Development" (Ph.D. dissertation, Boston University, 1974), pp.63-64.

5　例えば，以下を参照のこと。Robert L. Selman and Marcus Lieberman, "Moral Education in the Primary Grades: An Evaluation of a Developmental Curriculum," *Journal of Educational Psychology* 67 (1975); Moshe M. Blatt and Lawrence Kohlberg, "The Effects of Classroom Moral Discussion upon Children's Level of Moral Judgment," *Journal of Moral Education* 4 (1975). この章のなかで注釈をした多様な博士論文は，道徳性を促進させる上での教師の非常に重要な役割をも解明している。

6　Moshe Blattは, "Studies on the Effects of Classroom Discussion Upon Children's Moral Development" (Ph.D. dissertation, University of Chicago, 1970) を著したが，道徳判断理由づけを刺激するためにこのようなジレンマを使った最初の実践家である。また，Joseph Hickeyは, "The Effects of Guided Moral Discussion Upon Youthful Offenders' Level of Moral Judgment" (Ph.D. dissertation, Boston University, 1972) を著したが，別の先駆者であり，刑務所の被収容者である10代の若者の仮説ジレンマを用いた。

7　Moshe Blatt, Anne Colby, and Betsy Speicher, *Hypothetical Dilemmas for use in Moral Discussions* (Cambridge, Mass.: Moral Education and Research Foundation, 1974).

8　D. P. Paolitto, "Role-taking Opportunities for Early Adolescents: A Program in Moral Education" (Ph.D. dissertation, Boston University, 1975), p.363.

9　同上 pp.356-59.

10　このような仮説ジレンマの出典は，以下のものを含む。Blatt, Colby, and Speicher, Hypothetical Dilemmas for Use in Moral Discussion; Ronald E. Galbraith and Thomas M. Jones, *Moral Reasoning* (Anoka, Minn.: Greenhaven Press, 1976).

11　例えば，以下を参照のこと。R. C. Alexander, "A Moral Education Curriculum on Prejudice" (Ph.D. dissertation, Boston University, 1977); A. M. DiStefano, "Adolescent Moral Reasoning After a Curriculum in Sexual and Interpersonal Dilemmas" (Ph.D. dissertation, Boston University, 1977); P. J. Sullivan, "A Curriculum for Stimulating Moral Reasoning and Ego Development in Adolescents" (Ph.D. dissertation, Boston University, 1975).

12　Barry K. Beyer, "Conducting Moral Discussions in the Classroom," *Social Education* 40 (April 1976): 194-202; Edwin Fenton, Anne Colby, and Betsy Speicher-Dubin, "Developing Moral Dilemmas for Social Studies Classes" (manuscript, Center for Moral Education, Harvard University, 1974) ; Ronald E. Galbraith and Thomas M. Jones, "Teaching Strategies for Moral Dilemmas," *Social Education* 39 (January 1975): 16-22. 参照。

13　Sullivan, "A Curriculum for Stimulating Moral Reasoning and Ego Development in Adolescents," pp.113-14.

14　例えば，以下を参照のこと。Grimes, "Teaching Moral Reasoning to Eleven Year Olds and Their Mothers," for a detailed description of how to develop "morality plays" with fifth- and sixth-graders.

15　年齢のまたがる個人指導については，V. S. Atkins, "High School Students Who Teach: An

Approach to Personal Learning" (Ph.D. dissertation, Harvard University, 1972) 参照。ピア・カウンセリングについては，以下を参照のこと。R. C. Dowell, "Adolescents as Peer Counselors: A Program for Psychological Growth" (Ph.D. dissertation, Harvard University, 1971); P. Mackie, "Teaching Counseling Skills to Low Achieving High School Students" (Ph.D. dissertation, Boston University, 1974).

16 Diane Tabor et al., "A Report to the Staff of the Law in a Free Society Project" (paper, Harvard University Graduate School of Education, Center for Moral Education, 30 June 1976), pp.26-28.
17 例えば，以下を参照のこと。Jean Piaget, "Equilibration and the Development of Logical Structures," in *Discussions on Child Development*, vol. 4, ed. J. M. Tanner and B. Inhelder (London: Tavistock, 1960); Jean Piaget, "Piaget's Theory," in *Carmichael's Manual of Child Psychology*, ed. P. H. Mussen (New York: John Wiley, 1970).
18 Guy Bramble and Andrew Garrod, "Ethics I, Friendship: An Experimental Curriculum in Moral Development Which Uses Literary Works as Vehicles for Moral Discussion" (paper, 1976), p.34.
19 Richard H. Hersh and Janet M. Johnson, eds., "Values and Moral Education in Schools" (manuscript, Schenectady City School District, State University of New York at Albany, and United States Teachers Corps, June 1977), pp.10-11.
20 例えば，以下を参照のこと。Maurice P. Hunt and Lawrence E. Metcalf, *Teaching High School Social Studies* (New York: Harper & Row, 1968); Kurt Lewin, *Resolving Social Conflicts* (New York: Harper & Bros., 1948).
21 Paolitto, "Role-taking Opportunities for Early Adolescents," p.116.
22 例えば，以下を参照のこと。Beyer, "Conducting Moral Discussions in the Classroom"; Lawrence Kohlberg, Anne Colby, Edwin Fenton, Betsy Speicher-Dubin, and Marc Lieberman, "Secondary School Moral Discussion Programs Led by Social Studies Teachers," in *Collected Papers on Moral Development and Moral Education*, vol.2 (Cambridge, Mass.: Moral Education and Research Foundation, 1975).
23 Paolitto, "Role-taking Opportunities for Early Adolescents," p.376.
24 これは，『Searching for Values: A Film Anthology』と題された映画のシリーズのひとつであり，Learning Corporation of America (New York) から入手できる。これらの長編映画からの短いフィルムの部分は，オープンエンドの道徳的葛藤に光を当てている。
25 Sullivan, "A Curriculum for Stimulating Moral Reasoning and Ego Development in Adolescents," p.111.
26 Paolitto, "Role-taking Opportunities for Early Adolescents," pp.238-39.
27 Grimes, "Teaching Moral Reasoning to Eleven Year Olds and Their Mothers," p.63.
28 同上.p.65.
29 このフィルムの部分は，"The Right to Live: Who Decides?" と題されているが，the Searching for Values シリーズ中の別のものである。
30 これらのページの対話のすべての部分と教師の記録は，Sullivan, "A Curriculum for Stimulating Moral Reasoning and Ego Development in Adolescents," pp.116-17. からのものである。
31 John P. Miller, "Schooling and Self-Alienation: A Conceptual View," *Journal of Educational Thought* 7 (1973): 105-20. 参照。
32 Sullivan, "A Curriculum for Stimulating Moral Reasoning and Ego Development in

Adolescents," pp.147-48.
33 いくつかの博士論文は，いわゆる静かな生徒も活動的な生徒もどちらも，道徳的討論の結果として時間が経つと道徳的推論が発達するということを論証してきた。例えば，以下を参照のこと。Blatt, "Studies on the Effects of Classroom Discussion upon Children's Moral Development," また, Paolitto, "Role-taking Opportunities for Early Adolescents." も参照のこと。これらの研究者はまた，授業への高い関心が，道徳教育を通して道徳的推論が発達する生徒に共通する要因であることも示唆している。
34 Paolitto, "Role-taking Opportunities for Early Adolescents," p.274.
35 Sullivan, "A Curriculum for Stimulating Moral Reasoning and Ego Development in Adolescents," pp.126-27.
36 Hersh and Johnson, "Values and Moral Education in Schools," pp.12-14.
37 同上.p.14.
38 同上.p.4.
39 これらの3人の教師の主張は，特にこの本のために1978年2月の著者との私信で得たものである。

✦第6章

1 Richard H. Hersh and Janet M. Johnson, eds., "Values and Moral Education in Schools" (manuscript, Schenectady City School District, State University of New York at Albany, and United States Teachers Corp, June 1977), pp.10-11. からの引用。ジョアン・リップスに帰せられるすべての引用は，この資料からのものである。
2 ガイ・ブランブルとアンドリュー・ギャロッドの引用は下記からのものである。Guy Bramble and Andrew Garrod, "Ethics I, Friendship: An Experimental Curriculum in Moral Development Which Uses Literary Works as Vehicles for Moral Discussion" (paper, 1976).
3 Mark Twain, *The Adventures of Huckleberry Finn*, ed. Ralph Cohen (New York: Bantam, 1965), p.85.
4 同上.p.89.
5 同上.p.144.
6 同上.p.222.
7 Thomas J. Ladenburg, "Cognitive Development and Moral Reasoning in the Teaching of History," *History Teacher*, March 1977, p.187. 補助的な説明は以下を参照のこと。Muriel Ladenburg and Thomas Ladenburg, "Moral Reasoning and Social Studies," *Theory Into Practice*, April 1977, pp.112-17.
8 同上.p.189.
9 同上。
10 同上.pp.190-91.
11 同上.p.193.
12 同上。
13 同上.p.194.
14 *The Hole in the Fence* (Ottawa, Canada: Department of Health and Welfare, 1976). ここで引用した教材は，教師用のガイド "The Hole in the Fence: A Living Skills Program."からのものである。
15 広範なカリキュラム計画の方略と素材のために，読者は，ニューヨーク州立大学コートラン

ド校のトーマス・リコーナ（Thomas Lickona）の著作とカリキュラム開発の研究を参照してほしい。

✦第7章

1　クラスタースクールの歴史についての，より包括的な記述は以下の文献に見受けられる。Elsa R. Wasserman, "The Development of an Alternative High School Based on Kohlberg's Just Community Approach to Education" (Ed.D. dissertation, Boston University, 1977). また彼女の以下の文献も参照のこと。"Implementing Kohlberg's 'Just Community Concept' in an Alternative High School," in *Readings in Moral Education*, ed. P. Scharf (Minneapolis: Winston Press, 1978), pp.164-73.
2　Lawrence Kohlberg, "High School Democracy and Educating for a Just Society," in *Moral Education: A First Generation of Research and Development*, ed. M. L. Mosher (New York: Praeger, 1980), pp.20-57.
3　より詳細な記述については，以下の文献を参照。Clark Power and Joseph Reimer, "Moral Atmosphere: An Educational Bridge Between Moral Judgment and Moral Action," *New Directions for Child Development* 2 (1978): 105-16.
4　Emile Durkheim, *Moral Education: A Study in the Theory and Application of the Sociology of Education* (New York: Free Press, 1961).
5　Joseph Reimer, "A Study in the Moral Development of Kibbutz Adolescents" (Ed.D. dissertation, Harvard University, 1977).
6　例えば，以下を参照のこと。Alan L. Lockwood, "Bedding Down in Democratic High Schools," *Harvard Educational Review* 52 (1982): 208-13.
7　Kohlberg, "High School Democracy and Educating for a Just Society." 本章のコールバーグに関する論述の多くは，この論文に基づいている。残りは1979年から1981年まで，ライマーとコールバーグで取り交わされたジャスト・コミュニティに関する個人的な議論に基づいている。
8　Lawrence Kohlberg, "Cognitive-Developmental Theory and the Practice of Collective Moral Education," in *Group Care: An Israeli Approach*, ed. M. Wolins and M. Gottesman (New York: Gordon & Breach, 1971). 基礎的なオリジナルの調査結果を確認する追跡研究は，ライマー（注5参照），およびシャナリー（J. Snarey）によって報告されている（第4章注11参照）。
9　現在の他の多くのキブツよりも集合主義的な傾向が強い左翼キブツの観察に，コールバーグの発言が基づくことに注意すること。
10　Jean Piaget, *The Moral Judgment of the Child* (New York: Free Press, 1965), esp. chap.4.
11　Lawrence Kohlberg, "Stages of Moral Development as a basis for Moral Education," in *Moral Education*, ed. C. M. Beck, B. S. Critenden, and E. V. Sullivan (New York: Newman Press, 1971), p.28.
12　以下の文献を参照。Joseph Reimer, "Moral Education: The Just Community Approach," *Phi Delta Kappan* 62 (1981): 485-87.
13　Kohlberg, "Stages of Moral Development," p.72.
14　R. S. Peters, *Authority, Responsibility and Education*, 3rd edition (London: George Allen & Unwin, 1973), chap.12.
15　Lawrence Kohlberg, "Stage and Sequence: The Cognitive- Developmental Approach to

Socialization," in *Handbook of Socialization Theory and Research*, ed. David A. Goslin (Chicago: Rand McNally, 1969). 第2章で論じたピアジェの論文における認知と感情を参照。
16 Reimer, "A Study in the Moral Development of Kibbutz Adolescents," p.328.
17 Kohlberg, "Stages of Moral Development," p.72.
18 Peters, *Authority, Responsibility and Education*, p.155.
19 Joseph Reimer and Clark Power, "Educating for Democratic Community: Some Unresolved Dilemmas," in Mosher, ed., *Moral Education*, pp.303-20.
20 Kohlberg, "High School Democracy and Educating for a Just Society," p.47.
21 Ralph Mosher, "A Democratic High School: Damn It, Your Feet Are Always in the Water" in *Adolescents' Development and Education: A Janus Knot*, ed. R. L. Mosher (Berkeley: McCutchan, 1979), pp.497-516. Ralph Mosher, "A Democratic High School: Coming of Age," in Mosher, ed. *Moral Education*, pp.279-302. 参照。
22 Louise R. Thompson, "Training Elementary School Teachers to Create a Democratic Classroom" (Ph.D. dissertation, Boston University, 1982). Thomas Lickona and Muffy Paradise, "Democracy in the Elementary School," in Mosher, ed., *Moral Education*, pp.321-38. 参照。

参考図書一覧

●●● モラルジレンマ授業関連 ●●●

永野重史（編） 1985 道徳性の発達と教育―コールバーグ理論の展開 新曜社
L.コールバーグ 永野重史（監訳） 1987 道徳性の形成―認知発達的アプローチ 新曜社
L.コールバーグ 岩佐信道（訳） 1987 道徳性の発達と道徳教育―コールバーグ理論の展開と実践 広池学園
荒木紀幸（編著） 1988 道徳教育はこうすればおもしろい―コールバーグ理論とその実践 北大路書房
荒木紀幸（編著） 1990 ジレンマ資料による道徳授業改革―コールバーグ理論からの提案 明治図書
荒木紀幸（編著） 1990 モラルジレンマ資料と授業展開 小学校編 明治図書
荒木紀幸（編著） 1990 モラルジレンマ資料と授業展開 中学校編 明治図書
佐野安仁・荒木紀幸（編著） 1990 道徳教育の視点 晃洋書房
内藤俊史 1991 子ども・社会・文化―道徳的なこころの発達 サイエンス社
荒木紀幸 道徳性と規範意識の発達 大西文行（編著） 1991 新児童心理学講座 第9巻 金子書房
日本道徳性心理学研究会（編） 1992 道徳性心理学―道徳教育のための心理学 北大路書房
片瀬一男・高橋征仁（共訳） 1992 道徳性の発達段階―コールバーグ理論をめぐる論争への回答 新曜社
荒木紀幸（編著） 1993 資料を生かしたジレンマ授業の方法 明治図書
荒木紀幸（編著） 1993 道徳性の測定と評価を生かした新道徳教育 明治図書
荒木紀幸（編著） 1993 新時代の教育の方法を問う―豊かな心を育てる授業 北大路書房
佐野安仁・吉田謙二（編著） 1993 コールバーグ理論の基底 世界思想社
水越敏行・奥田眞丈（編著） 1994 学校教育全集第3巻 個性を生かす教育 ぎょうせい
荒木紀幸 1995/1996 モラルジレンマの資料開発 現代教育科学 4－3月号 明治図書
山岸明子 1995 道徳性の発達に関する実証的・理論的研究 風間書房
荒木紀幸 1996 モラルジレンマの手法を工夫する 押谷由夫（編） 生きぬく力を育てる心の教育 教育開発研究所 pp.164-167.
荒木紀幸 1996 第6章 道徳教育 日本児童研究所（編） 児童心理学の進歩1996年度版 金子書房 pp.129-156.
荒木紀幸 1996 モラルジレンマ授業の教材開発 授業改革理論双書（8） 明治図書
荒木紀幸（編著） 1997 続・道徳教育はこうすればおもしろい―コールバーグ理論の発展とモラルジレンマ授業 北大路書房
荒木紀幸（監訳） 1999 親から子へ 幸せの贈りもの―自尊感情を伸ばす5つの原則 玉川大学出版部
荒木紀幸（編著） 2001 総合的な学習で育てる知識・能力・態度―教育心理学からの解明 明治図書
荒木紀幸 2002 総合的学習を生かすマニュアル―調べ方・まとめ方・プレゼンテーションの仕方 明治図書
荒木紀幸（編著） 2002 モラルジレンマによる討論の授業 小学校編 明治図書

荒木紀幸（編著）　2002　モラルジレンマによる討論の授業 中学校編　明治図書
土戸敏彦（編著）　2003　きょういくのエポケー第3巻〈道徳〉は教えられるか？　教育開発研究所
教育と医学の会（編集）　2003　モラルの崩壊と立て直し　教育と医学　5月号（第51巻5号）慶應義塾大学出版会

荒木紀幸・畑耕二（編纂）　1995　ビデオで授業レッスン①モラルジレンマの授業—まほう使いのプレゼント・小学2年　明治図書
荒木紀幸・畑耕二（編纂）　1995　ビデオで授業レッスン②モラルジレンマの授業—ぜったいひみつ・小学4年　明治図書
荒木紀幸・德永悦郎（編纂）　1995　ビデオで授業レッスン③モラルジレンマの授業—サッカー大会・小学6年　明治図書
荒木紀幸・鈴木憲（編纂）　1995　ビデオで授業レッスン④モラルジレンマの授業—この子のために・中学1年　明治図書

●●● 発達検査に関連●●●

武川彰　1988　幼児・児童用公平性検査　荒木紀幸（編著）　道徳教育はこうすればおもしろい—コールバーグ理論とその実践　北大路書房
鈴木憲　1988　セルマンの児童用役割取得検査　荒木紀幸（編著）　道徳教育はこうすればおもしろい—コールバーグ理論とその実践　北大路書房
荒木紀幸（編著）　1993　道徳性の測定と評価を生かした新道徳教育　明治図書
道徳性発達検査（4種類の検査—道徳性発達検査, 公平性発達検査, 役割取得検査, 社会的視点取得検査の紹介　荒木紀幸・松尾廣分「社会的視点取得検査—アルメニア大地震, 奇跡の生還」
上田仁紀　1997　19章　道徳性発達検査, フェアネスマインドについて　荒木紀幸（編著）　続・道徳教育はこうすればおもしろい—コールバーグ理論の発展とモラルジレンマ授業　北大路書房
上田仁紀　2002　道徳性の測定と評価　荒木紀幸（編著）　モラルジレンマによる討論の授業　小学校編　第1部理論編Ⅳ　明治図書
樹澤実・荒木紀幸　2002　道徳性の測定と評価　荒木紀幸（編著）　モラルジレンマによる討論の授業　中学校編　第1部理論編Ⅳ　明治図書
荒木紀幸　1988　役割取得検査　トーヨーフィジカル
荒木紀幸・フェアネスマインド研究会　1988　フェアネス・マインド—小学生版道徳性発達診断検査　正進社
荒木紀幸　1997　フェアネスマインド—小学生用道徳性発達検査 道徳性の診断と指導　正進社
荒木紀幸・フェアネスマインド研究会　2001　フェアネス・マインド—中学生版道徳性発達診断検査　正進社
荒木紀幸　2002　中学生版フェアネス・マインド（中学生の心と生き方調査）による道徳性の診断と指導　正進社

●●● 道徳教科書／副読本 ●●●

吹田市教育委員会　2000　吹田市中学校道徳教育副読本　いきいき—心を開こう・未来を拓こう　兵庫教育大学道徳性発達研究会提供　モラルジレンマ資料3編
荒木紀幸（監修）　2001　平成14年度—中学生の道徳「道しるべ」1年・2年・3年　正進社

索　引

● あ
安楽死の問題　162-164
● い
いじめの問題　4
一般的な他者　68
インヘルダー（Inhelder, B.）　32
因果応報の正義　63
● え
エドワード（Edwards, C.）　86, 87
● お
黄金律（Golden Rule）　33, 75
オープンエンドのモラルディスカッション　114-119
オルタナティブスクール　108, 235, 254-256
● か
かかわり合い（commitment）　246
可逆性　30
可逆的な心的活動　26
確認の発問　120
隠れたカリキュラム　108
仮説的道徳問題　156
仮説的（な）ジレンマ　174, 205
仮説的モラルジレンマ　142
価値葛藤の道徳判断　81
価値教育の読み物　227, 228
価値の明確化　8
価値の明確化の方法　8
学級風土　172, 173
葛藤に再注目　126, 128
葛藤に注目　121, 122 125, 127
葛藤の確認　121, 122
葛藤を刺激する　126
葛藤を創造する　139
カリキュラム開発　208-223
慣習的水準　56, 65-71, 82, 137
感情　35, 249
● き
ギッブス（Gibbs, J.）　90, 95
キブツにおける集団主義教育　244
キブツの集団主義教育システム　243

ギャロッド（Garrod, A.）　212-220
キャンディー（Candee, D.）　102-104
教室のジレンマ　146-148
教師のための道徳性を発達させる教授スキル　118, 119
教授方略　120
ギリガン（Gilligan, C.）　98-100
均衡　29
● く
具体的操作の段階　26-30
クラスタースクール　235-243, 253
グループ分け　173
クレイマー（Kramer R.）　89
● け
形式的操作の段階　30-35
現実のジレンマ　206, 229-233
現実の道徳問題　143, 154
原理的アプローチ　83
原理的水準　56, 71-75, 82, 84
● こ
公正委員会　254
構造的課題評定法　89
公平　63, 64
公平の原理　73
コミュニティミーティング　237-242
コールバーグ（Kohlberg, L.）　vii, 11, 12, 42, 43, 59, 240, 241, 245-253
　～教育についての哲学　105
　～道徳原理　82, 83
　～道徳性発達の年齢傾向　93-94
　～道徳判断の発達に関する20年の横断的研究　88
　～発達段階の普遍性　86
　～方法論　51-54
　～方法論的, 概念的根拠について批判　88
　～理論　77-109
コルビー（Colby, A.）　90
困惑ジレンマ　135-137
● さ
座席配置　173, 174

サブステージ　104
サブステージA（他律的タイプ）　104
サブステージB（自律的タイプ）　104

●し
思考の形式と内容　54, 70
自己中心性　25, 26, 47, 60
自己中心的　25, 46
支持的な環境　220
実験　34
質問の方略　148-171
質問をうながす　123
視点取得　132, 133, 209
視点取得能力　165
視点取得の奨励　132
視点取得を刺激する　125
視点を理解するように努める　124, 126
社会的視点　65, 218
社会的視点取得　4
社会的な視点取得を刺激する　141, 142
ジャクソン（Jakson, P.）　108
ジャスト・コミュニティアプローチ（正義の共同社会方式）　108, 235-257
シャロンのジレンマ　206, 207
重要な他者　68
ジョーの困惑ジレンマ　135-137
ジョーのジレンマ　52, 53
女性の道徳性発達　96-100
信頼できるクラスの雰囲気　129

●す
水平的な刺激作用　170
スキナー（Skinner, B.F.）　ii
スナレイ（Snarey, J.）　86, 87, 95-97
スペイチァー＝ダービン（Speicher-Dubin, B.）　96, 97
スミス（Smith, B.）　102, 103

●せ
節約の授業　226, 227
セルマン（Selman, R. L.）　59
前慣習的水準　59-65, 82
前操作的思考の段階　24-26

●そ
相互可逆性　32
相互可逆性の構造　34
相互作用主義　134
相互的な役割取得　169
操作　26

●た
退船せよ（ジレンマ）　185

第1段階　59-61
第5段階　71-75
第三者の視点　66
第3段階　65-68
第2段階　61-65, 80
第4段階　68-71
第6段階　71-75
タウンミーティング　255, 256
立場を変える発問　159
脱慣習的水準　56, 71-75, 137
他律的道徳性　56, 61
段階の概念　49, 50
段階の定義　59-75
男性の道徳性発達　96

●ち
チャーチル首相のジレンマ　4-6
中絶　82, 83
中絶のジレンマ　44, 45
中絶を扱ったジレンマ　82, 83
調節　20, 44, 138
直接参加民主主義　237

●て
デーモン（Damon, W.）　59
デカラージュ（ズレ）　30
デュルケム（Durkheim, E.）　37, 243, 245

●と
同化　20, 44, 138
登場人物の人生に役割取得する　216
道徳教育力　208
道徳性の定義　80
道徳性発達カリキュラム　206, 208-211
道徳性発達を刺激する手段としての文学作品　213
道徳的価値の間の発問　159
道徳的気づき　142, 145, 155, 202
道徳的な問題　2
道徳的発達と認知発達の並行性　59
道徳的論点　205, 209, 214-217
道徳の教化　251
道徳判断の6つの段階　56
道徳判断の退行現象　91
道徳判断の段階　55
道徳判断理由づけに注目　122, 123. 124, 125, 126, 128
道徳論点に目を向けさせる発問　158

●な
内容に基づいたジレンマ　206
仲間に入れてジレンマ　151-153, 155, 156

●に
ニッサン（Nisan, M.）　95
認知的道徳的葛藤の確認と明確化　130
認知的不均衡　185, 192, 194, 231
認知と感情の関係　35, 36
認知の発達段階　48
●は
ハーン（Haan, N.）　102, 103
ハインツのジレンマ　52-54, 67-75, 89, 139, 140, 149, 150, 154, 158-161, 175, 176
『ハックルベリィ・フィンの冒険（Huckleberry Finn）』　212-220
発達段階の普遍的な順序（Invariant stage sequence）　91, 92
発問　157, 158, 164
パワー（Power, C.）　ix, 256
●ひ
ピアジェ（Piaget, J.）　16-40
　〜規則の実行　38
　〜規則の理解　38
　〜子どもの道徳判断　37-40
　〜『児童道徳判断の発達（The Moral Judgment of the Child）』　41
　〜分類課題　28, 31, 61, 65
　〜量の存在　29, 61
　〜臨床的な方法　18
ピーターズ（Peters, R. S.）　248
比較（交差）文化的（cross-cultural）研究　86
標準道徳的評定検査（Standard Issue Scoring）　90
標準評定システム（Standard Scoring System）　91
●ふ
深い発問　157, 160
2つの道徳的な声　100
普遍化した場合の結果を考える発問　159
普遍的な道徳的価値　78
不変の機能　19
ブラッシ（Blasi, G.）　105
ブラット（Blatt, M.）　106, 107
フランケナ（Frankena, W.）　9

ブランブル（Bramble, G.）　212-220
振り子　34
フロイト（Freud, S.）　41
ブロック（Block, J.）　102, 103
文学作品　212, 214
文化的相対性　77
文章完成評定法（Sentence and Global Scoring）　89
●へ
米国憲法の草案作成　223
●ま
マッキンタイア（McIntyre, G.）　225
●み
3つのタイプのモラルジレンマ　205
ミルクジレンマ　120-129, 150, 165-167
ミルグラム（Milgram, S.）　101, 102
●め
明確化の（ための）発問　120, 158
●も
モラルジレンマ　51, 82, 143, 222
モラルジレンマ授業（失敗例）　114
モラルジレンマの道徳判断　81
●や
役割取得　46-49, 141, 209, 232
　〜能力　47, 167
　〜の機会　164, 216, 224, 228
　〜の発達　66
　〜の発問　164
●よ
より高い道徳判断　81
よりよい道徳判断　81, 83
●ら
ラーデンバーグ（Ladenburg, T.）　221-225
ライマー（Reimer, J.）　250
●り
リップス（Ripps, J.）　194, 206
●れ
歴史教材　220
歴史的ジレンマ　223
歴史的な道徳的論点　224
●ろ
ロールズ（Rawls, J.）　74

監訳者あとがき

　ちょうど今から10年昔，つまり1993年2月初旬から5月末にかけ私は文部省海外在外研究員としてコールバーグ博士の後継者の先生方を訪ねてアメリカとカナダに渡っていた。私は，コールバーグ理論の具体的な発展として，「道徳的実践における4つの構成要素」を表わし，葛藤価値定義づけ検査（DIT）の標準化でも高名なミネソタ大学のジェイムス・レスト（James Rest）博士を4月半ばから2週間ほど訪れた。その折，「モラルジレンマ授業で子どもの道徳性は確かに高められるのだけれども，だからといって四六時中モラルジレンマ授業ばかり行なうわけにいかないし，どうすればよいものか？」と尋ねたことがあった。先生は同じ悩みを自分ももっているとおっしゃって，あなたの教育実践の参考にと2冊の本をくださった。1冊はリコーナー博士の「品性教育，どうすれば学校で尊敬と責任を教えることができるか？（*Character Education*）」であり，もう1冊は本書である。とくに本書については，アメリカの学校でどのように具体的な実践としてコールバーグ理論を結びつけているかについて，多くの教師の事例に基づいて書かれた非常に優れた道徳教育実践書であるので，コールバーグ理論の教室への適用を心掛けている私にとって大いに参考になるとおっしゃった。

　その後日本に帰って，私はレスト博士のDITのアイデアを生かした道徳性発達検査，フェアネスマインド（Fairness MIND－公正観検査；Fairness Morality INfomation by Dilemma）を上田仁紀（小学生版，1997），椢澤　実（中学生版，2002）氏とそれぞれ共同開発した（正進社）。また1997年の同志社大学大学院で学校心理学特論のテキストに本書を採用し，9名の院生と本書を1年かけて輪読した。この授業をとおして，(1)現実にはモラルジレンマ授業を組み立てることがきわめて難しいといった私たちと同じ悩みを抱えてアメリカの小，中，高校の教師もがんばっていることに共感し，親近感をもつとともに，(2)これまでの私たちのモラルジレンマ授業への取り組みにますます自信をもったこと，また(3)アメリカでは教室で起こった現実の道徳的な問題（issue）を積極的に取り上げ，日本の学級会のような時間を利用してディスカッションを仕組み，この問題の解決を図っていることを知った。私たちの試みではあまりふれていない側面

に注目でき，目から鱗が落ちるとは，こういうことなのだと感激した。

　ところで本書は Joseph Reimer, Diana Pritchard Paolitto & Richard H. Hersh：*Promoting Moral Growth—From Piaget to Kohlberg. 2nd ed.* Longman, Inc. 1983.『道徳的な成長を促進する—ピアジェからコールバーグへ　改訂版』の全訳である。著者の一人ライマー氏はボストン大学カウンセリング心理学コースの助教授であり，パオリット氏も同じくボストン大学カウンセリング心理学コースの同僚の助教授である。お二人はコールバーグ博士が開設された道徳教育研究センターの客員研究員であり，長くコールバーグ博士の指導を受けながら共同研究をされ，本書にある道徳性を発達させる授業実践に現場教師とともに取り組んでおられる。ハーシュ氏はオレゴン大学副学長，大学院研究科長の要職にあり，長く道徳教育に携わっておられ，1980年には *Models of Moral Education*『道徳教育のモデル』を出版されている。今回若い二人に対して大所高所から本書の執筆に尽力されたと思われる。この点は，本書が，コールバーグ理論を正当に受け継いだ，現場のさまざまな校種の教師にとってきわめて有益で示唆に富む一冊，とのコールバーグからのコメントを裏づけるものであろう。

　彼らは本書のエピローグで教師に期待されることとして3つあげている。その中の第1,「道徳的な気づき（awearness）」に注目したい。何気ない日常の変化の中に道徳的な問題を見つけだす力をつけることは，指導する教師にとっても学ぶ子どもたちにとってもきわめて意味深いものがある。本書の教師の取り組みの大きな部分にこの気づきへの配慮が述べられている。この「気づき」，道徳的におかしい，変だといった感覚は道徳的な問題を未然に防いだり，問題が大きくなるのを防ぐだけでなく，何が道徳的な問題かを整理し，問題解決していく第一歩となる。主体的にまわりの世界に働きかけながら，「生きる」一歩でもある。このことは文部科学省が子どもたちに身につけさせたい「生きる力」に連なっている。このような力をつけることは道徳教育の実践家にとっての基本である。読者の多くは本書の随所にこのヒントを見つけるだろう。私もまた，この「道徳的な気づき」に対応する言葉として道徳的感受性を使ってこの重要性を指摘してきた。

　本書の出版は「日本道徳性発達実践学会」が設立された2001年ごろに学会開設の記念事業の1つとして計画し，北大路書房・営業部の西村泰一さんに相談し，ご理解をいただき，お骨折りの中から実現したことに感謝いたします。翻訳は，学会の中堅・若手の会員を中心に研究の専門性を加味してお願いした。第1章は

コールバーグ博士とレスト博士の理論に依拠して日本におけるモラルジレンマ授業の基礎研究を行なった新垣千鶴子・沖縄県知念村教育委員会指導主事，第2章は同志社大学で発達心理学を専攻されている内山伊知郎教授と役割取得の視点を取り入れた修士論文を書いた本間優子・楽山会三島病院心理カウンセラー，第3章は日本道徳性心理学研究会の仲間で鳥取大学助教授時代から何度も私たちの研究授業に講師として参加してきた戸田有一・大阪教育大学助教授，第4章は院生としてこの章を翻訳し，輪読に参加した石川隆行・聖母女学院短期大学専任講師，第5章の教育実践については学校現場で現にモラルジレンマ授業を精力的に実践されている野本玲子・大阪府吹田市立西山田中学校教諭，第6章は同志社大学大学院生のころから教育倫理学・教育哲学の立場からコールバーグ理論に検討を重ね，授業研究会に参加してきた研究同士の林泰成・上越教育大学助教授，7章は修士課程，博士課程と一貫してジャストコミュニティの問題にアプローチし，「正義とケアの調和を目指した学校コミュニティの創造」で博士論文を書いた荒木寿友・同志社女子大学専任講師が，それぞれ担当した。翻訳に当たってはできるだけ平易な日本語訳にと心掛けていただいた。また何か所も訳するうえで難解なところがあった。私自身もできるだけ丁寧に見たつもりであるが，不適切な訳になっているところがあるかもしれない。翻訳の最終の責任は私にあり，実に私の力量不足のゆえで，ご叱責をいただきよりよいものにしていきたい。

　はじめに述べたようにこの出版のきっかけはレスト博士との出会いにある。ミネソタ時代の先生はすでに半身麻痺の状態で杖を使われていましたが，その後病気が進行して，残念なことに，この6年後の1999年に亡くなられました。本書をレスト博士に捧げ，ご冥福をお祈りいたします。

　なお表紙イラストの資料提供では兵庫教育大学大学院生の原田浩光さんにお世話になった。お礼申し上げる。最後に，本書の訳出および出版にあたっては，北大路書房・編集部の原田康信さんに大変お世話になった。字句の統一をはじめ，平易な日本語になるように私とまた違った観点から何度も丁寧に推敲して頂いた。お陰で本書の完成を見ることができた。謝意を申し上げます。

2004年6月

神戸親和女子大学教授　荒木紀幸

〔監訳者紹介〕

荒木　紀幸（あらき　のりゆき）
　　大阪府に生まれる
　1968年　同志社大学大学院博士課程心理学専攻中退
　現　在　神戸親和女子大学教授，博士（心理学）
　　　　　中国東北師範大学客員教授，兵庫教育大学名誉教授

〈主著・論文〉
『小学生の言語連想に関する心理学的研究』風間書房　1995年
『学校生活充実感の診断と指導』正道社　1996年
『続道徳教育はこうすればおもしろい──コールバーグ理論の発展とモラルジレンマ授業』（編著）　北大路書房　1997年
『親から子へ幸せの贈りもの』（監訳）　玉川大学出版部　1999年
『総合的学習で育てる知識・能力・態度──教育心理学による解明──』（編著）明治図書　2001年
『総合的学習を生かすマニュアル──調べ方・調査，体験活動・まとめ方・プレゼンテーションの仕方──』明治図書　2001年
『モラルジレンマによる討論の授業　小学校編・中学校編』（編著）　明治図書　2002年
『＜きょういく＞のエポケー第3巻＜道徳＞は教えられるのか？』（共著）教育開発研究所　2003年
『健康とストレス・マネジメント──学校生活と社会生活の充実に向けて』（共編著）ナカニシヤ出版　2003年

執筆者一覧 （執筆者順）

荒木　紀幸	監訳者	序文/エピローグ
新垣　千鶴子	沖縄県知念村教育委員会指導主事	第1章
内山　伊知郎	同志社大学心理学部教授	第2章
本間　優子	新潟青陵大学看護福祉心理学部助手	第2章
戸田　有一	大阪教育大学教育学部准教授	第3章
石川　隆行	聖母女学院短期大学児童教育学科専任講師	第4章
野本　玲子	大阪府吹田市立西山田中学校指導教諭	第5章
林　泰成	上越教育大学学校教育学部教授	第6章
荒木　寿友	同志社女子大学現代社会学部准教授	第7章

道徳性を発達させる授業のコツ
ピアジェとコールバーグの到達点

2004年7月30日　初版第1刷発行
2009年5月20日　初版第2刷発行

著　者		J. ライマー
		D. P. パオリット
		R. H. ハーシュ
監訳者		荒木紀幸
発行所		㈱北大路書房

〒603-8303　京都市北区紫野十二坊町12-8
電　話　(075) 431-0361㈹
ＦＡＸ　(075) 431-9393
振　替　01050-4-2083

ⓒ2004　　　制作／見聞社　　印刷・製本／創栄図書印刷㈱
検印省略　落丁・乱丁本はお取り替えいたします。

ISBN978-4-7628-2386-2　　　Printed in Japan